나를 기념하라

Sacramental Discourses

by John Owen

잉글랜드 P&R 시리즈는 개신교를 탄생시킨 존 칼빈의 사상을 그대로 이어받아 신앙의 삶으로 구현한 청교도들, 그중에서도 가장 왕성하고도 풍부한 저술 활동으로 헤아릴 수도 없는 명저들이 가득한 잉글랜드 청교도와 그 신앙을 계승한 영적 위인들의 저서를 소개합니다. 존 후퍼(John Hooper), 윌리엄 퍼킨스(William Perkins), 리차드 십스(Richard Sibbes), 토마스 굿윈(Thomas Goodwin), 리차드 백스터(Richard Baxter), 존 오웬(John Owen), 존 번연(John Bunyan), 매튜 헨리(Matthew Henry), 조지 휫필드(George Whitefield), 존 라일(John Ryle), 찰스 스펄전(Charles Spurgeon), 마틴 로이드 존스(Martyn Lloyd-Jones) 등 일일이 열거하기 힘들 만큼 많은 영적 위인들이 잉글랜드 개혁신앙의 맥을 이어 왔습니다.

존 오웬의 성찬 설교

나를 기념하라

존 오웬 지음
이태복 옮김

지평서원

contents

추천의 글 윤종훈 교수 _ 8

1장 믿음의 뿌리 _ 15

2장 그리스도의 몸과 피 _ 23

3장 성찬식의 직접적인 목표(I) _ 41
    – 그리스도의 죽으심에 대한 회상

4장 성찬식의 직접적인 목표(II) _ 65
    – 그리스도의 죽으심에 대한 선포

5장 성찬식을 위한 준비(I) _ 85

6장 성찬식을 위한 준비(II) _ 109

7장 성찬식을 통해 제시되는 그리스도 _ 137

8장 그리스도의 대속의 고난과 죽음 _ 145

9장 성찬식에 참여하는 세 부류의 죄인들 _ 157

10장 성찬식에서의 그리스도의 임재 _ 163

11장 그리스도의 수고와 기쁨 _ 175

12장 그리스도의 죽으심을 본받아 _ 185

13장 성만찬의 제정, 그 목적과 본질 _ 195

14장 높이 들리신 그리스도 _ 221

15장 복된 교환 _ 237

16장 성찬에서의 믿음의 행사(I) _ 245
　　　– 그리스도의 사랑에 대한 믿음의 행사

17장 성찬에서의 믿음의 행사(II) _ 255
　　　그리스도의 죽으심에 대한 믿음의 행사

18장 인간을 향한 그리스도의 사랑 _ 265

19장 지식에 넘치는 그리스도의 사랑 _ 275

20장 그리스도를 향한 하나님의 사랑 _ 285

21장 성찬식에서 하나님이 요구하시는 의무 _ 295

22장 그리스도의 죽으심의 능력 _ 303

23장 그리스도와의 특별한 교제를 위한 믿음의 행사 _ 309

옮긴이의 글 이태복 목사 _ 316

추천의 글

개혁주의 은혜의
중요한 수단으로서의 성찬!

윤종훈 교수

　존 오웬John Owen, 1616-1683은 영국 청교도 운동이 낳은 위대한 신학자이자 목회자였으며, 존 칼빈John Calvin, 1509-1564의 신학을 계승하여 개혁주의적이고도 성경주의적인 신학을 광범위하게 체계화시킨 청교도의 거목으로 일컬어지고 있습니다.

　그가 남긴 주옥같은 수많은 글들 가운데 하나인 『나를 기념하라』Sacramental Discourses는 주님께서 친히 제정하고 선포하신 성찬의 본질과 목적, 그리고 이 성찬식을 통하여 하나님께서 베푸시는 은혜의 잔치를 향유하기 위해 필요한 성도들의 준비에 대하여 매우 상세하게 소개해 주고 있습니다. 오웬의 모든 저술의 목적이 분명하듯이, 본 성찬 설교집에 나타난 오웬의 글에서 변함없는 그의 '목회론적 접근법과 실제적인 삶 속에서 신학과 신앙'을 접목시키는 노력을 찾아볼 수 있습니다.

　오웬의 성찬에 관한 설교문들은 그가 1669년부터 1682년 사이에 설교강단에서 선포한 내용들로 구성되어 있으며, 이 설교문들은 그가 세상을 떠난 후 영국 런던의 뛰어난 목회자였던 리차드 윈터Richard Winter 목사를 통하여 1760년이 되어서야 비로소 세상의 빛을 보게 되었습니다.

이 설교집은 Banner of Truth 출판사에서 편집·발행한 오웬의 전집 중에서 25편의 성찬에 관한 설교만 모아서 번역한 것입니다.[1]

비록 오웬의 방대한 저작 가운데 성찬에 대한 논문이나 설교집은 가장 작은 부분을 차지하고 있지만, 그의 성찬론은 기독교 공동체를 해석하고 이해함에 있어서 가장 중요한 위치를 차지하고 있습니다. 왜냐하면 그의 성찬론은 그리스도와의 연합과 하나 됨, 그리스도의 '내어 주심'의 신학과 매우 밀접한 관계를 이루고 있기 때문입니다.

청교도 황태자 존 오웬의 그리스도의 몸과 피를 담은 성찬 설교

성찬예식은 그리스도께서 자신의 몸을 내어 주시고 그 대가로 얻게 된 교회의 예배예식 가운데 가장 소중하고도 본질적인 은혜의 수단입니다. 존 오웬은 이 예식을 소홀히 하거나 무시하는 자는 결코 거듭난 그리스도인이 아니며, 이러한 교회는 진정한 교회가 아님을 천명하고 있습니다.

오웬은 성찬예식 설교를 통하여 성찬의 잔치를 베푸시고 우리로 하여금 수용케 하시는 그리스도는 죄와는 전혀 무관하시며 순결하신 인성을 소유하고 계심을 다양한 성경 구절을 통해 논증하고 있습니다. 또한 그리스도께서

---

[1] 편집자주 – 이 성찬 설교들은 본래 25편으로 구성되어 있었으나, 설교 내용의 흐름과 이해를 위하여 열세 번째 설교와 열네 번째 설교를 묶어서 '13장 성만찬의 제정, 그 목적과 본질'으로, 열다섯 번째 설교와 열여섯 번째 설교를 묶어서 '14장 높이 들리신 그리스도'로 편집하였습니다. 또한 이 25편의 성찬 설교는 영국에서 Twenty five discourses suitable to the Lord's Supper(1801)라는 책으로 출판된 바 있습니다.

인간의 인성을 가지고 십자가에서 참혹한 고난을 당하셨던 직접적인 원인은, 그의 백성들의 죄악에 대한 하나님의 공의로우심과 의로우심, 그리고 심판에 있음을 매우 아름다운 필치로 자세히 그리고 있습니다.

따라서 모든 그리스도인들은 주님이 수여하시는 믿음의 눈으로 그리스도의 몸과 피에 참여함으로써, 그리스도께서 승리하셨던 것처럼 모든 죽음의 공포와 두려움과 모든 장애물들을 은혜 가운데 극복하고 승리의 개가를 부를 수 있게 될 것입니다.

오웬은 성찬예식을 통한 신자의 그리스도와의 연합Union with Christ의 놀라운 효력을 강력하게 증거하고 있습니다.

"성찬식에서 우리가 먹고 마시는 떡과 잔이 우리의 몸속에 들어와서 우리 몸에 자양분을 공급해 주는 것처럼, 그리스도의 생명이 우리에게 들어와서 우리에게 영생을 주고 우리의 영혼을 강건하게 해 줍니다."

오웬에 의하면, 이처럼 영광스러운 성찬예식에 참여하는 성도들이 갖추어야 할 특별한 신앙고백으로서, 신자는 그리스도께서 십자가에 달려 죽으심이 율법의 저주에 대항하신 죽으심임을 철저하게 고백해야 할 것입니다. 그리고 그리스도의 죽으심은 모든 신자들의 죗값을 치르시는 사건이었으며, 율법적 정죄와 죄의 형벌로부터 완전한 자유를 얻는 위대한 죽음이었음을 진심으로 고백해야 할 것입니다. 또한 이와 더불어 그리스도의 피와 살은 신자로 하여금 사탄의 권세로부터의 해방을 선언하는 위대한 사건이요 역사적인 순간임을 고백하고 믿음으로 받아들여야 할 것입니다.

성찬예식에 임하는 성도들의 자세!

오웬은 성령 충만한 성찬예식이 진행되기 위한 준비 단계를 자세히 묘사해 주고 있습니다. 먼저, 이 규례를 제정하시고 이를 통하여 영광을 받으실 뿐만 아니라 이 규례의 목적이 되시는 분이 바로 하나님이심을 분명하게 인식하고, 하나님의 권위와 그분의 실제적인 임재의식을 체험하는 행위가 매우 절실함을 지적해 주고 있습니다. 따라서 신자는 이 예식을 통해 하나님과의 만남을 체험하기 위해 무엇보다도 마음에 품고 있는 죄악을 제거하고(시 66:18 참고), 이 규례를 간절히 사모하는 자세로 참여해야 할 것입니다.

또한 오웬이 권면하는 바와 같이, 성찬예식에 임하는 자들의 자세는 무엇보다도 죄로 인한 책임과 하나님의 진노를 철저하게 묵상하고, 하나님의 순결하심과 거룩하심과 엄위하심, 그리고 하나님의 무한하신 지혜와 한없으신 사랑, 예수 그리스도의 다함이 없으신 사랑하심, 하나님과 우리 사이에 맺혀진 영원한 화평에 대하여 심도 있게 묵상해야 할 것입니다.

신자들에게는 자신의 모습을 돌아보며 애통하는 회개의 모습과 자신의 믿음의 현주소를 살펴보는 일과, 하나님의 도우심에 대한 간절한 기도와, 인격적인 만남을 약속하신 하나님의 언약에 대한 기대와 확신에 찬 모습도 절대적으로 요청됩니다. 또한 그리스도께서 신자들을 위해 당하신 온갖 고난을 통하여 화목 제물이 되셨음을 깊이 인식하고, 그분이 베푸신 사랑을 가슴 깊이 기억해야 할 것입니다.

오웬은 존 칼빈이 제네바 초기 사역 당시 행하였던 성찬예식을 존중하여 매주 예배 때마다 성찬예식을 거행해야 할 필요성을 지적하였습니다.

성찬예식을 통한 한국 교회의 본질적 회복을 위하여

오웬의 성찬 설교는 오늘날 성찬에 대한 예비적인 작업이 결여된 목회자들과 아무런 준비 없이, 그리고 성찬에 임하는 진정한 자세를 전혀 의식하지 못하고 참여하는 성도들에 대하여 큰 경종을 울리고 있습니다. 오웬의 성찬 설교에는 성찬예식의 진정한 자세와 의미, 그리고 순서와 과정, 이 예식을 통하여 신자가 누릴 수 있는 하늘의 신령한 영광과 능력, 그리스도와의 진정한 연합의식에 대한 확신 등 엄청난 보화와 진주가 담겨 있습니다. 바라기는 한국을 위시한 온 세계 목회자들과 성도들이 오웬의 성찬 설교를 통하여 하나님의 은혜의 통로이자 진정한 수단이 되는 성찬예식의 복을 향유하며 누리시는 역사가 넘쳐 나길 소원하는 바입니다.

윤종훈(尹鍾訓) 교수는 총신대학교(B.A)와 총신대 신학대학원(M.Div), 총신대 일반대학원(Th.M)을 졸업한 후, 250년의 역사를 자랑하는 영국 University of Wales, Lampeter에서 영국 부흥 운동의 최고 권위자인 Eifion Evans 교수의 지도 아래 청교도 신학을 전공하였으며, 특히 청교도 신학의 황태자로 불리는 존 오웬(John Owen)의 성화론(Sanctification)으로 박사 학위(M.Phil. Ph.D)를 취득하였습니다. 그리고 현재 총신대학교 신학과 역사신학 교수로 재직하고 있으며, 최근 논문인 「존 오웬의 죄죽임론(죄억제론)에 나타난 성화론의 은혜와 의무의 상관관계에 대한 개혁주의적 이해」를 위시하여 수많은 논문들을 학계에 발표하였습니다.

축사하시고 떼어 이르시되
이것은 너희를 위하는 내 몸이니 이것을 행하여 나를 기념하라 하시고
식후에 또한 그와 같이 잔을 가지시고 이르시되
이 잔은 내 피로 세운 새 언약이니
이것을 행하여 마실 때마다 나를 기념하라 하셨으니
너희가 이 떡을 먹으며 이 잔을 마실 때마다
주의 죽으심을 그가 오실 때까지 전하는 것이니라

_ 고전 11:24-26

and when he had given thanks, he broke it and said,
"This is my body, which is for you; do this in remembrance of me."
In the same way, after supper he took the cup, saying,
"This cup is the new covenant in my blood; do this,
whenever you drink it, in remembrance of me"
For whenever you eat this bread and drink this cup,
you proclaim the Lord's death until he comes.

1 Corinthians 11:24~26

chapter 1

믿음의 뿌리

"하나님이 죄를 알지도 못하신 이를 우리를 대신하여 죄로 삼으신 것은 우리로 하여금 그 안에서 하나님의 의가 되게 하려 하심이라"(고후 5:21).

오늘은 본문 말씀을 자세히 풀이하는 대신에 성찬식을 앞두고 우리가 묵상하면 좋을 만한 몇 가지 주제만 간략하게 말씀드리고자 합니다. 본문에는 성부 하나님에 관한 세 가지 내용, 성자 예수님에 관한 세 가지 내용, 그리고 성령 하나님에 관한 세 가지 내용이 담겨 있습니다. 이 모든 내용은 우리의 믿음이 뿌리를 내리고 있어야 하는 근본적인 것들입니다. 그래서 오늘 저는 하나님께서 은혜를 주시는 대로 본문에 나타난 이 내용을 살펴보려고 합니다.

1. 성부 하나님에 관하여

본문에는 우리를 구원하시는 그리스도의 사역에서 성부 하나님의 주권이 어떻게 나타났는지가 잘 드러나 있습니다. 특히 "하나님이……삼으신 것은"이라는 표현을 보십시오. 여기에서 하나님은 곧 성부 하나님을 가리킵니다.

또한 본문에는 우리를 구원하시는 그리스도의 사역에 나타난 성부 하나님의 공의도 잘 드러나 있습니다. 특히 "하나님이 죄를 알지도 못하신 이를 우리를 대신하여 죄로 삼으신 것"이라는 표현이 그것을 잘 나타내고 있습니다. 죄로 삼으셨다는 것은 죄에 대한 희생 제물로 삼으셨다는 뜻이기 때문입니다.

마지막으로 본문의 "우리로 하여금 그 안에서 하나님의 의가 되게 하려 하심이라"라는 표현에는 우리를 구원하시는 그리스도의 사역에 나타난 성부 하나님의 은혜도 잘 드러나 있습니다.

1) 하나님의 주권

우리를 구원하시는 그리스도의 사역에서 드러난 하나님의 주권은, 하나님의 택함을 받은 모든 사람들에게 미치며 그리스도께서 대속해 주신 사람들에게 베풀어집니다. 그리스도께서는 모든 사람을 위하여 죄인이 되어 주신 것이 아니라 '그리스도 안에서 하나님의 의가 된' 사람들을 위하여 죄인이 되어 주셨기 때문입니다.

우리를 구원하시는 그리스도의 사역에 나타난 하나님의 주권은, 하나님이 행하신 일 자체에도 잘 나타나 있습니다. 하나님께서는 죄를 알지도 못하시는 예수님으로 하여금 우리를 대신하여 죗값을 치르시고 십자가에 죽게 하셨습니다. 그리고 그로 인하여 죄를 범한 우리가 율법의 저주에서 자유를 얻도록 하셨습니다.

또한 우리를 구원하시는 그리스도의 사역에 나타난 하나님의 주권은, 하나님께서 이 일에 자기 아들을 친히 임명하신 사실에서 잘 나타납니다. 하나님께서는 친히 자신의 아들을 죄로 삼으셨고, 예수님은 이 일에 있어서 성부 하나님의 종이 되셨습니다. 하나님이 아니면 그 누구도 그렇게 할 수가 없습니다.

결국 우리의 죄가 그리스도의 것이 되고 그리스도의 의가 우리의 것이 되는 이 위대한 교환은, 그리스도의 십자가 사역을 근거로 구원받을 사람들을 자신이 원하는 대로 정하시고 그 구원 사역 자체 역시 친히 계획하신 하나님의 주권에 전적으로 뿌리를 두고 있는 셈입니다. 그러므로 오늘 성찬식을 거행하면서, 우리는 하나님의 주권을 기억하고 진심으로 하나님을 경배해야 할 것입니다.

2) 하나님의 공의

우리를 구원하시는 그리스도의 사역에는 하나님의 주권과 함께 하나님의 공의도 잘 나타나 있습니다. 본문은 이렇게 말씀합니다.

"하나님이 죄를 알지도 못하신 이를 우리를 대신하여 죄로 삼으신 것은."

하나님께서는 우리를 그냥 구원하시지 않았습니다. 하나님께서는 우리의 죄를 그리스도에게 다 전가시키셨습니다. 즉, 택함 받은 백성들의 모든 죄를 그리스도의 것으로 간주하셨으며, 우리의 모든 죄를 그리스도에게 다 짊어지게 하신 것입니다. 그리하여 그리스도를 우리의 죄를 위한 속죄 제물로 삼으셨으며, 우리의 죄로 인한 모든 형벌을 그리스도에게 가하셨습니다.

이러한 일을 이루시기 위하여 하나님께서는 그리스도를 화목 제물로 세우시사 자신의 의로우심을 나타내셨습니다. 그리스도의 죽으심을 통하여 하나님의 의로우심이 특별하게 드러난 것입니다. 그리고 주님은 이 사실을 우리가 기억할 수 있도록 우리를 도우십니다.

이와 같이 공의로우신 하나님께서는 그리스도로 하여금 우리의 죗값을 대신 지불하게 하는 방법을 통하지 않고서는 결코 우리를 구원하지 않으십니다.

3) 하나님의 은혜

우리를 구원하시는 그리스도의 사역에는 하나님의 주권과 하나님의 공의와 함께 하나님의 은혜도 잘 나타나 있습니다. 우리를 구원하시는 그리스도의 사역과 관련하여 하나님의 목표와 계획을 살펴보면, 하나님의 은혜를 더욱 명확하게 볼 수 있습니다.

하나님의 목표와 계획은 무엇입니까? 본문은 이렇게 말씀합니다.

"우리로 하여금 그 안에서 하나님의 의가 되게 하려 하심이라."

다시 말해서, 우리가 하나님 앞에서 의롭다 칭함을 받고 죄에서 자유로워지는 것이 하나님의 목표이며 계획입니다. 타락하고 부패한 우리를 위하여 이런 목표와 계획을 세워 주신 하나님은 얼마나 은혜로운 분이신지요!

2. 성자 예수 그리스도에 관하여

한편 본문에는 성자 예수 그리스도에 관하여 우리가 기억해야 할 세 가지 내용도 분명하게 드러나 있습니다.

첫 번째는 그리스도의 무죄함과 순결함입니다. 본문은 예수 그리스도를 일컬어 '죄를 알지도 못하신 이'라고 표현합니다. 두 번째는 그리스도의 고난입니다. 본문은 그리스도의 고난을 한마디로 '죄로 삼으신 것'이라고 표현합니다. 세 번째는 그리스도의 공로입니다. 본문은 그리스도의 공로로 말미암아 "우리로 하여금 그 안에서 하나님의 의가 되게 하려 하심이라"라고 표현합니다. 그렇습니다. 믿음은 성부 하나님을 묵상할 뿐만 아니라 성자 예수 그리스도에 대해서도 묵상해야 합니다.

1) 그리스도의 무죄함과 순결함

성경은 우리로 하여금 그리스도께서 우리를 위하여 고난받으신 일을 생각하도록 함에 있어서, 여러 가지 표현을 통해서 우리의 생각이 그리스도의 흠 없는 순결함과 의로움과 거룩함을 주목하도록 이끕니다.

예를 들어, 성경은 예수 그리스도를 '흠 없고 점 없는 어린양 같은 그리스도'(벧전 1:19)라고 표현합니다. 그리고 그분을 '죄를 범하지 아니하시고 그 입에 거짓도 없으시며'(벧전 2:22), '거룩하고 악이 없고 더러움이 없고 죄인에게서 떠나 계시고'(히 7:26)라고 설명합니다.

그러므로 우리는 그리스도의 고난을 묵상하면서 반드시 이것을 함께 기억해야 합니다. 즉, 그리스도께서는 죄를 알지도 못한 분이셨지만 우리를 대신하여 고난을 받으셨다는 사실을 반드시 기억해야 합니다. 사실 우리에게 참된 믿음이 있다면, 우리는 이것을 생각하지 않을 수 없습니다.

이와 같이 '죄를 알지도 못하신 이'라는 본문의 표현은 예수 그리스도께서 죄와 아무런 관계도 없는 분이심을 잘 보여 줍니다.

2) 그리스도의 고난

"죄로 삼으신 것은"

이 구절은 짧지만 참으로 많은 의미를 함축하고 있습니다. 이 말씀은 우리를 위하여 당하신 그리스도의 모든 고난을 총괄하는 표현입니다.

여러분, 잘 생각해 보십시오. 하나님의 공의와 하나님의 율법과 하나님의 저주가 죄에 대해서 요구하는 모든 형벌을 그리스도께서 다 담당하셨습니다. 비록 복음 안에서 하나님이 우리에게 얼마나 큰 은혜를 주시는지를 깨닫지는 못하더라도 우리의 양심이 각성되어 하나님 앞에서 우리의 죄를 깨닫게 되면, 우리는 죄의 결과와 대가에 관하여 여러 가지 두려움을 느낄 수 있습니다.

그러나 그때에도 우리는 하나님의 의로우심과 거룩하심 때문에 죄에 필연적으로 따르게 되는 수없이 많은 해악과 재앙을 제대로 알지 못합니다. 하나님의 은혜와 영광이 얼마나 아름다운 결과를 이루게 되는지를 제대로 알지 못하는 것처럼, 죄에 대한 하나님의 공의가 얼마나 두려운 결과를 낳는지도 제대로 알지 못합니다. 그러나 우리가 비록 죄에 대한 하나님의 공의가 얼마나 두려운 결과를 초래하는지를 다 알지 못한다고 하더라도, 그리스도께서는 우리를 대신하여 그 모든 것을 완전하게 담당하셨습니다.

3) 그리스도의 공로

그리스도의 공로는 성찬식을 기쁨으로 거행하는 가운데 우리가 숙고해야만 하는 믿음의 또 다른 대상입니다. 제 질문에 대답해 보십시오. 왜 그리스도께서 죄로 삼으신 바 되었습니까? 이 질문에 대해서 본문은 이렇게 답합니다.

"우리로 하여금 그 안에서 하나님의 의가 되게 하려 하심이라."

이것은 갈라디아서 3장 13,14절에 기록된 표현과도 일치합니다. 13절에서 사도 바울은 이렇게 말합니다.

"그리스도께서 우리를 위하여 저주를 받은 바 되사 율법의 저주에서 우리를 속량하셨으니 기록된 바 나무에 달린 자마다 저주 아래에 있는 자라 하였음이라."

그렇다면 하나님은 무슨 목적으로 이렇게 하신 것일까요? 14절에서 바울은 그 목적을 이렇게 설명합니다.

"이는 그리스도 예수 안에서 아브라함의 복이 이방인에게 미치게 하고."

다시 말해서, 우리로 하여금 하나님 앞에서 의롭다함을 얻게 하기 위하여 그리스도께서 율법의 저주를 받으셨다는 것입니다. 이것이 하나님의 목적이었습니다.

오늘 우리가 이 자리에 함께 모인 목적도 마찬가지입니다. 우리는 우리 같은 죄인이 어떻게 하나님 앞에서 의롭다함을 얻었는지를 기억하기 위해서 모였습니다. 곧 그리스도께서 우리 대신 죄로 삼으신 바 된 바로 그 일을 통해서 우리가 하나님 앞에서 의롭다함을 얻었음을 기억하기 위해서 모인 것입니다.

3. 우리 자신에 관하여

본문에서 우리는 하나님에 관한 세 가지 내용과 성자 예수님에 관한 세 가지 내용뿐만 아니라 우리 자신에 관한 세 가지 내용도 함께 보게 됩니다.

1) 우리 자신의 죄와 죄책

하나님은 '우리를 대신하여' 그리스도를 죄로 삼으셨습니다. 그러므로 그리스도께서 우리를 대신하여 죄로 삼으신 바 되었다면, 우리는 죄인임이 분명합니다.

2) 우리의 구원

본문을 보면서 우리는 우리의 구원을 생각하게 됩니다. 어떻게 우리가 죄에서 건짐을 받았는지, 또 어떻게 우리가 죄의 모든 해악으로부터 건짐을 받앉는지를 생각하게 됩니다. 우리의 구원은 말이나 능력으로 된 것도 아니요, 다른 성도들이나 천사들의 중재로 된 것도 아니며, 우리의 노력으로 된 것도 아닙니다. 우리의 구원은 오직 하나님의 아들이신 예수 그리스도께서 우리를 대신하여 고난받으심으로써 얻은 것입니다.

3) 우리의 의

하나님은 우리가 죄에서 건짐을 받은 후에 궁극적으로 어떤 상태에 들어가게 되었는지를 기억하기를 원하십니다. 우리는 단순히 죄 사함을 받은 것에 그치지 않고 하나님 앞에서 의롭다함을 얻게 되었습니다. 이것을 알게 될 때, 우리는 그리스도의 고난으로 인하여 이 땅에서는 하나님의 의를 선물로 받고, 장차 올 저 세상에서는 영원한 영광을 선물로 받는다는 사실 때문에 하나님께 감사하게 됩니다.

지금까지 말씀드린 것들을 믿음으로 숙고하고 묵상합시다. 우리의 마음은 얼마나 산란하고 부산한지요! 그러나 성찬식은 우리의 그러한 산란함과 부산함을 고쳐 주는 은혜로운 시간입니다. 만일 우리가 성찬식에 참여하면서 특별한 방식으로 우리의 믿음을 행사한다면, 하나님께서 영광을 받으실 것입니다.

chapter 2
그리스도의 몸과 피

"우리가 축복하는 바 축복의 잔은 그리스도의 피에 참여함이 아니며 우리가 떼는 떡은 그리스도의 몸에 참여함이 아니냐"(고전 10:16).

'주의 만찬 Lord's supper'이라고도 불리는 성찬식에서 우리는 그리스도의 몸과 피를 먹고 마시면서 그분과 독특하고도 특별한 교통을 나눌 수 있습니다. 그러나 흔히 우리는 성찬식을 중요하게 생각하지도 않고, 성찬식을 통해서 영적인 유익을 제대로 얻지도 못합니다. 그 이유 중의 하나는 성찬식에서 그리스도와 더불어 누릴 수 있는 특별한 교통의 본질을 우리가 제대로 알지 못하기 때문인 듯합니다.

사실 성찬식을 통해서 우리가 그리스도와 더불어 특별한 교통을 누릴 수 있는 까닭은, 성찬식에서 우리의 믿음이 어떤 특별한 대상을 향하여 발휘되기 때문입니다. 또 대상이 특별해지면 당연히 그 대상을 향한 행동도 달라지

듯이, 성찬식에서의 우리의 믿음도 특별하게 바라보는 대상, 혹은 대상들과 관련하여 특별한 행동을 하기 때문입니다. 그렇다면 성찬식에서 우리의 믿음이 바라보는 그 특별한 대상은 구체적으로 무엇입니까?

1. 성찬식에서 믿음이 바라보는 특별한 대상

성찬식에서 믿음이 바라보는 특별한 대상은, 흔히 말하는 믿음의 대상과는 다릅니다. 믿음이 바라보는 가장 일반적인 대상인 하나님의 참되심이 아니라는 말입니다.

"그의 증언을 받는 자는 하나님이 참되시다는 것을 인쳤느니라"(요 3:33).

이 말씀에 따르면, 하나님의 참되심, 또는 하나님의 진리는 모든 믿음이 바라보는 가장 기본적인 대상입니다. 하나님의 참되심, 또는 하나님의 진리를 믿을 때, 비로소 우리의 믿음은 혈과 육에서 난 믿음이 아니라 하나님의 능력으로 이루어진 믿음이 됩니다. 그러나 이것은 성찬식에서 우리의 믿음이 바라보는 특별한 대상이 아닙니다. 그 특별한 대상은 하나님의 참되심을 기본 전제로 하는 그 이상의 어떤 것입니다.

성찬식에서 우리의 믿음이 바라보는 특별한 대상은, 우리를 하나님 앞에서 의롭다 칭함을 받게 만들어 주는 '칭의의 믿음'이 바라보는 특별한 대상과도 다릅니다.

'칭의의 믿음'이 바라보는 특별한 대상은 하나님의 약속과 그 약속 안에 담긴 그리스도, 일반적으로 말해서 '죄인의 구주'로 약속된 예수 그리스도입니다. 그래서 사도 베드로는 오순절에 사람들에게 회개와 믿음을 통해 구원을 받으라고 촉구하면서, "이 약속은 너희와 너희 자녀와 모든 먼 데 사람 곧 주 우리 하나님이 얼마든지 부르시는 자들에게 하신 것이라"(행 2:39)라고 외쳤던 것입니다.

하나님의 약속과 그 약속 안에서 '구주와 구속자'로 약속된 예수 그리스도가 칭의의 믿음이 바라보는 특별한 대상이라는 사실에 대해서는 더 길게 설명하지 않아도 될 것 같습니다. 그러나 성찬식에서 우리의 믿음이 바라보는 특별한 대상은, 칭의의 믿음이 바라보는 이 대상을 전제로 하는 그 이상의 어떤 것입니다.

이 특별한 대상은 참으로 특별하며, 이것 때문에 우리는 그리스도와 더불어 특별한 교통을 나누게 됩니다. 그렇다면 이 특별한 대상은 구체적으로 어떤 것들입니까? 성찬식에서 우리의 믿음이 바라보는 특별하고도 독특하며 직접적인 대상은 넓은 의미에서 볼 때 다음과 같습니다.

1) 그리스도의 인성

그리스도의 인성은 우리를 위한 중보사역과 구속사역을 이룬 주체입니다. 우리의 죄를 위한 희생 제물로 이 땅에 오신 그리스도는 인성을 취하셨기 때문에 희생 제물이 되실 수 있었습니다. 성경은 이 점을 강조합니다.

그리스도께서 이 세상에 임하신 일과 관련하여 히브리서 10장 5절에서는 "오직 나를 위하여 한 몸을 예비하셨도다"라고 말씀합니다. 이 표현은 일종의 제유법提喻法으로, 그리스도께서 완전한 인성을 취하고 이 땅에 태어나셨다는 것을 뜻합니다.

우리가 참여하고자 하는 성찬식에는 우리의 죄를 위한 그리스도의 속죄의 죽음이 떡과 잔을 통해서 상징적으로 나타납니다. 그리고 여기에서 믿음이 그리스도의 속죄의 죽음을 바라보게 될 때마다 아주 특별한 방법으로 그리스도의 인성을 묵상하고 숙고하게 됩니다. 즉, 하나님께서 그리스도를 우리의 죄를 대신하는 속죄 제물로 삼기 위하여 한 몸을 예비해 주셨다는 사실을 특별하게 묵상하고 숙고하게 됩니다.

그리스도의 인성! 이것은 성찬식을 거행하거나 성찬식에 참여할 때마다 우리가 반드시 특별하게 주목하고 묵상해야 할 대상입니다. 왜냐하면 그것을 위하여 성찬식을 거행하는 것이기 때문입니다.

2) 그리스도의 몸과 피

성찬식에서 믿음은 단순히 그리스도의 인성만을 숙고하는 것은 아닙니다. 믿음은 그 이상으로 나아갑니다. 그리하여 그리스도의 인성이 그것을 구성하고 있는 필수 요소들로 구별된다는 것, 즉 몸과 피로 구별된다는 것도 숙고합니다. 그리고 이 두 가지 필수 요소가 그리스도의 영혼과 연합되어 있기 때문에 가치 있고 소중하며 고결하다는 것도 숙고합니다.

성경은 그리스도께서 우리를 위하여 피를 흘리시고 몸을 찢기셨기 때문에 우리의 구속이 이루어졌다고 말씀하는데, 사실 그리스도의 피와 몸은 그리스도의 영혼과 연합되어 있기 때문에 가치 있고 소중한 것입니다. 이것은 그리스도의 인성을 구성하는 영혼과 몸이 하나님의 아들의 신성과 관련을 맺고 있기 때문에 가치 있고 소중한 것과 똑같은 이치입니다.

만일 그렇지 않았다면, 예수님은 자신의 몸에 대해서 "나를 만져 보라. 내 몸은 살과 뼈로만 되어 있느니라"라고 말씀하셨을 것입니다. 그러나 예수님은 이렇게 말씀하셨습니다.

"또 나를 만져 보라. 영은 살과 뼈가 없으되 너희 보는 바와 같이 나는 있느니라"(눅 24:39).

이처럼 성경은 그리스도의 몸과 피를 언급할 때 그리스도의 인성이 그리스도의 영혼과 연합되어 있다는 사실을 계속 강조합니다. 그리고 동시에 그리스도의 인성을 구성하는 각각의 필수 요소로서의 그리스도의 몸과 피를 그리스도의 인성과 연결시킵니다.

그러므로 결국 그리스도의 인성이 귀중하고 탁월한 것은 그것이 그리스도의 영혼과 관련을 맺고 있기 때문입니다. 이것이 바로 성찬식에서 우리의 믿음이 바라보는 두 번째 특별한 대상입니다.

3) 독립적인 그리스도의 몸과 피

그런데 성찬식에서 믿음은 단순히 그리스도의 인성이 그것을 구성하고 있는 필수 요소들, 즉 몸과 피로 구별된다는 것을 숙고할 뿐만 아니라 그리스도의 몸과 피를 각각 개별적으로도 숙고합니다. 다시 말해서, 그리스도의 몸과 별도로 그리스도의 피를 숙고하기도 하고, 그리스도의 피와 별도로 그리스도의 몸만 숙고하기도 합니다.

사도 바울은 본문이 기록된 고린도전서 10장과 이어지는 11장에서 이 진리를 매우 두드러지게 강조합니다. 즉, 성찬식을 구성하고 있는 서로 다른 두 가지 요소인, 그리스도의 몸을 상징하는 떡과 그리스도의 피를 상징하는 잔을 각각 강조합니다.

"우리가 축복하는 바 축복의 잔은 그리스도의 피에 참여함이 아니며 우리가 떼는 떡은 그리스도의 몸에 참여함이 아니냐"(고전 10:16).

이처럼 사도 바울이 이 두 가지를 분리시켜서 각각 강조하는 까닭은, 우리의 믿음이 이것을 별도로 숙고하도록 하기 위함입니다.

우리가 잘 알고 있듯이 교황주의자들은 성찬식에서 사람들에게 잔을 주지 않습니다. 그들은 사람들에게 떡은 주지만 절대로 잔은 주지 않습니다. 이것은 얼마나 신성모독적인 행위인지요!

언제나 그렇듯이 한 가지 오류를 은폐하기 위해서는 또 다른 오류를 만들어 내야만 합니다. 그렇지 않으면 모든 사람들이 금방 그 오류를 발견하기 마련입니다. 그래서 교황주의자들은 성찬식에서 잔을 주지 않는 자신들의 오류를 숨기기 위해 '공존설concomitance'이라는 교리를 만들어 냈습니다. 공존설은 떡이든 잔이든 거기에 그리스도의 몸과 피가 공존한다는 교리로, 그리스도의 몸이 있는 곳에는 반드시 그리스도의 피도 함께한다는 의미입니다.

그러나 이것은 그리스도께서 친히 제정해 주신 성찬식의 의미를 완전히 뒤집는 행위입니다. 왜냐하면 예수님께서는 성찬식에서 떡과 잔이 각각 예수 그리스도의 몸과 피를 상징하도록 친히 정해 주셨기 때문입니다.

우리 주 예수님은 떡을 들고 축사하시면서 이렇게 말씀하셨습니다.

"이것은 너희를 위하는 내 몸이니"(고전 11:24).

그런 후에 잔을 들고 또 이렇게 말씀하셨습니다.

"이 잔은 내 피로 세운 새 언약이니"(고전 11:25).

만일 교황주의자들의 주장대로 떡이든 잔이든 그리스도의 몸과 피가 공존한다면, 왜 우리 주님께서 각각을 축복하시면서 그 의미를 따로 설명하셨겠습니까?

지금까지 말씀드린 대로 성찬식의 의미를 그리스도 안에서 하나님과 더불어 특별한 교통을 나누는 것이라고 제한할 경우, 성찬식에서 우리의 믿음은 앞서 말씀드린 세 가지 제한적인 행동을 하게 됩니다. 즉, 그리스도의 인성을 특별하게 숙고하고, 그리스도의 인성이 몸과 피로 구성되어 있다는 것을 특별하게 숙고하며, 마지막으로 그리스도의 몸과 피를 각각 별도로 숙고합니다. 성찬식에서 믿음은 그와 같은 방식으로 그리스도의 몸과 피를 따로 바라봅니다.

오해하지 마십시오. 지금 저는 앞에서 말씀드린 세 가지 대상이 믿음의 궁극적인 대상이라고 말하는 것이 아닙니다. 여러분이 아시는 바와 같이, 믿음의 궁극적인 대상은 오직 예수 그리스도요, 믿음은 오직 예수 그리스도만으로 만족합니다. 다만 앞에서 말씀드린 세 가지 대상은 성찬식에서 믿음이 일차적으로 바라보는 대상이며, 하나님을 신뢰하도록 우리를 이끌어 주는 역할을 합니다.

아무튼 성찬식에서 믿음은 그리스도의 몸과 피를 별도로 분리시켜 묵상하고 신뢰합니다. 성찬식에 참여하는 동안 그리스도의 피가 흘려졌다는 점과 그리스도의 몸이 상하고 찢겨졌다는 점이 독특한 의미로 우리에게 다가오는 것입니다.

구약의 모든 희생 제사는 이런 사실을 예표합니다. 즉, 외부적인 힘에 의해서 몸과 피가 분리되는 것을 예표합니다. 성막에서 드리는 희생 제물을 생각해 보십시오. 희생 제물을 성막으로 가져오면, 제사장은 그 희생 제물을 죽이고 피를 다 쏟아 냅니다. 이렇게 함으로써 피가 분리됩니다. 그런 다음에는 제단에 피를 뿌리고, 지성소 쪽으로 피를 뿌립니다. 그리고 그다음에 희생 제물의 몸을 별도로 불에 태웁니다.

그래서 본문에서도 사도 바울은 "우리가 축복하는 바 축복의 잔은 그리스도의 피에 참여함이 아니며 우리가 떼는 떡은 그리스도의 몸에 참여함이 아니냐?"라고 두 가지를 분리해서 말하는 것입니다.

이와 같이 우리 주님께서 성찬식을 제정하실 때 떡을 떼어 주셨을 뿐만 아니라 별도로 잔을 마시도록 하신 것도 다 이유가 있습니다. 즉, 그리스도의 몸과 피가 참혹한 고난에 의해서 분리되었다는 사실을 우리의 믿음이 바라볼 수 있도록 하기 위해서 그렇게 하신 것입니다.

2. 그리스도의 몸과 피가 분리되어야 했던 원인

참혹한 고난에 의해서 그리스도의 몸과 피가 분리되었다는 사실을 숙고하고 신뢰하는 과정이 끝나면, 믿음은 무엇 때문에 그리스도의 몸과 피가 이렇게 각각 분리되어 제시되어야 했는지를 특별하게 숙고하고, 거기에 반응하는 자리로 나아가게 됩니다. 그리고 그 원인을 찾아내는 과정에서 믿음은 성찬식에서 항상 특별하게 숙고하고 믿어야 할 이유를 발견하게 됩니다.

1) 근본적인 원인

믿음은, 하나님의 영원하신 사랑 때문에 이와 같은 방식으로 그리스도가 십자가에 내어 준 바 되시고 몸이 찢겼으며 피가 흘려졌다는 진리를 발견합니다. 사도 바울도 우리를 향한 하나님의 사랑을 표현하면서, 하나님께서 자기 아들을 아끼지 않으시고 우리 모든 사람을 위하여 내어 주신 것은 하나님의 영원하신 사랑 때문이었다고 강조합니다(롬 8:32 참고).

물론 하나님께서 자기 아들을 세상에 보내신 것도 하나님의 영원하신 사랑 때문이었습니다. 이것은 누구나 쉽게 생각할 수 있습니다. 그리고 그분이 자기 아들을 아끼지 않고 십자가에 내어 주신 것 역시 그분의 영원하신 사랑 때문이었습니다. 믿음은 이런 진리까지 발견하고 숙고합니다.

그러므로 성찬식에서 특히 우리는 그리스도를 아끼지 않고 우리를 위해 내어 주신 하나님의 영원하신 사랑을 바라보고 믿어야 합니다. 이것이 바로 성찬식을 통해 하나님께서 우리에게 기대하시는 것입니다.

2) 발단이 되는 원인

성찬식에서 믿음은 발단이 되는 원인을 숙고합니다. 즉, 그리스도의 몸과 피가 각각 분리되어 떡과 잔으로 우리에게 제시되어야 하는 이유가 무엇인지, 왜 그렇게 되었는지를 숙고합니다. 그리하여 결국 믿음은 우리 자신의 죄 때문에 그렇게 되었다는 것을 발견하게 됩니다. 사도 바울은 이렇게 말합니다.

"예수는 우리가 범죄한 것 때문에 내줌이 되고"(롬 4:25).

그렇습니다. 예수님은 우리의 죄 때문에 내줌이 되었습니다. 예수님은 우리의 죄에 대하여 속죄와 화목을 이루기 위하여 십자가에서 죽으셨습니다. 결국 우리의 죄가 발단이 되어서 예수님이 십자가에서 죽으신 것입니다. 이것을 깨닫게 되면 믿음은 죄에 대해서 특별한 관점을 가지게 됩니다. 즉, 우리의 죄가 그리스도의 죽으심의 발단이 되었다는 관점을 가지게 되는 것입니다.

물론 하나님의 법을 어기면 우리의 양심도 우리 영혼으로 하여금 죄를 숙고하게 만듭니다. 그러나 이때 우리의 영혼은 죄가 우리를 하나님의 진노와 영원한 형벌 가운데 떨어지게 만드는 원인으로 작용한다는 차원에서만 숙고할 뿐 그 이상으로 나아가지는 못합니다.

그러나 성찬식에서 우리는 죄를 전혀 새로운 각도에서 숙고하게 됩니다. 즉, 우리의 죄가 발단이 되어서 결국 죄 없으신 그리스도께서 우리 대신 죽으셔야 했다는 관점에서 죄를 새롭게 보게 됩니다. 이것이야말로 죄의 본질을 특별하게 숙고하는 것입니다.

3) 직접적인 원인

성찬식에서 믿음은 직접적인 원인도 숙고합니다. 즉, 그리스도의 몸과 피가 이와 같이 나누어져야 했던 직접적인 원인이 무엇인지도 숙고합니다. 믿음이 발견하는 직접적인 원인은 다시 세 가지로 구별할 수 있는데, 그것은 주요한 원인, 도구적인 원인, 부수적인 원인입니다.

그리스도께서 고난을 받게 된 직접적인 원인 중에서도 가장 주요한 원인은 무엇입니까? 그것은 당연히 하나님의 공의와 의로우심입니다.

"이 예수를 하나님이 그의 피로써 믿음으로 말미암는 화목 제물로 세우셨으니, 이는……자기의 의로우심을 나타내려 하심이니"(롬 3:25).

성경은 하나님께서 공의롭고 의로우신 분이기 때문에 자기 아들을 아끼지 않으셨다고 기록합니다. 그렇습니다. 하나님께서는 우리의 모든 죄를 그리스도에게 짊어지게 하시고 자신의 공의로 우리 대신 그리스도를 벌하셨습니다.

"그가 징계를 받으므로 우리는 평화를 누리고"(사 53:5).

직접적인 원인 중에는 도구적인 원인도 있습니다. 그리스도의 고난에 도구적인 원인이 되었던 것은 하나님의 율법입니다. 성찬식에서 떡과 잔으로 각각 우리에게 상징되는 바, 그리스도의 몸이 찢기고 그리스도의 피가 흘려져야 한다고 규정한 것은 무엇입니까? 바로 율법의 조항입니다. 율법의 조항에 따라 예수님은 저주의 나무에 달리셨습니다.

마지막으로 부수적인 원인이 있습니다. 부수적인 원인은 그리스도의 고난에 외적인 도구로 사용되었던 것들입니다. 무엇이 그리스도의 고난에 외적인 도구로 사용되었습니까? 그리스도를 십자가에 못 박아야 한다고 외쳤던 사람들의 분노와 악의입니다.

"과연 헤롯과 본디오 빌라도는 이방인과 이스라엘 백성과 합세하여 하나님께서 기름 부으신 거룩한 종 예수를 거슬러"(행 4:27).

이처럼 믿음은 무엇 때문에 그리스도께서 그처럼 참혹하게 버림받았는지에 대한 근본적인 이유를 숙고합니다. 그리하여 그것이 하나님의 영원한 사랑 때문임을 발견합니다.

믿음은 무엇이 발단이 되어 그리스도께서 그처럼 참혹하게 버림받았는지도 숙고합니다. 믿음이 발견하는 대답은 우리 자신의 죄입니다. 일단 믿음이 우리의 죄가 그리스도를 십자가에 못 박은 장본인이라는 것을 새로운 시각에서 바라보기 시작하면, 이러한 시각으로 인해 우리의 영혼은 복된 영향을 받게 됩니다.

또한 믿음은 무엇 때문에 그리스도께서 그처럼 참혹하게 버림을 받았는지에 대한 직접적인 원인을 숙고합니다. 믿음은 그것에 대하여 하나님의 공의와 거룩함이 가장 중요한 원인이며, 하나님의 공의를 시행하는 수단으로 하나님의 율법이 사용되었다는 것을 깨닫습니다. 그리고 그리스도를 죽이는 데 가담함으로써 외적인 도구로 사용되었던 사람들에 의해서 하나님의 율법이 사용되었다는 것도 발견합니다.

3. 그리스도의 몸과 피가 분리된 목적

믿음은 성찬식에서 우리에게 보이는 바, 그리스도의 몸과 피가 어떤 목적으로 각각 분리되었는지도 함께 숙고합니다. 궁극적이고도 절대적인 목적은 하나님의 영광입니다.

"이 예수를 하나님이……화목 제물로 세우셨으니, 이는……자기의 의로우심을 나타내려 하심이니"(롬 3:25).

"이는 그가 사랑하시는 자 안에서 우리에게 거저 주시는 바 그의 은혜의 영광을 찬송하게 하려는 것이라"(엡 1:6).

이 모든 일 속에서 하나님은 자신의 영광을 목적으로 삼으셨습니다. 저는 그리스도의 몸이 찢기고 그리스도의 피가 흘려지는 십자가의 고난 속에서 하나님의 영광스러운 모든 속성이 얼마나 존귀하게 드러나고 높아졌는지를 분명하게 설명할 수 있습니다. 또한 영원무궁토록 그렇게 될 것임도 얼마든지 분명하게 설명할 수 있습니다.

그러나 오늘은 그것에 대해서 자세히 말씀드리지는 않겠습니다. 다만, 덧붙여 말씀드릴 것이 있습니다. 하나님의 영광이 최우선적인 목적이라면, 거기에는 두 가지 부수적인 목표가 있다는 것입니다. 즉, 그리스도의 몸과 피가 성찬식에서 각각 우리 앞에 제시되는 데는 두 가지 목표가 있습니다.

첫 번째 목표는 언약을 굳게 세우는 것입니다. 구약의 언약은 희생 제물을 통해서 인준되고 확증되었습니다. 그런데 이때 언약을 체결하는 당사자들은 희생 제물을 둘로 쪼개고 그 사이로 걸어가야 했습니다. 그리고 그런 다음에는 그렇게 확증된 언약을 성실하게 지키겠노라고 맹세해야 했습니다.

이와 마찬가지로 예수 그리스도께서도 언약을 확증하는 일을 하셨으며(히 9:16 참고), 그 언약이 확증되기 위해서 희생 제물이신 그리스도의 몸과 피가 둘로 쪼개져야만 했던 것입니다.

두 번째 목표는 우리의 믿음을 확증하고 강화시키는 것입니다. 하나님께서는 우리가 믿어야 할 것들을 여러 가지 꾸러미로 나누어 주십니다. 우리가 너무나 연약하여 하나님의 영원하신 사랑의 결과인 그리스도의 희생이라는 이 신비한 열매를 모두 단번에 이해하지 못하기 때문입니다.

그래서 하나님은 우리로 하여금 십자가에서 찢겨진 그리스도의 몸을 묵상하고, 그다음에 십자가에서 흘려진 그리스도의 피를 묵상하도록 인도하십니다. 그리하여 우리는 성찬식에서 그리스도와 더불어 매우 특별한 교통을 나누게 됩니다. 다른 곳에서는 잘 생각할 수 없는 특별한 대상들을 믿음이 주목하고 거기에 반응하는 것입니다. 그러나 무엇보다도 성찬식에서 우리가 특별한 교통을 누리는 것은 성찬식의 본질 자체가 특별하기 때문입니다.

4. 성찬식의 본질적 속성

성찬식의 본질은 네 가지 특별한 속성을 포함하고 있습니다. 즉, 성찬식은 기념하는 시간이며, 고백하는 시간이며, 감사하는 시간이며, 언약을 갱신하는 시간입니다. 이것에 대해서 간략하게 말씀드리겠습니다.

첫째로, 성찬식은 기념하는 시간입니다. 예수님은 성찬식을 제정해 주시면서 이렇게 말씀하셨습니다.

"이것을 행하여 나를 기념하라"(고전 11:24).

자기 자신이 죄인임을 깨달은 사람의 마음에는 그리스도의 속죄를 기억하고 기념하는 것보다 더 큰 기쁨이 없습니다. 또한 그리스도의 속죄를 기억하는 것보다 더 크게 하나님을 영화롭게 할 수 있는 방법도 없습니다.

민수기 5장 15절 이하를 보면 '의심의 소제'에 대한 말씀이 나옵니다. 남편이 아내의 정절을 의심하여 제사를 드리고 싶다면 보리 가루 십분의 일에 바를 헌물로 드려야 했는데, 거기에는 기름도 부을 수 없고 유향도 둘 수 없었습니다. 하나님께서 그것을 허락하지 않으셨기 때문입니다. 왜 하나님은 거기에 기름이나 유향을 붓지 못하게 하신 것입니까? 그것이 의심의 소제요, 죄악이 기억나게 하는 기억의 소제였기 때문입니다.

그러나 이와 반대로 성찬식은 우리의 모든 죄를 속량하신 그리스도의 속죄를 기억하는 자리입니다. 그러므로 성찬식은 얼마나 달콤하고도 행복한 제사인지요! 성찬식은 하나님께서도 기쁘게 열납하실 제사일 뿐만 아니라 우리 죄인들의 영혼에도 감미로운 제사입니다.

둘째로, 성찬식은 특별한 신앙고백을 하는 시간이기도 합니다. 사도 바울은 성찬식과 관련하여 이렇게 말합니다.

"너희가 이 떡을 먹으며 이 잔을 마실 때마다 주의 죽으심을 그가 오실 때까지 전하는 것이니라"(고전 11:26).

성찬식에 참여할 때마다 주님의 죽으심을 고백하고 선포하게 된다는 것입니다. 그러므로 그리스도를 믿는다고 하면서도 성찬식에 참여하지 않는 사람들은, 세상을 향하여 선포하라고 하나님께서 위임해 주신 신앙고백의 중요한 부분을 거부하고 있는 셈입니다.

사실 우리는 도덕적인 계명에 순종함으로써 우리의 신앙을 고백하고, 그것으로 우리의 할 일을 다 한 것으로 착각하고 만족하는 경향이 많이 있습니다. 그러나 성찬식은 우리가 이 세상에서 그리스도를 영화롭게 하는 방법으로, 그리스도께서 친히 제정해 주신 신앙고백의 방법입니다.

그리스도께서는 이렇게 말씀하십니다. "나는 나의 죽음이 단순히 너희 안에서만 기억되는 것이 아니라 세상에 널리 선포되기를 진정 원하노라." 그렇습니다. 성찬식은 그리스도의 죽으심을 선포하기 위하여 제정되었습니다.

그리스도께서는 우리가 그리스도의 죽음을 세상에 선포할 것을 요구하십니다. 그리고 그리스도의 죽으심은 모든 죄인의 유일한 소망이기 때문에 마땅히 우리는 그 메시지를 우리 안에 가두지 않고 온 세상에 널리 선포해야만 합니다.

셋째로, 성찬식은 감사하는 시간이기도 합니다. 성찬식에는 우리가 특별하게 감사해야 할 내용이 있습니다. 성찬식을 제정해 주실 때 주님께서 떡과 잔을 어떻게 하셨는지를 기억해 보십시오.

"예수께서 떡을 가지사 축복하시고"(마 26:26).

"또 잔을 가지사 감사 기도하시고"(마 26:27).

헬라어 성경에는 '율로게오'라는 단어가 '축복'과 '감사 기도'라는 뜻으로 사용되고 있습니다. 그렇습니다. 성찬식에서 우리가 함께 나누는 잔이 '축복의 잔'인 까닭은, 그것이 예수님께서 친히 제정하시고 하나님의 복 주심을 위하여 기도해 주신 잔이기 때문입니다. 또 성찬식에서 우리가 함께 나누는 잔이 '감사의 잔'인 까닭은, 우리가 이 잔을 마시면서 그리스도와 그리스도 안에 있는 하나님 아버지의 사랑으로 인하여 하나님께 감사하게 되기 때문입니다.

　마지막으로 성찬식은 하나님께서 우리에게 자신의 언약을 확증해 주시는 시간이요, 하나님을 향한 우리의 언약을 다시 한 번 기억하도록 요청하시는 시간입니다.

　물론 하나님과 우리 사이의 언약은 단 한 번 체결되고, 그것은 영원히 효력을 발휘합니다. 그러나 우리가 연약하기 때문에 그 언약은 우리의 영혼에 여러 번 시행되어야 합니다. 언약이 우리의 영혼에 여러 번 시행되어야 한다는 것은 무슨 뜻입니까? 하나님께서는 자신의 언약을 우리에게 자주 증거해 주셔야 하고, 우리는 하나님 앞에서 우리가 맺은 언약을 자주 갱신해야 한다는 뜻입니다.

　하나님께서는 결코 한 번 하신 약속을 어기거나 파기하지 않으십니다. 그러므로 하나님께서는 언약을 갱신하실 필요가 전혀 없습니다. 다만 우리에게 확신을 주기 위하여 언약을 재확인시켜 주실 뿐입니다. 반면에 우리는 약속을 어기거나 지키지 못할 때가 많습니다. 그래서 우리는 실제로 언약을 갱신할 필요가 있습니다.

　그렇다면 언제 우리의 언약을 갱신합니까? 성찬식에 참여하면서 언약을 갱신하게 됩니다. 성찬식은 그리스도의 보혈을 통해 하나님의 언약을 놀랍게 확증하는 시간입니다. 그러하기에 우리는 성찬식에서 그리스도와 더불어 특별한 교통을 누릴 수 있습니다.

　앞에서 간략하게 말씀드린 것들을 얼마든지 더 자세히 말씀드릴 수도 있지만, 오늘은 이 정도로만 해 두겠습니다. 저와 여러분의 믿음이 성찬식에서 배회하지 않고 성찬식에서 막연하게 믿음을 행사하지도 않도록 돕는 것이 오늘 설교의 목표이기 때문입니다.

　성찬에 참여할 때 우리는 믿음이 특별히 집중해서 바라보아야 할 대상을 주목해야 합니다. 그렇게 할 때 우리는 성찬식에서 지루함이나 힘겨움을 느끼지 않을 것입니다.

앞에서 저는 성찬식에서 우리가 주목해서 바라보아야 할 것들에 대해 말씀드렸습니다. 이들 속에는 우리를 영원토록 즐겁게 해 주고 우리를 새롭게 소생시켜 주는 것들이 풍성하게 들어 있습니다. 그러나 만일 우리가 막연한 생각으로 성찬식에 나오거나, 성찬식에서 구체적으로 무엇을 믿고 우리의 믿음을 어디에 집중해야 하는지를 모른다면, 성찬식에 참여한다고 해도 거기에서 얻을 수 있는 많은 유익을 놓치고 말 것입니다.

5. 적용

마지막으로 몇 가지 적용을 말씀드리고 설교를 마치겠습니다.

1) 교회를 세우신 하나님께 감사해야 합니다

먼저 교회를 세워 주신 하나님께 감사합시다. 왜냐하면 교회가 존재함으로 인하여 우리가 그 안에서 성찬식을 거행할 수 있기 때문입니다. 성찬식에서 우리가 그리스도와 더불어 특별하고도 친밀한 교통을 나누는 것은 얼마나 감사한 일입니까!

하나님께서 지금까지 말씀드린 모든 것들을 통해서 우리가 특별한 방식으로 그리스도에 대하여 믿음을 행사하도록 도우신다면, 그 모든 것들은 우리의 영혼에 새로운 힘과 활력을 선사할 것입니다. 그런데 우리는 이 모든 보화를 교회에서 얻습니다. 그러므로 교회를 세워 주신 것에 대해서 하나님께 감사해야 하지 않겠습니까!

우리가 만일 불신앙과 기대하지 않는 마음으로 성찬식에 나아온다면, 우리는 그 모든 보화를 잃게 될 것입니다. 반대로 합당한 방식으로 성찬에 참여하는 사람은 그 모든 보화를 다 얻을 것이며, 그것들이 얼마나 귀한 것인지도 알게 될 것입니다.

2) 성찬식에 대한 명령에 순종해야 합니다

하나님께서는 우리처럼 부족한 사람들에게 은총과 특권을 베풀어 주셔서 성찬식에서 그리스도와 더불어 친밀한 교제를 나누도록 우리를 불러 주셨습니까? 그러므로 성찬식을 제정해 주신 주님의 권위를 인정하면서 성찬식을 위하여 우리의 마음을 준비하도록 합시다.

우리에게 성찬식을 제정해 주시고 그것을 지키라고 명하시며, 또 잡히시던 날 밤에 친히 성찬식을 모범적으로 집례해 주신 그리스도의 권위에 복종하는 마음으로 우리의 영혼과 양심을 다해 순종합시다. 우리는 주님이 다시 오실 때까지 성찬식을 지키라는 그리스도의 특별한 명령을 받았습니다. 그러므로 그리스도의 모든 계명에 순종하고자 한다면, 성찬식을 행하라는 주님의 계명에도 순종합시다.

그리스도와의 특별한 교통을 위하여 여러분의 영혼을 준비하십시오. 그리고 성찬식에서 그리스도의 권위 앞에 우리의 모든 것을 굴복시키십시오.

3) 믿음의 대상을 바라보면서 훈련해야 합니다

성찬식에서 우리의 믿음이 집중적으로 바라보아야 할 대상들을 더욱 집중해서 바라보고 믿으십시오. 이것이 우리에게 유익한 일이며, 그리스도와 교통을 나눌 수 있는 통로입니다.

여러분은 성찬식에서 구체적으로 어떤 것을 믿어야 하는지를 알게 되었습니다. 믿음의 대상을 알게 되었습니다. 그리고 그 대상이 성찬식에서 떡과 잔을 통해 여러분에게 제시되고 있습니다. 그러므로 그것을 더 집중해서 바라보고 믿도록 하십시오.

그리스도께서 여러분을 위하여 속죄 제물이 될 수 있도록 하나님께서 그리스도를 위하여 한 몸을 예비해 주셨음을 믿으십시오. 그리스도의 그 몸이 살과 피로 나누어져 살이 찢기고 피가 흘려졌음을 믿으십시오. 그리고 이 모든 일이 우리의 죄 사함을 이루고 하나님의 영광을 기리며 언약을 확증하기 위하여 하나님께서 사랑으로 계획하신 일임을 믿으십시오.

여러분의 믿음이 초기 단계에 있을 때부터 믿음이 마땅히 가야 할 길로 나아가도록 계속 훈련하십시오. 그러면 오랜 시간이 지나도 여러분의 믿음은 길을 잃지 않고 바른길로 나아갈 수 있을 것입니다. 또한 성찬식에 참여할 때마다 여러분은 여러분의 믿음을 강화시켜 주는 것을 늘 새롭게 발견할 것이며, 더욱 풍성한 감미로움을 느끼게 될 것입니다.

chapter 3
성찬식의 직접적인 목표(I)
– 그리스도의 죽으심에 대한 회상

"우리가 축복하는 바 축복의 잔은 그리스도의 피에 참여함이 아니며 우리가 떼는 떡은 그리스도의 몸에 참여함이 아니냐"(고전 10:16).

앞에서 저는 주의 만찬에서 신자들이 그리스도와 나누는 특별한 교통에 관해서 말씀드렸습니다. 그런데 성찬식과 같이 중요한 의식과 의무를 우리가 구체적으로 어떻게 수행해야 하는지에 대해서는 말씀드릴 것이 아직 남아 있습니다. 그에 대한 답은 성찬식이 지향하고 있는 직접적인 목표에서 찾을 수 있습니다.

지난 시간에 우리는 그리스도의 죽으심의 목표들을 숙고함으로써, 성찬식에서 우리가 그리스도와 나누는 교통이 얼마나 특별한지를 살펴보았습니다. 오늘은 성찬식의 직접적인 목표를 통해 성찬식에서 우리가 그리스도와 나누는 교통이 얼마나 특별한 것인지를 살펴보겠습니다.

성찬식 자체의 직접적인 목표는 두 가지입니다. 한 가지는 우리의 믿음과 사랑과 관련이 있고, 다른 한 가지는 우리의 신앙고백과 관련이 있습니다. 사실 이 두 가지는 사도 바울이 로마서에서 말한 것처럼 성찬식에서 우리가 해야 할 모든 것입니다.

"사람이 마음으로 믿어 의에 이르고 입으로 시인하여 구원에 이르느니라"(롬 10:10).

이러한 성찬식의 직접적인 목표, 곧 우리의 믿음과 사랑과 관련된 목표와 우리의 신앙고백과 관련된 목표는 고린도전서 11장에 잘 나타나 있습니다. 먼저 24절에 우리의 믿음과 관련된 목표가 언급되어 있습니다.

"축사하시고 떼어 이르시되 이것은 너희를 위하는 내 몸이니 이것을 행하여 나를 기념하라 하시고."

이 목표를 한마디로 표현하면 '기념'입니다. 좀 더 구체적으로 표현하면 그리스도의 죽으심을 회상하거나 기념하는 것입니다.

26절에서 바울은 또 이렇게 말합니다.

"너희가 이 떡을 먹으며 이 잔을 마실 때마다 주의 죽으심을 그가 오실 때까지 전하는 것이니라."

여기에서 '전한다'라는 말은 '선포한다' 또는 '선언하다'라는 뜻입니다. 그러므로 우리의 신앙고백과 관련된 성찬식의 목표는 주의 죽으심을 설명하고 선포하는 것입니다.

이와 같이 성찬식의 직접적인 목표는 두 가지인데, 한 가지는 우리의 믿음과 관련된 목표로서 그리스도의 죽으심을 기억하는 것이고, 다른 한 가지는 우리의 신앙고백과 관련된 목표로서 그리스도의 죽으심을 선포하는 것입니다. 성찬식에서 우리는 이 두 가지 일을 모두 해야 합니다. 왜냐하면 주님께서 그것을 원하시기 때문입니다.

그렇다면 오늘은 먼저 우리의 믿음과 사랑과 관련된 목표를 살펴보겠습니다.

믿음이 행하는 위대한 일은 보이지 않는 것들을 우리 영혼에 생생하게 보여 주어 그것들의 달콤함과 능력과 효력을 맛볼 수 있게 하는 것입니다. 그래서 히브리서 11장 1절에서는 믿음을 가리켜 "믿음은……보이지 않는 것들의 증거니"라고 말씀합니다.

또한 믿음은 어떤 일의 원인을 찾아서 과거를 돌아볼 줄도 알고, 어떤 일의 결과를 찾아서 미래를 내다볼 줄도 압니다. 즉, 믿음은 무엇 때문에 우리가 하나님의 은혜 안에 있는지도 추적할 줄 알고, 또 은혜 때문에 장차 우리가 어떤 영광에 들어가게 되는지도 예견할 줄 압니다. 그리고 그 모든 것들이 효과적이고도 위로가 넘치게, 그리고 능력 있게 우리의 믿는 심령에 집중되도록 만듭니다.

성찬식에서 우리의 믿음이 그리스도의 죽으심과 관련하여 기억하고 회상하고 기념해야 하는 것에는 세 가지 내용이 있습니다. 첫 번째는 사역에 대한 그리스도의 믿음이며, 두 번째는 그리스도의 순종이고, 세 번째는 그리스도의 사역 자체입니다.

1. 그리스도의 믿음에 대한 회상

성찬식에서 믿음은 그리스도의 믿음을 회상합니다. 그리스도는 자신의 죽음과 관련하여 두 가지 믿음을 가지고 계셨습니다. 한 가지는 자기 자신의 인격과 하나님 안에서 자신의 소유에 관한 믿음이고, 다른 한 가지는 자신이 감당하기로 한 죽음의 목적과 그 성공적인 결과에 대한 믿음입니다.

1) 자신의 인격과 소유에 관한 믿음

주 예수 그리스도는 자기 자신의 인격과 하나님 안에서 자신의 소유에 관한 믿음을 가지고 계셨습니다. 사도 바울은 히브리서 2장 14절에서 "자녀들은 혈과 육에 속하였으매 그도 또한 같은 모양으로 혈과 육을 함께 지니심은 죽음을 통하여 죽음의 세력을 잡은 자 곧 마귀를 멸하시며"라고 선포합니다. 그리고 그것에 대한 확증으로 시편 18편 2절 말씀을 인용하면서 13절에서 다음과 같이 말합니다.

"또 다시 내가 그를 의지하리라 하시고."

이 인용구절은 구체적으로 무엇을 확증하고 있습니까? 사도는 왜 이 구절을 인용했습니까? 대답은 분명합니다. 그리스도께서 자기 자녀들을 구원하기 위하여 저 위대하고도 어려운 구원사역을 감당하실 때 한순간도 예외 없이 하나님에 대한 믿음과 신뢰를 유지하셨다는 것을 확증하기 위함입니다.

한마디로 사도 바울은 이렇게 말하는 것과 같습니다. "예수 그리스도는 하나님을 믿으셨다." 이런 믿음이 있었기에 그리스도께서는 구원사역을 감당하실 수 있었습니다.

그리스도께서는 죽음의 순간에 자신의 이런 믿음을 위대하게 입증하셨습니다. 일반적으로 죽음의 문턱을 넘는 사람이 가장 힘들어하는 것은 죽음 자체, 죽음 후의 상태, 그리고 그 상태의 마지막 결과 때문입니다. 그러나 우리 주님 예수 그리스도께서는 이 세 가지 모두를 믿음으로 대처하셨고, 자신의 그런 믿음을 확실하게 표현하셨습니다. 예수님이 숨을 거두시는 장면을 누가복음 23장 46절은 이렇게 묘사합니다.

"예수께서 큰 소리로 불러 이르시되, 아버지 내 영혼을 아버지 손에 부탁하나이다 하고 이 말씀을 하신 후 숨지시니라."

그렇다면 예수님은 죽음 이후에 자신이 어떻게 될 것인지에 대해서 어떤 믿음을 가지고 계셨습니까? 예수님은 그것에 관해서도 자신의 믿음을 확실히 보여 주셨습니다. 시편의 말씀을 보십시오.

"이는 주께서 내 영혼을 스올에 버리지 아니하시며 주의 거룩한 자를 멸망시키지 않으실 것임이니이다"(시 16:10).

이 말씀을 쉽게 풀어 쓰면 다음과 같습니다. "나는 죽게 되겠지만 내 영혼은 죽은 상태로 버려지지 않을 것입니다. 뿐만 아니라 내 몸도 썩지 않을 것입니다."

그렇다면 예수님은 이 모든 일의 결과에 대해서는 어떤 믿음을 가지고 계셨습니까? 그다음 절에서 예수님은 그 믿음을 명확하게 표현하셨습니다.

"주께서 생명의 길을 내게 보이시리니 주의 앞에는 충만한 기쁨이 있고 주의 오른쪽에는 영원한 즐거움이 있나이다"(시 16:11).

이 말씀의 앞부분은 자신의 부활에 대한 믿음을 고백한 표현이고, 뒷부분은 자신이 승천한 후에 영원히 거할 천국에 대한 믿음을 고백한 표현입니다.

뿐만 아니라 예수님은 십자가 위에서 다음과 같이 말씀하셨습니다.

"아버지 내 영혼을 아버지 손에 부탁하나이다"(눅 23:46).

이 말씀은, 지금은 비록 자신이 십자가에서 참혹하게 죽어 가고 있지만 결국 영원한 승리를 거둘 것이라는 믿음을 명확하게 드러낸 말씀입니다. 예수님께서 큰 소리로 이 말씀을 외치고 숨을 거두셨을 때, 예수님은 자신을 둘러싼 모든 흑암 너머에 떠오르는 태양을 바라보셨으며, 폭풍우 너머에 있는 안전한 항구를 바라보셨습니다.

믿음은 견고한 기초 위에 서 있기 때문에 결코 무너질 수 없습니다. 이러한 믿음이 행하는 가장 고귀한 행동이 바로 죽음의 순간에 자신의 영혼을 하나님의 손에 의탁하는 것입니다. 예수님은 우리가 본받을 수 있도록 십자가 위에서 자신의 영혼을 하나님의 손에 의탁하셨습니다.

어떤 사람들은 착각 속에서 죽음을 맞이하고, 어떤 사람들은 흑암 속에서 죽음을 맞이합니다. 그러나 믿음이 있는 사람은 확실하고도 견고한 토대 위에서 자신의 영혼을 하나님께 의탁합니다.

그렇다면 십자가에서 죽음을 맞이하면서 자신의 영혼을 하나님께 의탁하실 때 그리스도의 믿음은 어떠하였습니까? 이를 입증하기 위하여 믿음이 죽음의 순간에 영혼을 하나님께 의탁할 수밖에 없는 이유를 설명하겠습니다.

(1) 죽음 이후의 상태에 대한 두려움

죽음의 순간에 영혼은 이전에 전혀 경험해 보지 못했던 새로운 상태로 들어가게 되는데, 다음과 같은 두 가지 요소 때문에 영혼은 새로운 상태로 들어가는 것을 두려워하게 됩니다.

첫 번째 요소는 그 상태가 눈에 보이지 않는다는 것이며, 두 번째 요소는 일단 새로운 상태에 들어가면 결코 바꿀 수 없다는 것입니다. 그러므로 두려움을 주는 이러한 요소에도 불구하고 어떤 사람이 죽음의 순간에 자신의 영혼을 하나님께 의탁한다는 것은 틀림없이 믿음의 위대한 행동입니다.

먼저 첫 번째 요소를 살펴보겠습니다. 죽음 이후의 새로운 상태는 눈에 보이지 않습니다. 죽음의 문턱을 넘어서면 영혼은 눈으로 본 적도 없고 귀로 들어 본 적도 없는 상태로 들어가게 됩니다. 오직 믿음이 아니면 그 어떤 것도 그 안을 들여다볼 수 없습니다.

물론 사람들은 죽음 이후에 사람의 영혼이 들어가게 되는 보이지 않는 세계에 대해서 이런저런 말을 합니다. 그러나 믿음을 통해서 들여다본 것이 아니라면 그 모든 말은 공허한 추측일 뿐입니다. 그러므로 믿음이 아니고서는 아무도 들여다볼 수 없는 보이지 않는 그 세계에 들어가면서도 기쁨과 위로를 느끼는 가운데 자신의 영혼을 하나님께 맡긴다는 것은 믿음의 순수한 행동입니다.

다음으로 두 번째 요소는, 죽음 이후의 새로운 상태는 한 번 들어가면 절대 바꿀 수 없습니다. 그것은 마음에 들지 않는다고 해서 바꿀 수 있는 것이 결코 아닙니다. 사람은 무엇을 바꾼 후에도 상황이 전혀 나아지지 않고 오히려 더 나빠지기만 하는데도 늘 무엇인가를 바꾸면 반드시 상황이 좋아질 것이라고 생각하는 경향이 있습니다. 그러나 죽음 이후의 상태에 들어가면 아무것도 바꿀 수 없습니다. 죽음 이후에 영혼은 불변하는 상태에 들어가기 때문에 아무것도 바꿀 수 없는 것입니다.

(2) 일생을 결산하는 죽음의 순간

두 번째 이유는 죽음의 순간에 사람의 일생이 총결산되고, 그것이 어떻게 될 것인지를 알게 되기 때문입니다.

생전에 세상에서 사업을 하는 동안에는 때때로 어려움을 겪고 난관도 만나지만 이런저런 식으로 이익을 얻기도 합니다. 그러나 죽음의 순간이 되면 더 이상 그런 일을 진행할 수 없게 됩니다. 그 모든 일은 이 세상을 떠나는 사람과 무관한 일이 되어 버립니다. 모든 것을 결산하고 손을 털 시간이 된 것입니다.

더 이상 해야 할 일도 없고 거두어들일 수입도 없습니다. 빈손으로 죽음 앞에 서야만 합니다. 그러하기에 사람에게는 믿음이 필요합니다. 오직 믿음이 있어야만 편안한 마음으로 죽음을 통과할 수 있는 것입니다.

(3) 죽음 자체에 대한 두려움

죽음은 믿음이 아니면 그 어떤 것도 능히 이길 수 없는 강력한 두려움을 수반합니다. 오직 믿음만이 죽음의 두려움을 정당하게 이길 수 있습니다. 믿음으로 죽음의 두려움을 이기지 못하면 승리의 면류관을 쓸 수 없습니다. 그런데 이러한 죽음의 두려움을 이기는 일은 오직 그리스도의 죽음을 통해서만 가능합니다.

"그도 또한 같은 모양으로 혈과 육을 함께 지니심은 죽음을 통하여 죽음의 세력을 잡은 자 곧 마귀를 멸하시며, 또 죽기를 무서워하므로 한평생 매여 종노릇하는 모든 자들을 놓아주려 하심이니"(히 2:14,15).

그리스도를 믿는 믿음이 없이는, 죽기를 무서워하면서 한평생 매여 종노릇하는 상태에서 참되고도 진실하게 구원받을 수 없습니다. 그런 일은 결코 불가능합니다.

죽음의 순간에 그리스도의 믿음이 쟁취한 놀랍고도 영광스러운 승리를 확증하기 위하여 이것을 잠시 언급하겠습니다. 예수 그리스도께서는 죽음의 순간에 이렇게 말씀하셨습니다.

"아버지 내 영혼을 아버지 손에 부탁하나이다"(눅 23:46).

이것은 우리가 그리스도의 죽으심을 기념하면서 반드시 회상하고 기억해야 할 내용입니다.

사도 바울은 우리의 믿음을 견고하게 하기 위해 구약의 족장들의 믿음을 언급하면서, "이 사람들은 다 믿음을 따라 죽었으며"(히 11:13)라는 사실을 굉장히 큰 증거로 제시합니다. 그러나 이런 증거마저도 우리의 머리이시며 대표이신 예수 그리스도께서 우리보다 앞서 가시면서 믿음으로 죽음을 맞이하셨다는 증거에 비하면 사실 아무것도 아닙니다.

그리스도의 죽으심을 숙고하는 것! 죽음의 순간에 자신의 영혼을 하나님의 손에 의탁하면서 '주께서 내 영혼을 스올에 버리지 아니하시며 주의 거룩한 자를 멸망시키지 않으시고' 오히려 '생명의 길'을 보여 주시고 기쁨과 영원한 즐거움이 충만한 '주의 오른쪽'으로 인도해 주실 것이라고 확신하셨던 그리스도의 놀랍고도 위대한 믿음을 숙고하는 것! 이것이 영원한 생명과 영광으로 들어가는 중요한 문입니다.

2) 죽음의 목적과 그 결과에 대한 믿음

그리스도는 자신이 감당하기로 한 죽음의 목적에 대한 믿음도 가지고 계셨습니다. 그분은 영광스러운 목적을 위하여, 위대한 일을 이루기 위하여 십자가의 죽음을 감당하셨습니다. 하나님의 택하신 백성을 사망과 지옥, 사탄과 죄에서 구원하시기 위하여, 율법을 만족시키고 죄에 대한 저주를 담당하시며 자신의 택한 많은 자녀들을 영광으로 인도하기 위하여 십자가의 죽음을 감당하셨습니다.

끔찍한 장애물들이 그리스도의 사역 앞에 놓여 있었습니다. 그러나 그리스도는 결국 자신이 승리할 것을 굳게 믿고 있었습니다. 이사야 50장 7-9절 말씀을 읽어 보십시오.

"주 여호와께서 나를 도우시므로 내가 부끄러워하지 아니하고 내 얼굴을 부싯돌같이 굳게 하였으므로 내가 수치를 당하지 아니할 줄 아노라. 나를 의롭다하시는 이가 가까이 계시니 나와 다툴 자가 누구냐, 나와 함께 설지어다. 나의 대적이 누구냐, 내게 가까이 나아올지어다. 보라, 주 여호와께서 나를 도우시리니 나를 정죄할 자 누구냐. 보라, 그들은 다 옷과 같이 해어지며 좀이 그들을 먹으리라."

여기에서 "나의 대적이 누구냐"라는 말씀의 뜻을 히브리어 성경 원문대로 풀이해 보면, "나를 고소할 자가 누구냐? 나는 정당한 목표를 가지고 이 일을 행하고 있거늘 나를 고소할 자가 누구냐?"라는 의미입니다. 여기에서 주님은 이렇게 말씀하시는 것과 같습니다. "나는 위대한 목적을 품고 이 일을 행하고 있는데 나를 반대하는 세력이 참으로 크구나. 그들은 나를 부끄럽게 하고 혼란스럽게 하고 저주하기를 꾀하는구나."

그러나 그리스도는 이렇게 말씀하시면서 자신의 믿음을 확실하게 표명합니다. "주 여호와께서 나를 의롭다하시리라."

그리스도께서는, 만일 우리가 여전히 행위언약 아래에 있었다면 처해 있어야 할 것과 똑같은 상황에 처하셨습니다. 비단 예수 그리스도를 통해서가 아니더라도 사람은 반드시 하나님으로부터 의롭다함을 받아야 했습니다. 그리고 그것은 그리스도도 마찬가지였습니다. 그런데 그리스도는 자신이 하나님으로부터 의롭다함을 받을 것임을 믿었습니다.

"주 여호와께서 나를 의롭다하시리라. 내가 맡고 있는 이 일의 목적을 이룸에 있어서 하나님은 나를 정죄하지 않으실 것이다."

그렇습니다. 주 예수 그리스도께서는 한편으로는 택함을 받은 사람들의 모든 죄를 바라보시고 다른 한편으로는 율법의 모든 저주와 하나님의 진노를 바라보시면서 "내가 부끄러워하지 아니하리라"라고 외치셨습니다. 이것이 우리에게 얼마나 큰 위로와 격려가 되는지요!

예수님의 그 외침은 이런 뜻입니다. "어떤 어려움이 있어도 나는 이 일을 완수할 것이다. 나는 내가 맡은 이 일의 결과를 보게 될 것이고 죄를 끝낼 것이며 내 백성에게 영원한 의를 선사할 것이다. 그리고 하나님 아버지께서는 이 모든 일에서 나를 의롭다하실 것이다."

그런데 하나님께서는 우리가 특별히 성찬식을 통해서 자신의 목표에 대한 그리스도의 믿음을 기억하기를 바라십니다. 우리는 예수님이 자신의 사역에 관하여 품으셨던 믿음과 동일한 믿음으로 예수 그리스도의 사역을 믿고 의지해야 합니다. 마귀와 죄와 사망과 지옥을 정복하고 우리의 영혼을 구원하는 예수님의 죽으심에 대하여 예수님과 동일한 믿음을 가져야 합니다. 예수님께서 우리에게 본을 보여 주신 대로 우리도 믿음을 가져야 합니다.

그러나 다음과 같이 반론을 제기하는 사람도 있을 것입니다.

"그러나 예수님은 겟세마네 동산에 들어가실 때 슬픔에 짓눌려서 낙담하지 않으셨습니까? '내 아버지여, 만일 할 만하시거든 이 잔을 내게서 지나가게 하옵소서'(마 26:39)라고 세 번이나 부르짖었을 때 그리스도는 낙담하신 것이 아닙니까? 또 십자가에 달려서 자신에 관하여 예언된 시편 22편 말씀을 인용하여 '나의 하나님, 나의 하나님, 어찌하여 나를 버리셨나이까?'(마 27:46)라고 절규하신 것은 그리스도가 후회하고 낙심하신 것을 나타내지 않습니까?"

그 질문에 대한 답은 참으로 어렵습니다. 그러나 다음의 두 가지 사실을 생각하면 의외로 쉽게 해결될 수 있습니다.

먼저, 그리스도의 인격을 생각해 보십시오. 그리스도께서 인격적으로 연합되어 있는 자신의 신성과 인성이 절대로 나누어질 수 없다는 사실을 모르실 리가 없습니다. 그리스도께서는 비록 자신이 죽음을 통과하게 되더라도 자신의 신성과 인성의 연합은 결코 완전하게 깨어질 수 없다는 사실을 분명하게 알고 계셨습니다. 그리스도께서 이것을 모르실 리가 없습니다. 그러므로 그리스도에게 낙담이라는 것은 절대 있을 수가 없었습니다.

또한 그리스도께서는 하나님 아버지와 자신이 맺은 언약, 그리고 자신의 구속사역이 결국 성공을 거두게 될 것이라는 하나님의 약속을 모르실 리가 없습니다. 그래서 자신의 인격이나 사역에 대한 그리스도의 믿음은 완전히 바닥으로 떨어질 수가 없었습니다. 그것은 불가능한 일이었습니다.

다만 다음의 네 가지 이유 때문에 그리스도의 인성 안에서 맹렬하고도 심한 갈등이 있었을 뿐입니다.

첫째, 그리스도는 자신에게 드리워져 있는 진노의 본질을 정확하게 알고 계셨기 때문입니다. 갈라디아서 3장 13절 말씀처럼 그리스도는 하나님의 진노 아래 계셨습니다.

"그리스도께서 우리를 위하여 저주를 받은 바 되사 율법의 저주에서 우리를 속량하셨으니 기록된 바 나무에 달린 자마다 저주 아래에 있는 자라 하였음이라."

예수 그리스도는 지옥에 있는 모든 저주받은 영혼들이 볼 수 있는 것보다 더 정확하게 죄에 대한 하나님의 진노가 어떠하다는 것을 속속들이 들여다보고 계셨습니다. 그래서 그리스도의 인성에 무시무시한 갈등이 일어났던 것입니다.

둘째, 신성과의 연합이 가져다주는 위로가 극도로 제한되었기 때문에 예수님의 인성 안에서 갈등이 일어났던 것입니다.

예수 그리스도는 '간고를 많이 겪었으며 질고를 아는 자'(사 53:3)였습니다. 그러나 인성이 연합되어 있는 신성에서부터 항상 빛과 영광이 그리스도에게 비취었습니다. 신성과 인성이 연합되어 있었기 때문입니다.

그러나 그리스도께서 겟세마네 동산에 들어가실 때부터는 그런 위로들이 극도로 제한되었으며, 오히려 끔찍한 어둠과 떨림과 저주와 죄와 사탄이 그리스도 주위를 에워쌌습니다. 이 모든 것들이 그리스도 앞에 있었습니다. 그래서 시편 22편 12-21절의 기도가 있었던 것입니다.

"많은 황소가 나를 에워싸며 바산의 힘센 소들이 나를 둘러쌌으며 내게 그 입을 벌림이 찢으며 부르짖는 사자 같으니이다……개들이 나를 에워쌌으며 악한 무리가 나를 둘러 내 수족을 찔렀나이다. 내가 내 모든 뼈를 셀 수 있나이다. 그들이 나를 주목하여 보고 내 겉옷을 나누며 속옷을 제비 뽑나이다……내 생명을 칼에서 건지시며 내 유일한 것을 개의 세력에서 구하소서. 나를 사자의 입에서 구하소서."

율법의 저주가 날카로운 칼처럼 그리스도를 향하고, 개와 사자와 사단이 그리스도를 금방이라도 삼켜 버릴 듯이 입을 크게 벌리고 있었습니다. 흑암과 두려움과 공포가 지배하는 시간이었습니다.

뿐만 아니라 그리스도께서 '바산의 황소'에 비유하신 잔인한 사람들이 그리스도를 에워싸고 그리스도를 찢으려 하고 있었습니다. 바로 이런 것들 때문에 그리스도의 인성에 그토록 무서운 갈등이 일어났던 것입니다.

셋째, 그리스도께서 죄에 대한 형벌로 하나님으로부터 버림을 받으셨기 때문입니다. 그것은 명확한 사실입니다. 왜냐하면 그리스도께서 이렇게 절규하셨기 때문입니다.

"나의 하나님, 나의 하나님, 어찌하여 나를 버리셨나이까?"(마 27:46)

사실 저는 죄에 대한 형벌로 하나님으로부터 버림받는 것이 어떤 것인지 알지 못합니다. 그러나 분명한 것은 지옥의 형벌이야말로 하나님으로부터 영원히 버림을 받는 형벌이라는 사실입니다.

넷째, 그리스도께서 당하시는 고난이 말할 수 없을 정도로 극심했기 때문입니다. 그 고난은 단순히 외적으로 가해지는 신체적 고통만이 아니었습니다. 하나님의 진노의 칼이 그리스도를 향하고 있었으며, 그것이 그분의 영혼을 관통하고 있었습니다.

그러나 고난 속에서도 그리스도는 신적인 연합을 통해서 유익을 누리셨습니다. 신적인 연합이 그리스도를 지탱해 주고 지지해 줌으로써 고난의 무게에 짓눌리지 않을 수 있었습니다.

예수님이 당하셨던 고난은 단순한 피조물로서는 한순간도 감당할 수 없는 무게의 고난이었습니다. 그러나 신적인 연합 때문에 그리스도의 마음이 강건해지고, 그러한 모든 고통과 모든 두려움과 공포를 다 감당하실 수 있었습니다. 만일 신적인 연합이 없었더라면 그런 일은 결코 불가능했을 것입니다.

이와 같이 그리스도께서는 자신의 인격과 관련하여 믿음을 유지하셨을 뿐만 아니라 자신의 목표와 관련해서도 믿음을 유지하셨으며, 이런 점에서 우리에게 귀한 본을 보여 주셨습니다. 비록 개와 사자가 주위를 둘러싸고 하나님께서 외면하시며 사람의 힘으로는 도저히 감당할 수 없는 고통이 짓누를지라도, 그 모든 과정 속에서 절대로 하나님을 놓치지 않고 하나님께 대한 믿음과 신뢰와 확신을 유지할 수 있는 길이 있다는 것을 친히 보여 주셨습니다.

자, 그리스도의 죽으심과 관련하여 우리가 가장 먼저 기억해야 할 것이 바로 이것입니다. 곧 십자가에서 죽으실 때 그리스도께서는 자신의 인격과 사역의 목표에 대한 확고한 믿음을 가지고 계셨다는 것입니다.

만일 여러분이 어떤 순교자를 기억한다면, 주로 무엇을 기억하시겠습니까? 아마도 여러분은 순교자들을 불태웠던 화염을 기억하기보다는 그들이 자신이 그리스도의 소유된 백성이라는 사실을 믿었고 그 믿음을 위대하게 선포했다는 것, 그리고 자신의 순교가 결코 헛되지 않을 것임을 굳게 믿었다는 것을 중점적으로 기억할 것입니다. 그러므로 우리가 순교자들의 머리가 되시는 그리스도의 죽으심을 기억할 때도 이와 동일하게 우리 주 예수 그리스도의 믿음을 기억해야 할 것입니다.

2. 그리스도의 순종에 대한 회상

그리스도의 죽으심을 기억할 때 우리가 또 한 가지 중요하게 기억해야 할 것은 그리스도의 순종입니다. 사도 바울은 빌립보서에서 그리스도의 순종을 다음과 같이 설명합니다.

"너희 안에 이 마음을 품으라. 곧 그리스도 예수의 마음이니, 그는 근본 하나님의 본체시나 하나님과 동등됨을 취할 것으로 여기지 아니하시고, 오히려 자기를 비워 종의 형체를 가지사 사람들과 같이 되셨고 사람의 모양으로 나타나사 자기를 낮추시고 죽기까지 복종하셨으니 곧 십자가에 죽으심이라"(빌 2:5-8).

그렇습니다. 우리는 고난 속에서 예수님이 어떤 마음을 품고 계셨는지를 기억해야 합니다.

성경은 그리스도의 죽으심과 관련하여 그리스도의 순종을 숙고할 때, 특히 다음과 같은 것들에 주목하도록 우리를 인도합니다. 그리스도의 순종의 근본적인 원인이 사랑이었다는 것과 언제라도 기꺼이 순종하고자 하는 그분의 마음, 순종하는 가운데 하나님의 뜻에 온전히 복종하는 것, 그리고 그 가운데서 모든 일을 인내하시는 것! 그리스도의 죽으심과 관련하여 그리스도의 순종을 우리에게 설명할 때 성경은 이와 같은 것들을 강조합니다. 이것에 대하여 좀 더 자세히 말씀드리겠습니다.

1) 인간을 향한 사랑으로 인한 순종

성경은 그리스도의 죽으심과 관련하여 그리스도의 순종을 우리에게 강조합니다. 그런데 이러한 그리스도의 순종을 생각할 때 우리가 가장 중요하게 숙고해야 할 주제는 단연코 그리스도의 사랑입니다. 왜냐하면 그리스도의 모든 순종은 사랑에서 비롯되기 때문입니다.

"이제 내가 육체 가운데 사는 것은 나를 사랑하사 나를 위하여 자기 자신을 버리신 하나님의 아들을 믿는 믿음 안에서 사는 것이라"(갈 2:20).

"그가 우리를 위하여 목숨을 버리셨으니 우리가 이로써 사랑을 알고"(요일 3:16).

그렇습니다. 그리스도께서 우리를 위하여 죽으신 것은 우리를 사랑하시기 때문입니다.

"우리를 사랑하사 그의 피로 우리 죄에서 우리를 해방하시고 그의 아버지 하나님을 위하여 우리를 나라와 제사장으로 삼으신 그에게 영광과 능력이 세세토록 있기를 원하노라 아멘"(계 1:5,6).

이와 같이 그리스도의 사랑을 생각할 때 우리는 그리스도께서 당하신 모든 고난을 온전히 알 수 있고, 우리의 믿음 역시 거기에서 큰 유익을 얻게 됩니다.

그리스도께서 자신의 생명을 내놓으신 것은 하나님을 향한 최고의 순종입니다. 그런데 놀랍게도 그 순종은 우리를 향한 사랑에서 비롯된 것이었습니다. 저는 그리스도의 이 놀라운 사랑을 제 심령이 더 많이 깨닫고 느낄 수 있기를 하나님께 간절히 기도합니다. 우리를 사랑하기 때문에 십자가의 저 참혹한 죽음도 두려워하지 않고 담당하신 주님께서 우리를 위하여 무엇인들 아끼시겠습니까?

만일 예수 그리스도께서 우리를 위하여 행하신 가장 위대한 일, 곧 십자가에 달려 죽는 일을 끝까지 감당하지 않으셨더라면 어떻게 되었을지를 생각해 보십시오. 비록 그분이 우리를 위하여 다른 모든 일들을 다 하셨더라도 정작 십자가의 죽음 앞에서 그 죽음을 피하셨다면, 율법의 저주를 감당해야 하는 시점에서 그 일을 피하셨다면, 결국 그분의 사랑도 죽음 앞에서는 바닥나고 얼어붙었다고 생각할 수밖에 없을 것입니다.

그러나 그리스도께서는 우리를 위하여 십자가의 죽음을 당하셨습니다. 그리스도께서는 결코 십자가의 죽음 앞에서 뒤로 물러서지 않으셨으며, 십자가의 죽음을 피해 도망가지도 않으셨습니다. 왜 그렇게 하셨습니까? 우리를 진정으로 사랑하셨기 때문입니다. 그렇다면 이런 주님이 우리를 위하여 무엇을 아끼시겠습니까?

그럼에도 불구하고 배은망덕한 우리의 마음은 주님에 대하여 적대적이거나 감사하지 못하는 생각으로 가득 찰 때가 많습니다. 사면초가와 같은 어려운 일을 당하거나 시험에 빠지면 예수님께서 뒤도 안 돌아보고 우리를 버리실 것처럼 생각할 때가 많습니다.

그러나 그렇지 않습니다. 결코 그렇지 않습니다. 예수 그리스도의 사랑은 얼마나 크고도 놀라운지요! 자신이 하나님으로부터 철저하게 버림을 받고 율법의 모든 저주를 친히 감당하게 된 때에도 결코 우리를 버리지 않으셨을 뿐만 아니라 끝까지 우리의 구원을 이루셨습니다. 그러므로 십자가에 죽기까지 순종하신 그리스도의 사랑을 기억하십시오.

어떤 사람들은 이렇게 말할지도 모릅니다.

"그렇습니다. 때때로 사랑은 모든 것을 극복합니다. 사랑하는 마음이 있으면 별로 하고 싶지 않은 일도 하게 되며, 마음속으로는 매우 힘들어하면서도 상대방을 위하여 어떤 일을 하게 되지요."

그러나 그리스도께서는 그런 식으로 십자가에서 죽기까지 순종하신 것이 아니었습니다. 그리스도의 사랑은 얼마나 위대한지, 영원 전부터 우리를 위하여 죽으실 만반의 준비를 하고 계셨습니다.

2) 기꺼이 순종하고자 하는 마음

성경은 그리스도의 죽으심에 대해 말할 때, 그리스도께서 영원 전부터 우리를 위하여 십자가에서 죽으실 만반의 준비를 하고 계셨다는 사실을 강조합니다. 이것을 입증해 주는 성경 말씀이 있습니다. 먼저 잠언 8장 30,31절을 살펴봅시다.

"내가 그 곁에 있어서 창조자가 되어 날마다 그의 기뻐하신 바가 되었으며 항상 그 앞에서 즐거워하였으며 사람이 거처할 땅에서 즐거워하며 인자들을 기뻐하였느니라."

이 말씀을 기록하신 성령은 하나님의 지혜, 곧 하나님의 아들이신 그리스도께서 장차 자신이 사람들 가운데 함께하게 될 시간을 내다보면서 이 세상과 사람들을 즐거워하시고 기뻐하셨다고 증거합니다. 시편 40편 6-8절 말씀은 이 구절에 대하여 설명해 주고 있습니다.

"주께서 내 귀를 통하여 들려주시기를, 제사와 예물을 기뻐하지 아니하시며 번제와 속죄제를 요구하지 아니하신다 하신지라. 그때에 내가 말하기를, 내가 왔나이다. 나를 가리켜 기록한 것이 두루마리 책에 있나이다. 나의 하나님이여 내가 주의 뜻 행하기를 즐기오니 주의 법이 나의 심중에 있나이다 하였나이다."

여기에서도 성령은 하나님의 아들, 곧 예수 그리스도께서 하나님의 뜻을 행하기를 즐거워하셨다고 증거합니다.

그렇다면 예수 그리스도께서 즐거워하신 하나님의 뜻은 무엇입니까? 사도 바울은 히브리서 10장 10절에서 이렇게 대답합니다.

"이 뜻을 따라 예수 그리스도의 몸을 단번에 드리심으로 말미암아 우리가 거룩함을 얻었노라."

그렇습니다. 예수 그리스도께서 즐거워하신 하나님의 뜻은 자신의 몸을 희생 제물로 내어 주는 일이었습니다. 예수 그리스도께서는 십자가에서의 죽음에 즐거움으로 순종하였습니다. 예수 그리스도는 자원하는 심령으로 이 세상에 오셨을 뿐만 아니라 기쁨으로 이 세상에 오셨습니다.

이 세상에 오신 그리스도에게는 그분만이 받으셔야 하는 독특한 세례가 있었는데, 그것이 완수될 때까지는 고난을 받으셔야만 했습니다. 그러나 그리스도는 사람의 영혼을 사랑하셨기에, 또한 하나님의 영광을 위한 저 놀라운 구원의 계획과 사역을 사랑하셨기에, 그 모든 어려움에도 불구하고 자신의 사역을 즐겁게 감당하셨습니다. 성경은 그리스도의 죽으심과 관련하여 이것을 우리에게 기억하라고 강조합니다.

3) 그리스도의 온전한 순종

또한 성경은 그리스도의 죽으심에 대해 말할 때, 그리스도께서 하나님 아버지가 맡기신 사역에 얼마나 철저히 순종하셨는지를 기억하라고 강조합니다. 그리스도 자신도 이것을 강조하셨습니다. 이사야 50장 5,6절을 보겠습니다.

"주 여호와께서 나의 귀를 여셨으므로 내가 거역하지도 아니하며 뒤로 물러가지도 아니하며 나를 때리는 자들에게 내 등을 맡기며 나의 수염을 뽑는 자들에게 나의 뺨을 맡기며 모욕과 침 뱉음을 당하여도 내 얼굴을 가리지 아니하였느니라."

주 여호와께서 그리스도에게 이 모든 일을 맡기셨을 때 그리스도는 반항하지 않으셨습니다. 오히려 철저히 순종하셨습니다.

그런데 사람들은 그리스도의 철저한 순종에 대해서 한 가지 의문을 제기합니다. 그리스도께서 겟세마네 동산에서 "아버지여 만일 할 만하시거든 이 잔을 내게서 지나가게 하옵소서"(마 26:39)라고 기도하셨기 때문입니다.

이것에 대해서 저는 이렇게 대답하고자 합니다. 예수님의 이 기도는 예수님의 인성에 임한 두려움을 표현한 것에 불과합니다. 더욱이 예수님은 이 기도 다음에 두 가지 말씀을 덧붙이셨는데, 이 말씀들은 예수님이 하나님의 뜻에 전적으로 순종하셨다는 것을 충분하게 입증해 줍니다.

한 가지 말씀은 "내 아버지여……아버지의 원대로 되기를 원하나이다"(마 26:42)라는 기도입니다. 그리고 다른 한 가지 말씀은 "너는 내가 내 아버지께 구하여 지금 열두 군단 더 되는 천사를 보내시게 할 수 없는 줄로 아느냐"(마 26:53)라는 말씀입니다.

그렇습니다. 예수님은 얼마든지 십자가의 죽음을 피하실 수 있었습니다. 그러나 예수님은 결코 뒤로 물러서지 않으셨고 하나님의 뜻에 반기를 들지도 않으셨습니다. 예수님은 비겁하게 숨지 않으셨습니다. 그분은 수치와 치욕의 십자가를 피하지 않으셨습니다.

예수님은 하나님 아버지의 뜻에 전적으로 복종하셨고, 그래서 자기를 능히 보호해 줄 수 있는 친군친사의 도움도 거절하셨습니다. 그러고는 얼마 안 되는 로마 병사들에게 붙잡혀 고난을 받으셨습니다. 예수님은 "내가 원하기만 했다면, 나는 이보다 더 많은 군대를 가질 수도 있었다"라고 말씀하십니다. 이런 점을 고려해 볼 때 예수 그리스도는 하나님의 뜻에 전적으로 순종하셨음이 분명합니다.

4) 고난 속에서의 인내

또한 우리는 그리스도께서 고난을 받으시는 가운데 어떻게 인내하셨는지를 기억해야 합니다. 이사야 53장 7절은 이렇게 말씀합니다.

"그가 곤욕을 당하여 괴로울 때에도 그의 입을 열지 아니하였음이여, 마치 도수장으로 끌려가는 어린양과 털 깎는 자 앞에서 잠잠한 양같이 그의 입을 열지 아니하였도다."

이 말씀은 그리스도의 인내가 절대적이고도 완벽하며 완전한 인내였음을 표현한 것입니다. 그리스도께서는 고통 중에 계셨고 온갖 종류의 비방과 조롱을 받으셨지만 완전하게 인내하셨습니다.

"욕을 당하시되 맞대어 욕하지 아니하시고 고난을 당하시되 위협하지 아니하시고 오직 공의로 심판하시는 이에게 부탁하시며"(벧전 2:23).

히브리서 12장 2절에서 사도는 또 이렇게 말합니다.

"그는 그 앞에 있는 기쁨을 위하여 십자가를 참으사 부끄러움을 개의치 아니하시더니 하나님 보좌 우편에 앉으셨느니라."

여기에서 십자가를 참으셨다는 것은 문자 그대로 십자가의 고통을 인내하며 참아 내셨다는 뜻입니다.

자, 이제 우리가 참여하는 이 성찬식의 목적이 무엇인지를 아시겠습니까? 성찬식의 목적은, 우리를 일깨워서 그리스도의 순종을 기억하게 하되, 특히 그리스도의 순종에 담겨 있는 그리스도의 사랑과 기꺼이 우리를 위하여 하나님의 구원계획에 순종하시려는 그리스도의 자원하는 마음을 기억하게 하는 것입니다. 또한 고난 중에서도 그리스도께서 자신의 아버지 하나님께 전

적으로 순종하셨다는 것과 고난 중에서도 완벽하게 인내하셨다는 것을 기억하게 하는 것입니다.

3. 그리스도의 사역에 대한 회상

성찬식에서 우리의 믿음이 회상하고 기억해야 할 세 번째 내용은 그리스도의 사역 자체, 곧 그리스도의 죽으심입니다. 성찬식에서 우리의 믿음이 그리스도의 죽으심을 기억할 때 구체적으로 어떤 항목들을 기억해야 하는지에 대해서는 이번 시간에 자세히 말씀드릴 수 없을 것 같습니다. 그래서 지금은 몇 가지 중요한 항목만 말씀드리고자 합니다.

성찬식에서 우리의 믿음은 그리스도의 죽으심이 죄인들을 대신하여 피를 흘린 희생적인 죽음이었음을 숙고해야 합니다. 그리고 그러한 그리스도의 죽으심이 율법의 저주를 감당한 수치스러운 죽음이었음을 숙고해야 합니다. 또한 성찬식에서 우리의 믿음은 그리스도의 죽으심이 죄에 대한 형벌을 받은 참혹하고도 끔찍한 죽음이었음을 숙고해야 합니다.

그렇습니다. 그리스도의 죽으심은 피를 흘리는 죽음이었고, 수치스러운 죽음이었으며, 죄의 형벌을 감당하는 죽음이었습니다. 죄인을 대신하여 피를 흘리셨기에 희생적인 죽음이요, 율법의 저주를 담당하셨기에 수치스러운 죽음이며, 죄의 형벌을 받으셨기에 참혹한 죽음이었습니다.

그런데 이런 주제로 그리스도의 죽으심을 회상하고 숙고할 때, 사랑은 독특한 역할을 감당합니다. 우리의 구주이신 예수 그리스도께서는 이렇게 말씀하셨습니다.

"너희가 이를 행하여 나를 기념하라"(눅 22:19).

이런 말은 친한 친구에게나 할 수 있는 말입니다. 예를 들어, 친구에게 선물이나 정표를 줄 때 "나를 기억해 줘!"라고 말할 수 있는 것입니다.

그렇다면, "나를 기념하라"라는 말씀은 구체적으로 어떻게 하라는 말입니까? "너희를 향한 내 사랑을 기억해 다오. 내가 너희에게 베푼 인자를 기억해 다오. 나를 기억해 다오."

이렇듯 성찬식에서 우리는 믿음으로 그리스도를 기억할 뿐만 아니라 사랑으로 그리스도를 기억해야 합니다. 그리고 믿음이 그리스도의 죽으심을 기억하면서 그리스도의 은혜를 함께 기억하고, 그리스도의 은혜를 기억하면서 그리스도의 인격도 함께 기억하듯이, 사랑은 그리스도의 죽으심을 기억하면서 그리스도의 인격을 함께 기억하고, 그리스도의 인격을 기억하면서 그리스도의 은혜도 함께 기억합니다. 성찬식에서 드러난 그대로 말입니다.

그리스도께서는 "나를 기념하라"라고 말씀하셨습니다. 이 말씀은 "나를 향한 사랑으로 너희 마음을 가득 채우고 나를 기념하라"라는 뜻입니다. 그런데 사랑으로 그리스도를 기억하고 기념하는 일은 성찬식에서 우리가 다음 세 가지를 행할 때 비로소 이루어집니다.

첫째는 그리스도를 기뻐하는 일입니다. 둘째는 그리스도께 감사하는 일입니다. 셋째는 그리스도의 말씀을 준행하는 것입니다. 사랑으로 그리스도를 기념하는 사람은 그 마음속에 이 세 가지를 소유하고 있습니다.

먼저 사랑으로 그리스도를 기념하는 사람은 그리스도를 기뻐합니다. 이런 사람은 그리스도를 생각만 해도 마음에 기쁨이 솟구칩니다. 멀리 떠나 있는 사랑하는 친구를 생각하면 마음에 기쁨이 솟아나는 것처럼 말입니다.

그런데 더 놀라운 사실이 있습니다. 우리가 사랑으로 그리스도를 기념할 때 멀리 계시던 그리스도께서 우리에게 오셔서 자신을 나타내신다는 사실입니다. 물론 이런 유익은 영적인 일에서만 얻을 수 있으며, 자연적인 일에서는 얻을 수 없습니다. 멀리 떠나 있는 친구를 간절한 사랑의 마음으로 기억한다고 해서 그 친구가 우리 앞에 당장 나타나는 것은 아닌 것처럼 말입니다. 이런 자연적인 일에서는 우리는 상상으로만 그 친구와 교제할 수 있습니다. 그러나 영적인 일에서 우리는 믿음으로 그리스도의 임재를 실제로 경험할 수 있고 그리스도를 즐거워할 수 있습니다.

둘째, 사랑으로 그리스도를 기념하는 사람은 그리스도를 향하여 감사하는 마음을 늘 가지고 있습니다. 언제나 그리스도의 인격을 바라보면서 그리스도를 사랑하는 사람은 늘 감사가 넘치게 되어 있습니다.

성찬식은 그리스도를 향한 우리의 감사를 표현하는 특별한 자리입니다. 성찬식을 제정해 주신 그리스도께서 떡과 잔을 들고 축사하셨던 것처럼 우리도 떡과 잔을 받으면서 그리스도께 감사를 표하는 것입니다.

셋째, 사랑으로 그리스도를 기념할 때 우리의 마음은 그리스도의 말씀을 순종하는 자리로 나아가게 되어 있습니다. 그리스도께서 이렇게 말씀하셨습니다.

"너희가 내 말에 거하면 참으로 내 제자가 되고"(요 8:31).

"너희가 나를 사랑하면 나의 계명을 지키리라"(요 14:15).

그리스도의 인격을 바라보면서 그리스도를 사랑하는 심정으로 행하는 모든 일은, 우리 마음에 그리스도의 모든 말씀에 순종하고자 하는 새로운 소원과 열망을 심어 줍니다.

여기에서 중요한 사실은 우리가 스스로 우리의 마음을 잘 관리하여 그리스도의 모든 말씀에 순종하게 만드는 일은 불가능하다는 것입니다. 그리스도의 인격을 바라보면서 그리스도를 사랑하는 마음으로 한 가지 순종을 행할 때마다 비로소 우리 마음에 순종을 향한 소원과 열망이 심기는 것입니다. 이렇게 되면 우리의 영혼은 이렇게 탄식할 수밖에 없습니다.

"아! 언제쯤 나는 그리스도의 계명을 온전히 준행할 수 있을까? 그리스도께서는 십자가에 달려 죽으실 만큼 나를 사랑하셨고, 그 피로 내 죄를 씻어 주실 만큼 나를 사랑하시는데, 나는 언제쯤 그리스도의 계명을 온전히 준행할 수 있을까? 나를 위해 그토록 놀라운 일들을 행하신 주님의 계명을!"

우리의 믿음과 사랑과 관련하여 그리스도의 죽으심의 목적이 바로 이것입니다. 믿음과 사랑으로 그리스도의 죽으심을 기념하고 기억하게 하는 것입니다.

성찬식의 두 번째 직접적인 목표는 우리의 신앙을 고백하고 선포하는 것입니다.

"너희가 이 떡을 먹으며 이 잔을 마실 때마다 주의 죽으심을 그가 오실 때까지 전하는 것이니라"(고전 11:26).

그러나 오늘은 시간이 부족하여 이것에 관해서는 다음 시간에 말씀드려야 할 것 같습니다. 만일 지금까지 제가 말씀드린 것들을 성찬식에서 실천한다면, 우리는 성찬식에서 이러한 내용들을 기억하는 것이 얼마나 중요하고도 놀라운 일인지를 경험하게 될 것입니다.

십자가에 달려 죽으실 때 그리스도께서 품고 계셨던 마음, 그리스도의 죽음 그 자체, 그리스도의 죽음과 우리 자신의 관계, 그리고 그리스도께서 우리에게 보여 주신 위대한 모빔! 이와 같은 내용들을 성찬식에서 기억하고 기념한다는 것은 정말 놀라운 일입니다. 이런 내용들 가운데 몇 가지만이라도 우리의 마음과 영혼에 지속적으로 남아서 우리에게 유익을 준다면 얼마나 좋을까요! 하나님께서 우리 모두에게 그런 은혜를 주시기를 바랍니다.

chapter **4**

성찬식의 직접적인 목표(Ⅱ)
– 그리스도의 죽으심에 대한 선포

"너희가 이 떡을 먹으며 이 잔을 마실 때마다 주의 죽으심을 그가 오실 때까지 전하는 것이니라"(고전 11:26).

본문에 나오는 것처럼 성찬식의 또 다른 목적은 주님의 죽으심을 전하는 것입니다. 다시 말해서 주님의 죽으심을 선포하고 선언하고 증거하고 드러내는 것입니다. 이와 같이 '주의 죽으심을 전한다'라는 표현은 다양한 의미로 해석될 수 있습니다. 물론 성찬식에서 그리스도와 더불어 특별한 교통을 나누는 것이 중요합니다. 그러나 그렇다고 해서 성찬식의 이 두 번째 특별한 목적을 망각해서는 안 됩니다.

다시 한 번 말씀드리지만, 성찬식의 두 번째 특별한 목적은 주님의 죽으심을 전하는 것입니다. 그런데 주님의 죽으심을 전하는 것은 다음의 두 가지 방법으로 이루어집니다. 첫 번째 방법은 주님의 죽으심을 우리 자신에게 나타내는 것이고, 두 번째 방법은 주님의 죽으심을 다른 사람들 앞에서 고백하는 것입니다.

1. 주님의 죽으심을 자신에게 선포하는 방법

먼저 주님의 죽으심을 우리 자신에게 나타내는 것에 대해 생각해 보겠습니다. 그리스도를 우리의 영혼에 올바른 방식으로 정확하게 나타내 보여 주는 것은 참으로 중요한 일입니다. 기독교 신앙을 가지고 있는 사람들은 이 일을 중요하게 여깁니다. 또한 하나님도 이것을 중요하게 여기십니다. 그래서 하나님께서는 사람들의 믿음에 그리스도를 나타내기 위하여 이 일을 시작하셨습니다.

그런데 믿음이 없는 사람들은 하나님이 인정하시는 방법이 아니라 오히려 자신들의 상상력과 공상에 의해 그리스도가 나타나기를 원합니다. 그래서 그들은 믿음으로 그리스도를 알아 가는 일을 거부하고, 그 대신 자신들의 공상으로 그리스도를 만들어서 섬깁니다. 이렇게 하는 것이 그들의 신앙생활의 대부분을 차지합니다.

그들은 무엇이든 그림과 형상으로 만들어서 눈으로 보고 손으로 만져야 직성이 풀립니다. 그래서 예수님의 십자가도, 예수님의 부활도, 예수님의 승천도, 예수님이 행하신 모든 일도 그림이나 형상으로 만듭니다. 그러나 이것은 하나님이 원하시는 바가 아닙니다. 하나님의 방법은 성도들의 믿음에 그리스도를 나타내는 것입니다.

하나님께서 성도들의 믿음에 그리스도를 나타내시는 데는 세 가지 방법이 있습니다. 첫 번째 방법은 기록된 복음의 말씀을 사용하는 것입니다. 두 번째 방법은 말씀의 선포와 복음사역을 사용하는 것입니다. 세 번째 방법은 성례를 사용하는 것입니다. 특히 성찬식에서 하나님은 우리 영혼의 믿음에 주의 죽으심을 나타내고 제시하십니다.

1) 기록된 복음의 말씀을 통하여

하나님께서는 기록된 말씀을 사용하여 그리스도를 나타내십니다. 그래서 성경에 그리스도를 설명하고 묘사하는 말씀이 그렇게 많은 것입니다. 그런 말씀들은 성경을 읽는 사람의 마음에 그리스도를 사랑스러운 분으로 비춰 줍니다.

특히 아가서는 대부분 이런 목적으로 기록되었습니다. 아가서는 그리스도의 아름다움과 탁월함을 신비스럽고도 비유적으로 묘사합니다. 그리하여 그것을 읽는 성도들의 마음에 그리스도를 한없이 사랑스러운 분으로 비춰 주는 것입니다.

예를 들어, 아가서 5장 9절부터 마지막 절을 읽어 보십시오. 거기에는 온통 그리스도의 아름다움과 탁월함이 가득 차 있습니다. 이것은 오래전부터 하나님께서 약속하신 일입니다.

"네 눈은 왕을 그의 아름다운 가운데에서 보며"(사 33:17).

뿐만 아니라 구약성경에 기록된 약속들 가운데 많은 약속들이 성도들의 믿음에 그리스도의 인격을 아름답고도 흠모할 만하며 사랑스러운 것으로 나타내고 있습니다.

또한 고린도후서 3장 18절 말씀에는 복음의 목적이 잘 나타나 있는데, 복음의 목적 역시 예수 그리스도의 인격을 우리에게 나타내어 우리를 그의 형상으로 변화시키는 것이라고 기록되어 있습니다.

"우리가 다 수건을 벗은 얼굴로 거울을 보는 것같이 주의 영광을 보매 그와 같은 형상으로 변화하여 영광에서 영광에 이르니 곧 주의 영으로 말미암음이니라."

비유하자면, 복음은 거울과 같습니다. 복음이라는 거울을 들여다보고 있으면 어떤 형상이 거기에 비칩니다. 그런데 그것은 우리 자신의 형상이 아닙니다. 복음이라는 거울에 비치는 형상은 그리스도의 형상, 곧 복음이 계시하는 예수 그리스도의 형상입니다. 복음이 하는 일과 복음의 목적이 바로 우리에게 그리스도를 나타내는 것이기 때문입니다.

그런데 그렇게 우리에게 비춰진 그리스도를 통하여 우리는 성부 하나님을 보게 됩니다. 그래서 그리스도를 일컬어 하나님의 형상이라고도 하는 것입니다.

"그는 보이지 아니하는 하나님의 형상이시요"(골 1:15).

왜 예수님을 하나님의 형상이라고 부릅니까? 왜냐하면 보이지 아니하시는 하나님의 영광스러운 모든 속성들이 그리스도 안에서 우리에게 계시되기 때문입니다.

우리는 복음이라는 거울, 곧 그리스도를 보여 주는 복음이라는 거울을 통해서 그리스도의 형상을 봅니다. 그리고 하나님의 성령께서는 그러한 복음을 효과적으로 사용하셔서 우리를 그리스도의 형상으로 변화시키십니다. 이것이 하나님께서 사람의 믿음에 그리스도를 나타내는 위대한 일을 행할 때 사용하시는 첫 번째 방법입니다.

그러나 많은 사람늘은 하나님의 이런 방법을 외면하고, 오히려 사의 상상과 공상에 따라 제멋대로 그리스도를 만들어 내면서 신앙생활을 한다고 으스댑니다.

2) 말씀의 선포와 복음사역을 통하여

하나님께서 성도들의 믿음에 그리스도를 나타내실 때 사용하시는 두 번째 방법은 말씀의 선포입니다. 말씀 선포의 가장 큰 사명은 예수 그리스도를 나타내는 것입니다. 사도 바울은 이렇게 말합니다.

"어리석도다 갈라디아 사람들아, 예수 그리스도께서 십자가에 못 박히신 것이 너희 눈앞에 밝히 보이거늘 누가 너희를 꾀더냐"(갈 3:1).

여기에서 사도는 예수 그리스도께서 십자가에 못 박히신 것이 갈라디아 사람들의 눈앞에 밝히 보인다고 말합니다. 어떻게 이런 일이 있을 수 있습니까? 물론 갈라디아 사람들의 육안에 그리스도의 십자가가 보인다는 뜻은 아닙니다. 사도 바울이 설교를 통해서 갈라디아 사람들의 믿음에 그리스도의 죽으심을 너무나 생생하게 나타낸 것입니다. 그래서 갈라디아 사람들은 예수 그리스도의 십자가를 마치 눈앞에 펼쳐진 한 폭의 선명한 그림처럼 생생하게 느끼게 되었던 것입니다.

어떤 사람이 사도 바울이 전한 이 말씀에 대해서 매우 적절하게 표현했습니다. "옛적에 사도들은 그림을 통해서 그리스도를 전하지 않았습니다. 그러나 그들은 설교를 통해서 그림보다 더 생생하게 그리스도를 전달하였습니다."

창세기 24장에는 아브라함의 명령으로 이삭의 아내 될 사람을 구하기 위하여 멀리 심부름을 갔던 늙은 종이 등장합니다. 이 늙은 종은 복음을 전하는 사역자들의 예표라고 할 수 있습니다. 만일 예표라는 단어가 너무 지나친 표현이라면 초상화라고도 할 수 있습니다. 왜냐하면 복음을 전하는 사역자들도 그리스도의 신부가 될 사람들을 얻기 위하여 하나님으로부터 세상으로 보냄을 받은 자들이기 때문입니다. 모든 사람이 이 점에 대해서는 공감할 것입니다.

그렇다면 이 늙은 종이 어떻게 행했습니까? 그는 우리에게 참으로 위대한 본을 보여 줍니다. 이삭의 신붓감인 리브가를 발견했을 때 그는 지체하지 않고 자신의 주인이 맡긴 사명에 몰두하기 시작합니다. 그의 관심을 다른 데로 돌릴 수 있는 일들이 많이 있었지만, 그는 단 한 번의 곁눈질도 하지 않고 자신이 맡은 사명에만 몰두합니다. 리브가의 가족들이 성대한 식탁을 차려 놓아도 그의 관심은 오직 자신이 맡은 사명에 있었습니다. 그래서 그는 이렇게 말합니다.

"내가 내 일을 진술하기 전에는 먹지 아니하겠나이다"(창 24:33).

다시 말해서, 주인이 자신에게 맡긴 일을 완수하기 전에는 먹지 않겠다는 뜻입니다. 복음의 사역자들도 이러해야 합니다. 그리스도를 위하여 한 영혼을 얻을 수 있는 기회를 포착하였을 때, 복음의 사역자들은 그 어떤 것에도 곁눈질을 하거나 정신을 팔아서는 안 됩니다. 심지어 먹고 사는 문제에도 정신을 빼앗겨서는 절대 안 됩니다. 오직 눈앞에 있는 영혼 구원의 사명에만 몰두해야 합니다.

그런 다음에 아브라함의 늙은 종은 어떻게 행했습니까? 그는 이렇게 말합니다.

"나는 아브라함의 종이니이다. 여호와께서 나의 주인에게 크게 복을 주시어 창성하게 하시되 소와 양과 은금과 종들과 낙타와 나귀를 그에게 주셨고"(창 24:34,35).

지금 이 늙은 종은 아브라함의 신붓감을 구하러 온 것이 아니라 이삭의 신붓감을 구하러 온 것입니다. 그런데 그가 왜 아브라함에 관해서 장황하게 설명하고 있는 것입니까? 그 종의 다음 말을 들어 보면 그 이유를 알 수 있습니다. 그는 연이어 이렇게 말합니다.

"나의 주인의 아내 사라가 노년에 나의 주인에게 아들을 낳으매 주인이 그의 모든 소유를 그 아들에게 주었나이다"(36절).

그렇습니다. 이삭의 신붓감인 리브가를 이삭에게로 데려가기 위해서는 하나님의 위대한 복을 받은 아브라함이 자신의 전 재산을 이삭에게 물려주었다는 소식을 알려야만 했던 것입니다.

복음을 전하는 사역자들이 행할 일도 바로 이것입니다. 성부 하나님께서 자신의 모든 것을 성자 예수 그리스도에게 상속해 주셨다는 진리를 사람들에게 알리는 것입니다. 아브라함의 늙은 종이 이삭을 아브라함의 전 재산을 물려받은 부유한 상속자로 소개했던 것처럼, 복음의 사역자들도 그리스도를 전하되 그분이 천국의 모든 것, 하나님의 모든 것을 상속받은 부유한 상속자이심을 전파해야 합니다.

복음을 전하는 사역자들은 사람들이 그리스도를 흠모할 수 있도록 사람들의 심령에 그리스도를 이렇게 보여 주어야 합니다. 이것이 바로 하나님의 보내심을 받은 복음의 사역자들이 해야 할 일입니다. 왜냐하면 복음의 사역자들 역시 늙은 종과 마찬가지로 사람들 중에서 그리스도의 신부가 될 사람들을 얻기 위해서, 또는 그리스도의 신부인 사람들을 잘 준비시키기 위해서 세상에 보냄을 받았기 때문입니다.

3) 성례를 통하여

하나님께서 믿음을 통해서 우리의 영혼에 그리스도를 나타내시는 또 한 가지 특별한 방법은, 오늘 우리가 참여하는 성찬식입니다. 주님의 죽으심을 전하는 성찬식의 위대한 목적과 관련하여 이것을 여러분에게 말씀드리고자 합니다.

주님의 죽으심을 전하는 방법 중에서 앞에서 말씀드린 두 가지 방법은 일반적인 방법이라고 할 수 있습니다. 그러나 지금 말씀드리는 이 세 번째 방법은 특별한 방법입니다. 물론 오늘 당장 자세한 내용을 모두 말씀드릴 수는 없지만 말입니다.

저는 성찬식에 참여하면서 주님을 찬양합니다. 성찬식을 제정해 주신 하나님의 지혜와 선하심을 생각할 때마다 제 영혼은 탄복하지 않을 수 없습니다. 하나님께서는 예수 그리스도의 그 귀한 죽음을 우리의 영혼에 나타내기 위하여 떡과 잔을 선택하셨습니다.

물론 하나님께서는 얼마든지 다른 것을 선택하실 수도 있었습니다. 피조 세계는 우리가 믿음의 눈을 뜨고 찾기만 하면 그리스도의 신비를 보여 주는 것들로 가득 찬 창고와 같습니다. 그러하기에 그리스도를 보여 주기 위하여 하나님은 피조물 가운데서 가장 아름다운 것을 선택하실 수도 있었습니다. 그러나 하나님은 다른 누구의 충고나 지혜도 빌리지 않고, 오직 자신의 뜻을 따라 떡과 잔을 선택하셨습니다.

사람들의 어리석은 마음은 의미심장한 어떤 의식을 만들어 내기 위해서 애를 씁니다. 그러나 설령 그렇게 의식을 찾아낸다고 하더라도 사람들은 그 의식의 요소 하나하나가 정확하게 무엇을 의미하는지조차 제대로 알지 못합니다.

반면에 성찬식의 경우는 다릅니다. 물론 성찬식은 하나님께서 그것을 제정해 주셨다는 것만으로도 특별한 의미가 있음을 저도 인정합니다. 그러나 그뿐 아니라 하나님께서 성찬식의 목적과 성찬식의 내용을 정확히 맞아떨어지게 만드신 것을 보면 성찬식에는 하나님의 위대한 지혜가 담겨 있음이 분명합니다.

성찬식에 있는 모든 것은 성찬식의 목표와 목적에 적합하게 사용될 수 있도록 맞춤형으로 되어 있습니다. 이러한 성찬식이 지향하는 한 가지 목표는 그리스도의 죽으심을 우리에게 전하는 것인데, 성찬식은 다음 다섯 가지 관점에서 그리스도를 나타냅니다.

(1) 하나님께서 그리스도를 화목 제물로 세우신 것과 관련하여

그리스도를 십자가에 죽도록 내어 주신 하나님의 위대한 목적은, 그를 화

목 제물로 세우는 것이었습니다. 로마서 3장 25절 말씀은 이것을 분명하게 선포합니다.

"이 예수를 하나님이 그의 피로써 믿음으로 말미암는 화목 제물로 세우셨으니 이는 하나님께서 길이 참으시는 중에 전에 지은 죄를 간과하심으로 자기의 의로우심을 나타내려 하심이니."

성찬식에서 하나님은 우리에게 떡과 잔을 주심으로써 자신의 아들을 십자가에서의 화목 제물로 세상에 내어 주셨다는 것을 선명하게 보여 주십니다. 구속사역을 위하여 자기 아들을 화목 제물로 내어 주신 것처럼, 또 십자가에 자기 아들을 내어 주신 것처럼 성찬식에서도 떡과 잔을 우리에게 내어 주시는 것입니다.

(2) 그리스도께서 겪으신 고통과 관련하여

성찬식에는 그리스도의 수난과 고통과 죽음, 그리고 그리스도께서 죽임을 당하신 방법이 선명하게 나타나 있습니다. 이것에 대해서는 성찬식에서 그리스도의 죽으심을 기억하고 회상해야 한다는 주제로 지난번 설교에서 자세히 말씀드렸습니다. 그러므로 이것에 대해서는 더 이상 자세히 말씀드리지 않겠습니다.

"이것을 행하여 나를 기념하라"(고전 11:24).

(3) 약속 안에서 드러난 그리스도와 관련하여

성찬식은 약속 안에서 우리에게 드러난 그리스도와 관련하여 그리스도를 나타냅니다. 많은 약속들이 초대의 형식으로 표현되어 있습니다.

"너희 모든 목마른 자들아 물로 나아오라. 돈 없는 자도 오라"(사 55:1).

그리고 이런 초대에는 약속이 포함되어 있습니다.

"너희는 와서 사 먹되 돈 없이, 값없이 와서 포도주와 젖을 사라"(사 55:1).

성찬식에서 떡과 잔이 우리에게 주어질 때에도 마찬가지입니다. 떡과 잔이 주어질 때 우리의 영혼에는 그리스도가 약속의 형태로 제시됩니다.

이미 저는 하나님께서 그리스도를 우리에게 나타내시되 우리의 상상력이 아닌 우리의 믿음에 나타내신다는 것을 분명히 말씀드렸습니다. 하나님께서는 늘 이렇게 하십니다. 그러므로 성찬식에서 우리는 육안으로 그리스도의 형상이나 모습을 보는 것이 아닙니다.

성경에는 하나님께서 호렙산에서 모세에게 자신을 보여 주신 일과 관련하여 이렇게 기록되어 있습니다.

"여호와께서 불길 중에서 너희에게 말씀하시되 음성뿐이므로 너희가 그 말소리만 듣고 형상은 보지 못하였느니라"(신 4:12).

마찬가지로 비록 성찬식에서 그리스도가 나타나지만 우리는 그 형상을 볼 수 없습니다. 하나님께서는 성찬식에서 우리가 육안으로 그리스도의 형상을 보도록 허락하지 않으셨습니다. 다만 떡과 잔을 통해서 우리의 믿음에 그리스도가 나타나도록 하셨습니다.

하나님께서는 성찬식을 통해서 그리스도를 우리의 영혼에 제시하시고 우리를 초대하십니다. 그러므로 성찬식에서 우리에게 주어지는 떡과 잔은 아무 이유 없이 주어지는 것이 아닙니다. 그것은 믿는 영혼에게 그리스도를 제시하시는 하나님의 은혜를 상징하는 놀라운 수단입니다. 하나님께서는 누구나 믿음으로 그리스도를 영접할 수 있도록 우리 앞에 그리스도를 제시하고 우리를 초대하십니다. 이렇게 함으로써 우리에게 주님의 죽으심을 나타내시는 것입니다.

(4) 믿음을 통해서 그리스도를 영접하는 것과 관련하여

성찬식에는 우리가 믿음을 통해서 그리스도를 영접하는 것과 관련하여 그리스도가 나타납니다. 이것은 참으로 중요한 문제입니다. 왜냐하면 우리가 성찬식을 통하여 그리스도를 영접하지 않는다면, 성찬식도 무의미해지고 우리 자신도 아무런 유익을 얻지 못하게 되기 때문입니다.

하나님께서는 기름진 것들로 풍성한 잔치를 배설해 놓으시고 누구든지 와서 그것을 먹고 마실 것을 허락해 주셨습니다. 그러나 오지도 않고 먹지도 않는 사람들은 그 잔치를 통해서 아무 유익도 얻을 수 없습니다. 여러분이 어떤 사람에게 돈을 주는데도 그 사람이 받지 않으면 그가 여전히 빈털터리일 수밖에 없는 것과 같은 이치입니다.

성찬식에서도 마찬가지입니다. 성찬식에서 하나님은 여러분에게 그리스도를 제공해 주십니다. 그런데도 여러분이 그리스도를 영접하지 않는다면 어떻게 되겠습니까? 설령 여러분이 성찬식에 수천 번 참석한다고 해도 여러분은 아무런 유익도 얻지 못할 것입니다.

성찬식이 여러분에게 베풀어지기 전까지 얼마나 많은 일들이 있었는지를 생각해 보십시오. 하나님께서는 자기 아들을 이 세상에 보내 주셨고 화목 제물로 십자가에 내어 주셨습니다. 하나님의 아들이신 그리스도께서는 십자가에서 자기 자신을 제물로 바치시고 수난을 당하셨으며, 우리의 구원을 위한 모든 기초를 닦아 놓으셨습니다. 그리고 이제 하나님께서는 약속의 말씀을 통해서 우리에게 그리스도를 제시하시면서 누구든지 와서 영생을 얻으라고 초대하십니다.

그런데 여러분이 이 모든 것을 믿고 인정하면서도 정작 성찬식에서 예수님을 영접하지 않는다면 어떻게 되겠습니까? 여러분은 이 모든 일에서 아무런 유익도 얻지 못하게 됩니다.

성찬식이 어떻게 집례되는지를 생각해 보십시오. 거기에 개인적으로 그리스도를 영접하는 일이 얼마나 놀랍게 잘 나타나 있습니까! 성찬식에서 우리 한 사람 한 사람은 각자 손을 내밀어서 그리스도를 상징하는 떡과 잔을 받아 입 안에 넣도록 되어 있습니다. 우리 한 사람 한 사람이 그리스도를 영접해야 한다는 메시지를 이보다 더 선명하게 보여 줄 수 있을까요?

(5) 그리스도와 우리가 연합하는 것과 관련하여

성찬식은 우리가 그리스도에게 연합되어야 한다는 것을 잘 보여 줍니다. 성찬식에서 우리가 먹고 마시는 떡과 잔이 우리의 몸속에 들어와서 우리 몸에 자양분을 공급해 주는 것처럼, 그리스도의 생명이 우리에게 들어와서 우리에게 영생을 주고 우리의 영혼을 강건하게 해 줍니다. 이것은 너무나 분명한 진리이기 때문에 누구나 쉽게 생각할 수 있습니다.

지금까지 말씀드린 것이 주의 죽으심을 전하는 첫 번째 방법입니다. 이제부터는 주의 죽으심을 다른 사람들에게 전하는 것에 대해서 간략하게 말씀드리도록 하겠습니다.

2. 주님의 죽으심을 다른 사람들 앞에서 고백하는 방법

다시 한 번 말씀드리지만 성찬식의 두 번째 특별한 목적은 주님의 죽으심을 전하는 것입니다. 그런데 주님의 죽으심을 전하는 것은 다음의 두 가지 방법으로 이루어집니다. 첫 번째 방법은 주님의 죽으심을 우리 자신에게 나타내는 것이고, 두 번째 방법은 주님의 죽으심을 다른 사람들 앞에서 고백하는 것입니다.

이제 두 번째 방법에 대해서 말씀드리겠습니다. 여러분의 이해를 돕기 위해서 한두 가지 내용을 먼저 살펴보는 것이 좋을 듯합니다.

1) 외적인 신앙고백

외적으로 신앙을 고백하는 것은 사람들이 흔히 생각하는 것보다 훨씬 더 중요합니다. 로마서 10장 10절에서 사도 바울은 이것을 분명하게 말합니다.

"사람이 마음으로 믿어 의에 이르고 입으로 시인하여 구원에 이르느니라."

이 짧은 말씀을 자세히 들여다보십시오. 믿는 것과 의에 이르는 것, 곧 칭의를 얻는 것이 불가분의 관계로 연결되어 있음이 보일 것입니다. 그러나 그에 못지않게 중요한 사실이 여기에 있습니다. 바로 외적인 신앙고백과 구원 역시 불가분의 관계로 연결되어 있다는 것입니다.

이것은 지극히 당연한 일입니다. 왜냐하면 마음으로 믿어 의에 이르게 된 사람이라면 입술로 자신의 신앙을 고백하지 않을 사람이 한 명도 없기 때문입니다.[1]

신앙을 고백하는 것은 하나님께 영광이 되는 일입니다. 사도 바울은 고린도후서 9장 13절에서 다음과 같이 말합니다.

"너희가 고백한 그리스도의 복음에 순종함으로 인하여 하나님께 영광을 돌리며."[2]

하나님께서는 우리의 순종을 통해서도 영광을 받으시지만 우리의 신앙고백을 통해서는 더 큰 영광을 받으십니다. 즉, 다른 사람들에게 우리의 믿음과 그 믿음의 실제를 경험하게 하는 일을 통해서, 그리고 우리의 신앙고백의 열매를 통해서 하나님은 더 큰 영광을 받으시는 것입니다.

그러한 신앙고백은 하나님을 섬기고 예배하는 일에 있어서 그리스도께서 정해 주시지 않은 모든 것들을 삼가는 것을 통해서 이루어집니다. 또한 하나님을 섬기고 예배하는 일에 있어서 그리스도께서 정해 주신 모든 것들을 준행하고 수행하는 것을 통해서 이루어집니다.

사람들은 이 세상에 있는 온갖 더러운 것들을 멀리하는 것, 그리고 이 세상

---

1) 역자주 – 여기에서 입술이 언급된 것은 일종의 제유법으로 우리의 신앙고백 전체를 의미합니다.
2) 역자주 – 영어 성경 KJV를 직역한 말씀입니다.

에 속한 모든 죄와 타락에서 자기 자신을 지키고 이 세상에 속하지 않은 것들에 자신의 마음을 기울이는 것을 흔히 신앙고백이라고 생각합니다. 물론 이런 일들도 선한 것입니다. 그러나 적극적인 의미에서 우리의 신앙고백은 그리스도의 계명, 곧 그리스도께서 우리에게 명하시는 것을 준행하는 데 달려 있습니다.

예수님께서는 우리의 신앙고백이 이 수준에까지 이르기를 원하셨습니다. 그래서 우리의 할 일을 다음과 같이 말씀하셨습니다.

"너희는 가서 모든 민족을 제자로 삼아 아버지와 아들과 성령의 이름으로 세례를 베풀고 내가 너희에게 분부한 모든 것을 가르쳐 지키게 하라. 볼지어다, 내가 세상 끝 날까지 너희와 항상 함께 있으리라 하시니라"(마 28:19,20).

또한 예수님은 요한복음 14장 24절에서 우리가 예수님의 명령을 준행하는지 그렇지 않은지를 보시고 우리가 정말로 예수님을 사랑하는지를 판단한다고 말씀하셨습니다.

"나를 사랑하지 아니하는 자는 내 말을 지키지 아니하나니, 너희가 듣는 말은 내 말이 아니요 나를 보내신 아버지의 말씀이니라."

그리스도의 말씀을 준행하는 것은 그리스도의 계명을 순종하는 것이며, 그리스도의 계명을 순종하는 것은 우리가 그리스도를 참으로 사랑하고 있다는 완벽한 증서입니다.

2) 성찬식에서의 신앙고백

성찬식에는 그리스도에 대한 특별한 신앙고백이 있습니다. 이 세상은 그리스도의 죽음을 부끄러워하지만, 우리는 당당하게 그리스도에 대한 믿음을 고백합니다. 비록 율법의 저주가 우리를 위협한다고 하더라도, 우리는 그리스도에 대한 믿음을 당당하게 고백합니다. 우리는 또한 마귀의 권세에 대항하여 당당하게 그리스도에 대한 믿음을 고백합니다. 이러한 우리의 모든 신앙고백은 성찬식에 크게 초점이 맞추어져 있거나 성찬식에서 강력하게 행사됩니다.

(1) 그리스도께서 십자가에 달려 죽으심에 대한 고백

이 세상이 볼 때 우리 주 예수 그리스도의 죽으심은 수치스러운 죽음이었습니다. 그리고 이것 때문에 그리스도인들은 끊임없이 비난을 받았으며, 이 세상은 그리스도의 죽음을 도무지 믿으려고 하지 않았습니다.

많은 사람들에게 잘 알려진 이야기가 있습니다. 예수회 사람들이 중국에서 복음을 전할 때, 그들은 회중이 요구하기 전에는 결코 그리스도의 죽으심을 전하지 않았다고 합니다. 그 이유인즉 세상이 그리스도의 죽음을 수치스러운 것으로 여겨 강력하게 비난을 해 댔기 때문입니다.

그러나 이 세상이 아무리 그리스도의 죽으심을 경멸한다고 하더라도, 우리는 성찬식에서 그리스도께서 죄인으로 못 박혀 죽으신 십자가의 죽음을 고백합니다. 예로부터 그리스도의 십자가 죽으심은 그리스도인들의 신앙고백에 있어서 중요한 부분이었으며, 그것은 지금도 중요한 의미를 지닙니다. 그러므로 우리는 성찬식을 통해 하나님과 온 세상 앞에 엄숙하게 서서 우리의 모든 생명과 구원을 십자가에 달려 죽으신 구주의 죽음에 의지한다고 고백합니다.

(2) 율법의 저주에 대항한 그리스도의 죽으심에 대한 고백

성찬식에서 우리는 신앙고백을 통하여 주께서 율법의 저주에 대항하여 죽으신 것을 증거합니다. 우리는 죄인이기 때문에 율법의 저주가 우리를 위협합니다. 그러나 성찬식에 참여하면서 우리는, 하나님께서 율법의 모든 저주를 그리스도에게 전가시켜 주셨으며, 그리스도께서 그 모든 저주를 십자가에서 친히 담당하셨다고 고백합니다.

구약의 백성들도 성막의 제사에서 동일한 고백을 하였습니다. 그들은 염소의 머리에 손을 얹고 자신들의 죄악을 고백한 후에 그 염소를 광야로 보냈습니다. 성찬식에서 우리가 하는 일도 동일합니다. 성찬식에서 우리는 우리의 모든 죄악을 십자가에 달려 죽으신 예수 그리스도께 고백합니다. 그리고는 율법과 율법의 모든 정죄를 향하여 우리의 모든 죗값이 십자가에서 모두 지불되었다고 고백합니다.

"누가 능히 하나님께서 택하신 자들을 고발하리요, 의롭다하신 이는 하나님이시니 누가 정죄하리요. 죽으실 뿐 아니라 다시 살아나신 이는 그리스도 예수시니, 그는 하나님 우편에 계신 자요 우리를 위하여 간구하시는 자시니라"(롬 8:33,34).

이렇게 우리는 율법이 정죄할 때도 거기에 굴하지 않고 더 이상 율법의 정죄가 우리와 상관없음을 선언하며, 율법이 요구하는 죄의 형벌이 십자가에서 완전하게 지불되었음을 고백합니다.

(3) 사탄을 정복하신 그리스도에 대한 고백

성찬식에서 우리는 사탄의 권세에 대항해서도 우리의 믿음을 고백합니다. 인류 역사상 마귀가 자신의 권세와 세력을 총동원하여 사람의 영혼을 총체적으로 가장 강력하게 시험하는 일이 예수 그리스도의 십자가 위에서 이루어졌습니다.

그때 마귀는 자기 왕국의 사활을 걸고 십자가에 달리신 예수 그리스도를 공격하였습니다. 이 일에 자신의 운명을 걸고 모든 힘을 총동원하여 예수 그리스도를 공격하였던 것입니다. 뿐만 아니라 죄책과 이 세상의 분노가 마귀에게 줄 수 있는 모든 도움이 총동원되었습니다. 그래서 예수님은 십자가를 짊어지기 전에 이런 의미심장한 말씀을 하셨습니다.

"이제는 너희 때요 어둠의 권세로다"(눅 22:53).

예수님은 "이제 마귀가 발악을 할 때이다"라는 뜻으로 그렇게 말씀하신 것입니다.

그렇다면 그리스도께서 십자가에서 죽으심으로 인하여 어떤 일이 일어났습니까? 마귀가 이겼습니까? 아닙니다. 결코 그렇지 않습니다. 사도는 우리에게 놀라운 소식을 전해 줍니다.

"(그리스도께서) 통치자들과 권세들을 무력화하여 드러내어 구경거리로 삼으시고 십자가로 그들을 이기셨느니라"(골 2:15).

그러므로 우리는 성찬식에서 그리스도의 죽으심을 기념하면서 사탄에 대항하여 우리의 신앙을 고백합니다. 사탄의 세력이 깨어졌으며 그리스도에 의해서 사탄이 정복되었다고 고백합니다. 그리스도께서 사탄을 무장 해제시키고 포로로 사로잡으셨다고 고백합니다.

지금까지 말씀드린 이 세 가지 신앙고백은, 성찬식에서 우리가 주님의 죽으심을 전하고 나타낼 때 그리스도의 십자가를 부끄럽게 여기는 이 세상에 대항하여, 우리를 위협하는 율법의 저주에 대항하여, 그리고 지옥의 권세에 대항하여 우리가 선포하는 신앙고백입니다.

이러한 신앙고백은 성찬식이 지향하는 두 번째 큰 목표이자 우리가 성찬식에서 그리스도와 더불어 특별한 교제를 나눌 수 있는 또 다른 방법이기도 합니다. 본문을 통해서 저는 이러한 것들을 여러분에게 말씀드리고 싶었습니다.

3. 성찬식에 참여하는 우리의 자세

이제 제가 목표로 한 모든 것을 다 말씀드린 것 같으니 한두 가지 적용을 덧붙이고 마치도록 하겠습니다.

그리스도의 죽으심을 전하고 나타내는 이 위대한 일에 하나님의 부르심을 받아 성찬식에 참여한다는 것은 정말 놀라운 영광이며 특권입니다. 저는 이것이 이 세상에서 사람이 참여할 수 있는 가장 위대하고도 영광스러운 일이라고 생각합니다.

앞에서 말씀드린 바와 같이, 하나님의 신성의 영광스러운 모든 행동은 그리스도의 죽으심에 놀랍도록 총집결되어 있습니다. 그러한 그리스도의 죽으심은 하나님의 신성의 모든 속성들이 함께 만들어 낸 무한하면서도 지혜롭고 거룩한 결과물입니다.

그런데 하나님께서는 놀랍게도 우리를 성찬식으로 초대하시고 거기에서 이렇게 놀라운 죽으심을 선포하고 드러내라고 말씀하십니다. 그런데도 우리는 하나님께서 우리에게 부탁하신 이 일을 합당하게 행하지 못할 때가 많았고, 그렇게 행할 엄두를 내지 못할 때도 많았습니다. 우리의 육적인 두려움과 감정, 그리고 그 밖의 다른 것들이 이 위대하고도 영광스러운 일을 하지 못하도록 우리를 방해하기 때문입니다.

그럼에도 불구하고 하나님께서는 이런 우리를 용서해 주십니다. 그리고 우리를 이 위대하고도 영광스러운 일에 계속해서 부르십니다. 그러므로 우리는 성찬식에 참여할 때마다 하나님의 긍휼과 자비를 기억하며 항상 감사해야 합니다. 또한 우리를 성찬식에 불러 주신 하나님의 마음을 숙지하고 그것에 온전히 반응할 수 있어야 합니다. 이것이 우리의 의무입니다.

우리는 냉랭하고 경솔하며 태만한 마음으로 성찬식에 참여해서는 안 됩니다. 오히려 우리를 여전히 성찬식으로 불러 주시는 하나님의 긍휼과 자비를 생각하면서 기쁜 마음을 품고, "이번 성찬식에서 주의 죽으심을 나타내리라"라고 다짐해야 합니다.

생각해 보십시오. 성찬식이 우리에게 보여 주는 그리스도의 죽으심을 통해서 이 세상도, 율법도, 사탄도 모두 정복되었습니다. 그리고 그 성찬식을 통해 우리는 이 기쁜 소식을 세상에 전하고 나타내라는 하나님의 부르심을 받고 있습니다. 이 얼마나 감사한 일입니까! 아, 우리가 진심으로 성찬식을 사모하고 간절히 고대할 수 있게 된다면 얼마나 좋을까요? "또 언제 성찬식이 거행될까?"라고 간절한 마음으로 성찬식을 사모할 수 있다면 얼마나 좋을까요?

성찬식에 바르게 참여하기 위해서 우리의 영혼에 하나님을 나타내는 일과 관련하여 제가 앞에서 말씀드린 것들을 기억하시기를 바랍니다. 특히 영적인 집중력이 없어서 마음을 한 곳에 집중하지 못하고 금세 생각이 여러 갈래로 나누어지고, 그래서 언제나 유익을 얻지 못하는 분들에게 저는 이렇게 말씀드리고 싶습니다. 여러분의 마음과 생각을 성찬식에 집중하기 위하여 하나님을 우리의 영혼에 나타내는 일과 관련하여 제가 앞에서 말씀드린 것들을 기억하십시오.

우리는 우리의 믿음보다 우리의 감정에 더 의존하는 경향이 있습니다. 성찬식에서도 우리는 우리의 믿음이 은혜롭게 활동하는 것보다 우리의 감정이 고무되는 편을 더 좋아합니다. 그래서 만일 성찬식에서 우리의 감정이 고무되지 않으면 성찬식을 잘못 거행했으며 아무런 유익도 얻지 못했다고 단정해 버리는 경향이 있습니다.

그러나 하나님께서는 우리의 믿음에 자기 자신을 나타내기를 기뻐하십니다. 그것이 하나님의 방법입니다. 그러므로 성찬식에 참여하면서 여러분의 믿음이 하나님을 향하여 참되게 반응하도록 하십시오. 그렇게 된다면 여러분은 성찬식을 바르게 거행한 것이며, 결국 성찬식의 목적을 이루게 될 것입니다.

성찬식에서 우리의 믿음으로 하여금 하나님께서 보여 주신 대로, 우리에게 주어진 그대로 예수 그리스도를 볼 수 있게 하십시오. 십자가에 달려 고난을 받으시는 예수 그리스도를, 우리에게 값없이 주어진 예수 그리스도를, 우리에게 들어오셔서 우리와 하나가 되신 예수 그리스도를 볼 수 있게 하십시오.

chapter 5

성찬식을 위한 준비(Ⅰ)

"사람이 자기를 살피고 그 후에야 이 떡을 먹고 이 잔을 마실지니"(고전 11:28).

지금까지 저는 주의 만찬을 거행하는 가운데 성도들이 그리스도와 더불어 나누게 되는 특별한 교통에 대해서 말씀드렸습니다. 지난번 설교를 마치고 난 후에 저는 이 주제에 관하여 더 이상 설교하지 않아도 되겠다고 생각하였습니다. 왜냐하면 성찬식에서 우리가 당장 실천에 옮길 수 있는 실제적인 문제들을 모두 구체적으로 다루었다고 생각했기 때문입니다. 그런데 나중에 성찬식을 어떻게 준비해야 하는지에 대해서는 전혀 말씀드리지 않았다는 생각이 들었습니다.

성찬식을 올바르게 준비하는 것도 꼭 필요한 의무입니다. 그래서 저는 그것에 대해서도 말씀드리기로 하였습니다. 특히 성찬식을 올바르게 준비하는 것에 관한 교리를 설명하기보다는, 성찬식에 참여하여 하나님이 예비하신 은혜와 유익을 얻고자 하는 모든 사람이 실제로 관심을 가질 만한 것들에 관하여 조금이라도 말씀드리려고 합니다. 이 일을 위하여 저는 사도 바울이 고린도교회 교인들에게 전한 말씀 중에서 본문을 선택했습니다.

"사람이 자기를 살피고 그 후에야 이 떡을 먹고 이 잔을 마실지니."

사도 바울이 고린도전서를 쓸 당시에 고린도교회는 여러 가지 무질서에 빠져 있었습니다. 고린도교회에는 분당과 파당의 문제, 올바른 징계를 태만히 한 문제, 거짓 교훈의 문제, 특히 참으로 중요한 주의 만찬을 남용하는 문제가 있었습니다.

저는 고린도교회가 범한 죄 때문에는 하나님께 감사할 수도 없고 또 그렇게 해서도 안 되지만, 그 일을 통해 나타난 하나님의 섭리를 인하여 하나님께 감사드립니다. 왜냐하면 만일 고린도교회에 이런 무질서가 없었다면, 오늘날 우리는 교회에서 일어나는 문제들을 어떻게 처리해야 하는지 도무지 갈피를 잡지 못하고 헤맬 것이 분명하기 때문입니다.

고린도교회의 무질서를 바로잡기 위한 내용을 담고 있는 오늘의 본문 말씀은 성경 전체를 통틀어서 교회의 성찬식과 성찬식의 시행 방법에 관한 가장 근본적인 원칙을 제시해 주고 있습니다.

만일 고린도교회가 여러 가지 무질서 속에 빠지지 않았더라면 성경에는 이런 기록이 남지 않았을 것이고, 그러면 우리는 이런 원칙을 알 수 없었을 것입니다. 그런데 하나님께서는 자신의 섭리 가운데 고린도교회가 여러 가지 무질서 속에 빠지도록 허용하셨습니다. 그리고 그들의 넘어짐을 통해서, 그들의 넘어짐 속에서, 그들의 넘어짐에 의해서 장차 올 모든 시대의 교회에 필요한 교훈을 전해 주셨습니다.

고린도전서 11장에서 바울은 주의 만찬을 시행하는 가운데 고린도교회가 범하고 있었던 여러 가지 남용을 바로잡아 주고 있습니다. 실제로 고린도교회는 여러 가지 면에서 남용의 죄를 범하고 있었습니다. 사도 바울은 그들이 범하고 있는 모든 잘못에 대해서 구체적인 지침을 내려 주고 있습니다. 그러나 오늘은 이것에 대해서 말씀드리지 않겠습니다.

아무튼 사도 바울은 구체적인 지침들을 내려 준 다음에 결론적으로 제가 방금 읽어 드린 한 가지 전반적인 규칙을 말합니다.

"사람이 자기를 살피고 그 후에야 이 떡을 먹고 이 잔을 마실지니."

자기를 살핀다는 것은 성찬식에 실제로 참여하는 사람이 성찬식에 합당하도록 자신을 준비하는 모든 과정을 포함합니다. 그러므로 저는 성경에 분명하게 드러난 몇 가지 사례들을 인용함으로써, 하나님께서 제정해 주신 모든 거룩한 의식을 기념하거나 준행하기 위해서는 준비가 필요하다는 사실을 입증하고자 합니다.

그런 다음에는 어떤 준비가 필요한지, 또 어떻게 준비해야 하는지를 설명하고자 합니다. 그 후에 이 특별한 의식과 관련하여 지금 당장 우리가 해야하는 특별한 준비, 곧 모든 규례에 필수적으로 요구되는 전반적인 준비 외에 특별하게 덧붙여진 준비가 무엇인지를 추론하고자 합니다.

1. 거룩한 의식을 준행하기 위한 준비의 필요성

먼저, 거룩한 의식을 준행하는 데는 반드시 준비가 필요하다는 점을 입증하겠습니다. 창세기 35장 1-5절의 말씀에는 예배를 위해 준비하는 모습이 등장합니다. 1절을 보십시오.

"하나님이 야곱에게 이르시되 일어나 벧엘로 올라가서 거기 거주하며 네가 네 형 에서의 낯을 피하여 도망하던 때에 네게 나타났던 하나님께 거기서 제단을 쌓으라 하신지라."

야곱은 거룩한 의식을 준행하도록, 곧 하나님을 위하여 제단을 쌓고 제사를 드리도록 하나님의 부르심을 받았습니다. 그렇다면 야곱은 하나님의 이러한 부르심에 어떻게 반응했습니까? 2,3절에서 우리는 야곱의 반응을 볼 수 있습니다.

"야곱이 이에 자기 집안사람과 자기와 함께한 모든 자에게 이르되, 너희 중에 있는 이방 신상들을 버리고 자신을 정결하게 하고 너희들의 의복을 바꾸어 입으라. 우리가 일어나 벧엘로 올라가자. 나의 환난 날에 내게 응답하시며 내가 가는 길에서 나와 함께하신 하나님께 내가 거기서 제단을 쌓으려 하노라 하매."

이것은 야곱이 이렇게 말한 것과 같습니다.

"나는 아무런 준비 없이 이 중대한 의무를 감당할 생각이 없다. 결코 그렇게 하지 않을 것이다. 그러므로 우리 모두 준비를 하자. 하나님께서 우리에게 맡기신 의무에 합당한 준비를 하자."

어떤 의식이든 그것에 합당한 특별하고도 독특한 준비는 바로 그 의식을 방해하는 것을 찾아내어 제거하는 것입니다. 그래서 야곱은 가장 먼저 우상을 제거하자고 말했습니다. 왜냐하면 우상을 그대로 품고 있으면서 하나님을 위하여 제단을 쌓고 제사를 드린다는 것은 불가능한 일이기 때문입니다.

출애굽기 19장 10,11절을 보면 시내 산에 강림하신 하나님께서 이스라엘 백성에게 율법을 주시는 위대한 의식에서 이스라엘 백성을 어떻게 다루셨는지가 잘 기록되어 있습니다. 구약에 기록된 모든 의식은 사실 이 사건에서 비롯되었습니다. 여기에서 하나님은 모세에게 이렇게 말씀하십니다.

"너는 백성에게로 가서 오늘과 내일 그들을 성결하게 하며 그들에게 옷을 빨게 하고 준비하게 하여 셋째 날을 기다리게 하라. 이는 셋째 날에 나 여호와가 온 백성의 목전에서 시내 산에 강림할 것임이니."

오해하지 마십시오. 성찬식에 참여할 때 우리도 똑같은 방법으로 준비해야 한다고 말씀드리기 위해 이 구절을 인용한 것이 아닙니다. 전혀 그렇지 않습니다. 다만 어떤 의식을 통해서든 하나님을 뵈옵는 일을 위해서는 반드시 준비가 필요하다는 일반적인 논지를 입증하고자 이 구절을 인용하는 것뿐입니다.

하나님께서는 "오늘과 내일 그들을 성결하게 하라"라고 분명하게 말씀하셨습니다. 그리고 "셋째 날에 나 여호와가 시내 산에 강림할 것이다"라고 약속하셨습니다.

우리가 만나야 할 하나님은 존귀하신 하나님이십니다. 그렇기 때문에 육적인 담대함으로 하나님께 나아가는 것은 옳지 않습니다. 그래서 하나님은 합당한 준비를 갖춘 다음에 나아오라고 우리에게 가르쳐 주시는 것입니다.

하나님께서 이러한 준비를 얼마나 중요하게 생각하시는지는 역대하 30장 18-20절의 말씀에서도 확인할 수 있습니다. 많은 사람들이 유월절 제사를 드리기 위해서 하나님께로 나아왔습니다. 그런데 하나님께서는 이렇게 말씀하십니다.

"에브라임과 므낫세와 잇사갈과 스불론의 많은 무리는 자기들을 깨끗하게 하지 아니하고 유월절 양을 먹어 기록한 규례를 어긴지라"(대하 30:18).

즉, 그들은 합당한 준비를 하지 않고 경솔하게 하나님께 나아갔던 것입니다. 그래서 히스기야는 이들을 위하여 기도합니다.

"선하신 여호와여 사하옵소서. 결심하고 하나님 곧 그의 조상들의 하나님 여호와를 구하는 사람은 누구든지 비록 성소의 결례대로 스스로 깨끗하게 못하였을지라도 사하옵소서"(대하 30:18,19).

그러자 히스기야의 기도를 들으신 하나님께서 백성을 고치셨습니다. 어쩌면 이 사람들은 자신들이 개인적으로 자격을 갖추었기 때문에, 다시 말해서 자신들이 하나님을 믿고 조상들의 하나님을 찾기로 결심하였기 때문에 그것만으로도 충분한 준비가 되었다고 생각한 것 같습니다.

사실 오늘날에도 대부분의 사람들이 이런 식의 준비를 하는 것만으로 충분하다고 생각합니다. 그러나 히스기야는 그렇지 않다고 말합니다. 그러면서 그는 다음과 같이 말합니다.

"그들은 그의 조상들의 하나님을 구하기 위하여 마음을 준비하였습니다. 그러나 성소의 결례대로 스스로를 깨끗하게 하지는 못하였습니다."

유월절을 지키는 데는 개인적인 준비도 있어야 하지만 제도적인 준비도 있어야 했습니다. 그런데 지금 예루살렘에 모인 회중이 제도적인 준비를 지키지 않았기에 하나님께서 그들을 치신 것입니다.

하나님은 그들에게 불쾌감을 표현하셨습니다. 예루살렘에 모인 회중은 큰 결심을 하고 자원하는 심령으로 유월절에 참여하고자 하면서도 성소의 결례대로 스스로를 깨끗하게 하지 못했던 것입니다.

이제 사도 바울을 생각해 보십시오. 사도 바울은 하나님을 섬기는 일을 수행해야 했습니다. 우리 생각에는 사도 바울이 사전에 심각하게 생각할 것도 없이 그 일을 척척 해냈을 것 같습니다. 그러나 결코 그렇지 않았습니다. 하나님께서 맡겨 주신 일이 바울의 심령을 얼마나 무겁게 짓눌렀던지, 로마서 15장 30,31절에서 바울은 자신이 맡은 일을 잘 완수할 수 있도록 기도해 달라고 여러 성도들에게 정말 간절히 부탁합니다.

"형제들아, 내가 우리 주 예수 그리스도와 성령의 사랑으로 말미암아 너희를 권하노니 너희 기도에 나와 힘을 같이하여 나를 위하여 하나님께 빌어, 나로 유대에서 순종하지 아니하는 자들로부터 건짐을 받게 하고 또 예루살렘에 대하여 내가 섬기는 일을 성도들이 받을 만하게 하고."

다른 사람들은 크게 마음을 쓰지 않아도 얼마든지 쉽게 해낼 수 있으리라고 생각하는 일에 대해서도 바울은 그렇게 큰 비중을 두고 심각하게 생각하였던 것입니다.

전도서 5장 1절이 들려주는 경고의 음성도 같은 맥락에서 이해할 수 있습니다.

"너는 하나님의 집에 들어갈 때에 네 발을 삼갈지어다. 가까이하여 말씀을 듣는 것이 우매한 자들이 제물 드리는 것보다 나으니, 그들은 악을 행하면서도 깨닫지 못함이니라."

지금 이 구절에 대해서 자세히 설명하지는 않겠습니다. 중요한 것은 우리가 하나님의 집에서 무슨 일을 행하든지 우리 자신을 면밀히 살피고 삼가야 한다는 경고의 메시지가 이 구절에 담겨 있다는 사실입니다.

자기 자신을 면밀히 살피지도 않고 성급하게 어떤 의식에 참여하는 것은 '우매한 자들이 제물 드리는 것'에 불과합니다.

"하나님의 집에 들어갈 때에 네 발을 삼갈지어다."

이 말씀은 우리가 어떤 심정으로 하나님께 나아가는지를 살피라는 뜻입니다.

"가까이하여 말씀을 듣는 것이 우매한 자들이 제물 드리는 것보다 나으니."

이 말씀의 의미는, 하나님께 가까이 나아가 말씀을 겸손히 듣는 것을 뒤로 미루어 놓고 단순히 제사를 드리거나 의무를 수행하는 데로 곧장 달려가지 말라는 뜻입니다. 오히려 하나님의 계명, 곧 하나님께서 우리에게 요구하시는 것이 무엇인지, 그 내용이 무엇인지, 또 그것을 어떻게 준행해야 하는지를 아는 일에 우리의 마음을 쏟아야 한다는 뜻입니다.

한 말씀만 더 인용해 보겠습니다. 시편 26편 6절 말씀입니다.

"여호와여 내가 무죄하므로 손을 씻고 주의 제단에 두루 다니며."

하나님을 뵙기 위하여 나아가기 전에 반드시 합당한 준비를 갖추어야 한다는 점에 대해서는 분명하게 말씀드렸습니다. 이 점에 대해서는 모두 의심의 여지가 없을 것입니다.

그러나 제가 염려하는 것은, 대부분의 사람들이 성소의 결례대로 스스로 정결하게 하는 일에 대해서는 신경도 쓰지 않고서 그의 조상들의 하나님을 만나기 위해서 마음을 준비했던 사람들의 상태에 머물러 있으면 다 된 줄로 착각한다는 것입니다.

여러분은 이렇게 질문할 것입니다. "그렇다면 어떻게 준비해야 한다는 말입니까?" 자, 이제 두 번째 대지로 넘어가서 이 질문에 대한 답을 찾아보도록 하겠습니다.

2. 거룩한 의식을 준행하기 위해서 필요한 준비

하나님을 뵙는 모든 규례에 합당한 전반적인 준비는 다음 세 가지 측면에서 이루어져야 합니다. 첫째는 하나님에 관한 측면, 둘째는 우리 자신에 관한 측면, 셋째는 규례 자체에 관한 측면입니다.

1) 하나님에 관한 측면

먼저 하나님에 대한 측면에서 합당한 준비가 이루어져야 합니다. 이것이 우리가 가장 먼저 숙고해야 할 사항입니다. 왜냐하면 하나님께서 자신의 규례와 관련하여 이것을 굉장히 중요한 법으로 정해 놓으셨기 때문입니다.

"나는 나를 가까이하는 자 중에서 내 거룩함을 나타내겠고"(레 10:3).

그러므로 하나님께 가까이 나아갈 때마다 우리는 가장 먼저 하나님을 숙고해야 합니다. 모든 규례를 한마디로 정의한다면, 하나님께 가까이 나아가는 것이요 하나님 앞에 출입하는 것이기 때문입니다.

"나는 나를 가까이하는 자 중에서 내 거룩함을 나타내겠고."

그런데 합당한 준비를 위해서 우리는 다음 세 가지 측면에서 하나님을 숙고해야 합니다. 그리하여야만 우리가 참여하는 모든 규례를 통해 하나님께서 영광을 받으십니다.

먼저 우리는 그 규례를 제정하신 분으로서 하나님을 숙고해야 합니다. 그 다음에는 그 규례를 받으시는 대상으로서 하나님을 숙고해야 합니다. 그리고 마지막으로 그 규례의 목적으로서의 하나님을 숙고해야 합니다. 저는 우리 앞에 실제로 놓여 있는 것들과 모든 규례에서 하나님을 섬길 때 우리에게 반드시 요구되는 것들에 대해서만 말씀드리고자 합니다.

(1) 규례를 제정하신 분으로서의 하나님

하나님과 관련하여 우리의 합당한 준비는, 우리가 참여하고 있는 규례를 제정한 분이신 하나님을 합당하게 숙고하면서 그분께 가까이 나아가는 것입니다. 이것이야말로 모든 규례의 근본입니다. 로마서 14장 11절은 이렇게 말씀합니다.

"기록되었으되 주께서 이르시되 내가 살았노니 모든 무릎이 내게 꿇을 것이요 모든 혀가 하나님께 자백하리라 하였느니라."

어떤 규례에 참여하든지 거기에서 하나님의 권위를 실제로 느끼고 인정하는 것은 우리에게 요구되는 준비 중에서도 가장 중요합니다. 그러나 사람의 마음은 막연한 확신과 개인적인 습관에 너무나 쉽게 영향을 받습니다. 저는 사람들에게서 이런 모습을 너무나 많이 보았습니다.

대부분의 사람들은 막연한 확신을 가지고 개인적인 습관에 따라 자신들의 의무를 감당하는 자리에 머무릅니다. 그러나 이것은 합당한 마음의 준비가 아닙니다. 그 규례와 관련하여 하나님의 권위와 명령을 반드시 절실하게 느껴야 합니다.

(2) 규례를 받으시는 분으로서의 하나님

우리는 모든 규례에서 하나님을 예배하게 되는데, 거기에 합당한 준비를 하기 위해서는 우리가 드리는 그 예배의 직접적인 대상이 그리스도 안에서 하나님이시라는 사실을 숙고해야 합니다. 이것에 대해 다음과 같이 질문하는 분들도 있을 것입니다.

"어떤 규례 안에서 하나님과 교통하기 위한 준비를 할 때, 특히 그 규례 안에서 우리가 드리는 예배의 직접적인 대상이 하나님이시라는 것을 숙고할 때, 우리가 하나님에 관하여 특별히 알아야 할 것은 무엇입니까?"

그 질문에 저는 이렇게 대답합니다. 우리는 다음 두 가지를 알아야 하는데, 그것은 바로 하나님의 임재와 하나님의 거룩함입니다. 우리는 어떤 규례에 참여하든지 이 두 가지를 실제적으로 생각해야만 합니다. 우리의 경배를 받으시는 분이 하나님이시기 때문에 규례를 준비하는 모든 과정에서 우리는 하나님의 여러 가지 속성 중에서도 이 두 가지를 늘 중요하게 생각해야 합니다.

● 하나님의 임재

갈멜산에서 선지자 엘리야는 바알에게 제사를 드리던 제사장들을 비웃었습니다.

"정오에 이르러는 엘리야가 그들을 조롱하여 이르되 큰 소리로 부르라. 그는 신인즉 묵상하고 있는지 혹은 그가 잠깐 나갔는지 혹은 그가 길을 행하는지 혹은 그가 잠이 들어서 깨워야 할 것인지 하매"(왕상 18:27).

엘리야가 그들을 비웃었던 이유는 바알이 실재하는 신이 아니었기 때문입니다. 엘리야의 말을 한마디로 요약하면 "너희들의 신은 존재하지도 않는데 왜 그렇게 야단법석을 떠느냐?"라고 할 수 있습니다.

그렇습니다. 이 세상에 존재하는 모든 우상 숭배는 결국 존재하지 않는 신을 존재하는 것처럼 꾸미는 것에 불과합니다. 우상 숭배를 하는 사람들이 왜 형상이나 우상을 세우는 데 힘을 씁니까? 실제로 존재하지 않는 신을 존재하는 것처럼 꾸며야 하기 때문입니다.

반면에 우리가 믿고 섬기는 하나님은 실존하시는 하나님이며, 예배하는 모든 의식 속에 실제로 임재하시는 분입니다. 저는 하나님의 임재를 이중적으로 느끼기를 간절히 소원합니다.

첫째로, 하나님의 편재하심을 느낄 수 있기를 원합니다. 하나님께서는 우리가 모든 규례 속에서 하나님의 전반적인 속성들을 믿기를 바라십니다. 창세기 28장 16절을 보면, 야곱은 비록 꿈속이었지만 하나님께서 자기에게 나타나시자 잠에서 깨어 다음과 같이 고백합니다.

"여호와께서 과연 여기 계시거늘 내가 알지 못하였도다."

저는 제가 참여하는 모든 규례에 대해서도 그렇게 말할 수 있다고 생각합니다. 여호와께서는 우리가 참여하는 모든 규례에 함께하십니다. 지금 저는 하나님의 실제적인 임재에 관해서만 말씀드립니다.

우상 숭배자들은 각종 그림과 형상으로 자신들의 예배 처소를 꾸미는데, 이는 자신들이 섬기는 신이 마치 거기에 함께하는 것처럼 모양새를 내야 하기 때문입니다. 그러나 우리는 그렇게 할 필요가 전혀 없습니다. 우리는 광대하시고도 편재하시는 하나님의 실제적인 임재에 대하여 믿음을 행사해야 합니다. 하나님께서는 하나님을 경배하는 시간에 그것을 숙고하라고 우리에게 명하십니다.

"여호와의 말씀이니라. 나는 가까운 데에 있는 하나님이요 먼 데에 있는 하나님은 아니냐"(렘 23:23).

하나님의 말씀은 다음과 같이 해석할 수도 있습니다. "내 영광스러운 임재는 장소를 불문하고 어디든지 존재한다는 것을 숙고하여라."

우리는 어디에 있든지, 또 무엇을 하든지 하나님께서 임재해 계신다는 생각을 늘 마음에 품고 있어야만 합니다. 또한 어디에 있든지, 무엇을 하든지 "하나님께서 여기에 계신다"라고 고백해야 합니다. 그렇게 하면 험한 인생길에서 어떤 일이 우리 앞에 펼쳐지더라도 놀라지 않을 것입니다. 가령 우리의 팔이나 다리가 골절된다고 하더라도 우리는 야곱처럼 "여호와께서 과연 여기 계시거늘"이라고 고백하면서 기뻐할 수 있는 것입니다.

그런데 하나님의 임재에 대한 이런 믿음은 특히 하나님을 예배하는 모든 규례 속에서 더 크게 발휘되어야 합니다. 그러므로 하나님을 예배하는 규례에 참여하기 전에 먼저 하나님이 그곳에 임재해 계신다는 사실을 기억하도록 하십시오.

둘째로, 하나님의 은혜로운 임재를 느낄 수 있기를 바랍니다.

우리는 하나님의 은혜로운 임재를 기억해야 합니다. 예로부터 하나님의 임재에는 두 가지가 있습니다. 한 가지는 특별한 현현顯現을 통하여 일시적으로 임재하시는 것이고, 다른 한 가지는 꾸준히 지속되는 제도를 통하여 고정적으로 임재하시는 것입니다.

하나님께서는 특별한 현현으로 나타나실 때마다 자기 백성들에게 하나님의 특별한 임재를 경험하기 위하여 하나님을 바라보도록 명하셨습니다. 예를 들면, 호렙산의 떨기나무에서 하나님은 일시적이고도 특별한 현현으로 모세에게 나타나셨습니다. 그때 하나님은 모세에게 다음과 같이 말씀하셨습니다.

"이리로 가까이 오지 말라. 네가 선 곳은 거룩한 땅이니 네 발에서 신을 벗으라" (출 3:5).

이때 하나님은 특별한 현현으로 나타나셨기 때문에 그곳이 거룩한 것입니다. 그러나 다음 날이 되었을 때 그 땅은 더 이상 거룩한 땅이 아니었습니다. 그저 양들이 풀을 뜯어 먹는 평범한 땅에 불과하였습니다. 즉, 하나님의 특별한 나타나심이 있는 동안에만 그 땅이 거룩한 땅이었던 것입니다.

하나님은 여호수아가 여리고 성에 가까이 왔을 때에도 다음과 같이 말씀하셨습니다.

"네 발에서 신을 벗으라. 네가 선 곳은 거룩하니라"(수 5:15).

이것도 역시 하나님의 일시적인 현현으로서, 하나님의 특별한 임재가 거기에 있었습니다. 성막과 성전을 세웠을 때도 마찬가지였습니다. 성막과 성전을 세우신 분은 하나님이십니다. 그리고 그분은 그곳에 자신의 특별한 임재를 허락하셨습니다.

그런데 우리 구주 예수님께서는 복음 아래서 이 모든 것들은 옛일이 되었다고 말씀하십니다.

"여자여, 내 말을 믿으라. 이 산에서도 말고 예루살렘에서도 말고 너희가 아버지께 예배할 때가 이르리라……아버지께 참되게 예배하는 자들은 영과 진리로 예배할 때가 오나니 곧 이때라. 아버지께서는 자기에게 이렇게 예배하는 자들을 찾으시느니라"(요 4:21,23).

그렇다면 지금은 하나님의 특별한 임재가 전혀 없다는 말입니까? 그렇지 않습니다. 지금도 하나님의 모든 규례와 제도에는 하나님의 특별한 임재가 있습니다.

"내가 내 이름을 기념하게 하는 모든 곳에서 네게 임하여 복을 주리라"(출 20:24).

하나님의 모든 규례와 제도는 하나님의 이름을 기념하게 하는 것이기에 지금도 거기에는 하나님의 특별한 임재가 있습니다. 그러므로 언제나 모든 규례와 제도 속에 하나님의 특별한 임재가 약속되어 있다는 것을 생각하도록 훈련합시다. 이렇게 하는 것은 규례에 참여하기 전에 우리 자신을 준비시키는 데 매우 중요합니다.

어쩌면 여러분은 이렇게 생각할지도 모릅니다.

"구약시대에는 하나님께서 성막에 자신의 임재를 뚜렷이 나타내셨기 때문에 구약시대의 백성에게는 성막으로 가면서 하나님의 임재를 기대하는 것이 결코 어렵지 않았을 것입니다. 무엇이든지 눈에 보이지 않으면 어렵지만 눈에 보이면 쉬운 법입니다."

옳은 말씀입니다. 구약의 성도들에게는 성전으로 올라가면서 하나님의 임재를 기대하는 것이 결코 어렵지 않은 일이었습니다. 그러나 하나님께서 제정해 주신 규례들에 참여하면서 거기에서 하나님의 임재를 기대하는 것 역시 우리에게 결코 어려운 일이 아닙니다. 왜 그렇습니까? 우리가 드리는 예배를 받으시는 하나님은 구약시대와 동일하게 우리 가운데 늘 임재하시기 때문입니다.

● 하나님의 거룩하심

하나님께서 제정해 주신 규례에 참여하면서 하나님과 관련하여 우리가 중요하게 숙고해야 할 두 번째 내용은 하나님의 거룩하심입니다. 하나님은 모든 규례를 받으시는 분입니다. 모든 규례와 관련하여 하나님께서 우리에게 요구하시는 일반적인 규칙은 다음과 같습니다.

"너희는 스스로 깨끗하게 하여 거룩할지어다. 나는 너희의 하나님 여호와이니라"(레 20:7).

여호수아 24장 19절에서 여호수아는 하나님을 섬길 때 이스라엘 백성이 무엇을 중요하게 숙고해야 하는지를 가르쳐 줍니다. 당시 이스라엘 백성들은 여호수아에게 말했습니다.

"우리도 여호와를 섬기리니 그는 우리 하나님이심이니이다"(수 24:18).

그러자 여호수아는 이렇게 대답합니다.

"너희가 여호와를 능히 섬기지 못할 것은 그는 거룩하신 하나님이시요 질투하시는 하나님이시니, 너희의 잘못과 죄들을 사하지 아니하실 것임이라"(수 24:19).

여호수아의 이 말은 하나님의 거룩하심을 제대로 이해하는 것이 얼마나 중요한지를 암시합니다. 우리가 하나님의 거룩하심을 바르게 이해하지 못한다면, 우리가 하나님을 가까이하며 그분을 섬기는 것이 불가능하다는 것입니다.

히브리서 12장 28절에서 사도도 그와 똑같은 취지로 중요하고도 분명한 규칙을 우리에게 제시합니다.

"그러므로 우리가 흔들리지 않는 나라를 받았은즉 은혜를 받자. 이로 말미암아 경건함과 두려움으로 하나님을 기쁘시게 섬길지니."

그렇다면 사도가 이렇게 권면하는 주된 이유는 무엇입니까? 사도가 우리에게 경건함과 두려움으로 먼저 준비하고 하나님을 섬기자고 권면하는 주된 이유는 무엇입니까? 29절에서 사도는 그 이유를 한마디로 요약합니다.

"우리 하나님은 소멸하는 불이심이라."

'소멸하는 불'이라는 표현이 나타내고자 하는 하나님의 속성은 무엇입니까? 하나님의 거룩하심입니다. 추하거나 더러운 것을 차마 볼 수 없는 하나님의 순결한 본성을 은유적으로 '소멸하는 불'이라고 표현한 것입니다. 사도의 말을 쉽게 풀어 쓰면 이런 의미가 됩니다.

"불은 가장 순수하고 순결한 요소이며, 불이 가지고 있는 능력도 그러합니다. 즉, 불은 자신과 같은 본질이 아닌 것은 하나도 남김없이 태우고 소멸시킵니다. 하나님도 그러하십니다."

지금까지 제가 인용한 성경 구절은 하나님께서 정해 주신 규례와 관련하여 제 마음과 심령에 깊이 새겨진 것들이요, 더욱 깊이 새겨지기를 소원하는 구절들입니다. 기회만 된다면 이것에 관하여 더욱 자세하게 설명드릴 수도 있겠습니다만, 우선 하나님께 나아가기 전에 우리 자신을 준비하는 일에 있어서 필수적인 두 가지 일, 곧 하나님의 영광스럽고도 은혜로운 임재를 숙고하고 하나님의 거룩하심을 숙고하는 일을 우리의 마음속에서 계속 행하도록 합시다.

시편 93편 5절은 이렇게 말씀합니다.

"여호와여, 주의 증거들이 매우 확실하고 거룩함이 주의 집에 합당하니 여호와는 영원무궁하시리이다."

이것이 하나님을 예배하는 모든 규례에서 그 규례를 받으시는 대상이신 하나님과 관련하여 우리가 숙고해야 할 두 번째 내용인 것입니다.

(3) 규례의 목적이신 하나님

하나님께로 나아가는 모든 규례에서 하나님과 관련하여 우리가 마땅히 갖추어야 하는 세 번째 준비는, 하나님이 우리가 참여하는 모든 규례의 목적이라는 사실을 숙고하는 것입니다.

그렇다면 어떤 의미에서 하나님이 모든 규례의 목적이 되십니까? 첫째, 우리가 행하는 모든 규례의 목적이 하나님께 영광을 올려드리는 것이기 때문입니다. 둘째, 우리가 하나님께 받아들여지는 것이 모든 규례의 목적이기 때문입니다. 셋째, 모든 규례에서 하나님으로부터 복 받는 것이 우리의 목적이기 때문입니다. 이 세 가지는 우리가 기쁨으로 참여하는 모든 규례에서 우리가 목적으로 삼는 것들입니다. 이제 이것을 간략하게 살펴보겠습니다.

첫째, 우리가 드리는 모든 예배의 궁극적인 목적은 하나님께 영광을 돌리는 것입니다. 뿐만 아니라 이것은 우리가 이 세상의 모든 일에서 늘 최고의 목적으로 삼아야 하는 것입니다. 그러므로 우리가 참여하는 모든 규례에 있어서도 그것이 가장 중요한 목적이 되어야 합니다. 말라기 1장 6절에서 하나님께서 이스라엘 백성을 추궁하시는 말씀을 보십시오.

"내가 아버지일진대 나를 공경함이 어디 있느냐?"

이 말씀은 다르게 표현하면, "내가 너희의 아버지라면 왜 나를 영화롭게 하지 않느냐?"라는 말씀입니다. 결국 하나님께서는 다음과 같이 이스라엘 백성을 추궁하시는 것입니다.

"너희는 정말 나를 예배하려고 규례에 참여하는 것이냐? 그렇다면 아버지를 경외하듯이 나를 경외해야 할 것이 아니냐? 주인을 영화롭게 하듯이 나를 영화롭게 해야 할 것이 아니냐?"

모든 규례에 나아갈 때마다 우리는 하나님을 우리의 아버지로 고백하고, 그분을 우리의 아버지로 의지하고 있음을 고백합니다. 또 하나님을 주와 주인으로 섬기고 순종하겠다는 우리의 결심을 고백합니다. 그리하여 우리는 하나님을 영화롭게 합니다.

그러므로 만일 어떤 사람이 자신이 참여할 규례에서 하나님을 영화롭게 할 마음의 준비를 갖추지 않았다면, 그는 성소의 결례대로 자신의 마음을 준비하는 일을 시작도 못한 사람입니다.

둘째, 우리가 드리는 예배의 두 번째 목적은 하나님께 받아들여지고 용납되는 것입니다. 이것에 관해서 성경은 놀라운 약속을 합니다. 에스겔 43장 27절을 보십시오.

"이 모든 날이 찬 후 제팔일과 그다음에는 제사장이 제단 위에서 너희 번제와 감사제를 드릴 것이라. 그리하면 내가 너희를 즐겁게 받으리라. 주 여호와의 말씀이니라."

이 약속은 영광스러운 새 성전을 묘사하는 가운데 주어진 것이기 때문에 동일하게 복음의 시대를 살고 있는 우리에게도 주어진 약속입니다.

다시 한 번 말하지만, 우리가 하나님을 예배하는 목적은 우리의 인격과 우리가 드리는 헌물이 예수 그리스도를 통하여 하나님께 열납되기 위함입니다.

마지막으로, 우리의 예배의 세 번째 목적은 하나님이 약속하신 복을 받는 것입니다. "하나님께서 시온에서 복을 명하셨도다"라는 말씀 그대로 복을 받는 것입니다.

각각의 규례에서 어떤 복을 기대할 수 있는지에 대해서는 하나님께서 허락하시는 적당한 때에 우리가 참여하고자 하는 규례에 대한 특별하고도 구체적인 준비에 대해 언급할 때 여러분에게 말씀드리겠습니다.

지금까지 제가 말씀드린 것들은 모든 규례에 반드시 필요한 준비입니다. 하나님과 관련하여 우리가 특별히 준비해야 할 것에 대해서는 이 정도로 해 두겠습니다.

2) 우리 자신에 관한 측면

우리 자신과 관련하여 갖추어야 할 준비도 있습니다. 하나님께서 우리에게 정해 주신 규례와 관련하여 저는 제 마음이 다음과 같이 준비될 수 있기를 바랍니다.

(1) 마음에 품고 있는 죄악의 제거

반드시 필요한 첫 번째 준비가 시편 66편 18절에 잘 나타나 있습니다.

"내가 나의 마음에 죄악을 품었더라면 주께서 듣지 아니하시리라."

즉, 우리 마음에 어떤 특정한 죄가 남아 있지 않도록 잘 준비하고 규례에 나아가야 합니다. 이런 준비를 제대로 하지 못한 채 규례에 참여했던 사람의 가장 비극적인 예는 바로 가룟 유다입니다. 그는 예수님을 팔아넘기려는 악한 생각을 마음에 품고서 위대한 유월절 만찬에 참여하였습니다. 마음에 담심을 품고서 하나님의 규례에 참여했던 것입니다.

그 결과 어떻게 되었습니까? 그는 마음과 영혼이 온통 마귀로 가득 차서 밖으로 나갔습니다. 이 얼마나 끔찍한 일인지요! 이와 관련하여 에스겔 14장 4절도 동일한 메시지를 우리에게 전해 줍니다.

"그런즉 너는 그들에게 말하여 이르라. 나 주 여호와가 말하노라. 이스라엘 족속 중에 그 우상을 마음에 들이며 죄악의 걸림돌을 자기 앞에 두고 선지자에게로 가는 모든 자에게 나 여호와가 그 우상의 수효대로 보응하리니."

하나님의 규례에 나아와 참여하면서도 마음에 품고 있는 죄악을 버리지 못한 채 계속 품고 있는 것은 우리의 영혼을 완악하게 만드는 가장 좋은 지름길입니다.

하나님께서는, 만일 우리가 우상을 마음에 품고 있다면 그 우상의 수효대로 우리에게 보응할 것이라고 말씀하셨습니다. 그것이 무슨 뜻입니까? 그 뜻은 매우 분명합니다. 우리가 우상을 품고 있는 그 상태 그대로 우상과 우리 사이에 평화조약을 체결해 주신다는 뜻입니다.

"너와 너의 죄악 사이에는 조약이 체결되었다. 너는 마음에 우상을 품은 채로 나와 조약을 맺기 위해 내게로 나아왔느냐? 그렇다면 네가 그렇게 원하는 조약을 체결해 주겠다. 너와 너의 죄악 사이에 조약을 체결해 주겠다."

여러분, 죄와 우리 사이에 깨뜨릴 수 없는 조약이 체결되었다고 생각해 보십시오. 이보다 더 끔찍한 영적 상태가 어디 있겠습니까?

그러므로 하나님의 규례에 참여하기 위하여 우리 자신을 준비할 때, 만일 이 부분의 준비가 제대로 되지 않는다면, 그래서 우리의 마음에 여전히 우상이 남아 있는 채로 하나님의 규례에 참여한다면, 우리는 모든 것을 잃게 될 것입니다.

(2) 하나님과 우리의 차이에 대한 인식과 겸비함

우리 자신과 관련하여 반드시 갖추어야 할 두 번째 준비는, 우리가 만나려는 하나님과 우리 사이에 존재하는 무한한 차이를 깊이 인식하는 데서 우러나는 겸비함입니다.

믿음의 조상 아브라함에게는 이런 겸비함이 있었습니다.

"아브라함이 대답하여 이르되 나는 티끌이나 재와 같사오나 감히 주께 아뢰나이다"(창 18:27).

이렇게 하나님과 우리 사이에 존재하는 무한한 차이를 깊이 느끼는 것만큼 하나님과 우리를 가깝게 만들어 주는 것은 없습니다. 이사야 57장 15절은 이렇게 말씀합니다.

"지극히 존귀하며 영원히 거하시며 거룩하다 이름하는 이가 이와 같이 말씀하시되, 내가 높고 거룩한 곳에 있으며 또한 통회하고 마음이 겸손한 자와 함께 있나니, 이는 겸손한 자의 영을 소생시키며 통회하는 자의 마음을 소생시키려 함이라."

(3) 규례에 대한 사랑

세 번째로 우리는 규례에 참여할 때 하나님의 규례에 대한 사랑으로 충만한 마음을 지니고 있어야 합니다. 시편 84편을 읽어 보십시오. 다윗은 하나님의 규례를 얼마나 사모하고 갈망하며 흠모했는지요!

기도하는 것과 말씀 듣는 것을 사모하는 것은 기도와 설교를 위한 중요한 준비입니다. 주의 만찬 가운데 이루어지는 주님의 임재를 사랑하는 것 역시 성찬을 위한 중요한 준비입니다. 한순간 잠시 사랑하는 마음을 품는 것이 아니라 하나님의 규례를 사랑하는 마음을 지속적으로 품는 것, 이것이 중요하다는 말씀입니다.

우리 자신과 관련하여 갖추어야 할 준비에 대해서는 이 정도로만 말씀드리겠습니다. 더 자세히 말씀드리면 여러분이 나중에 기억해야 할 내용이 너무 많아져서 힘들 것이기 때문입니다. 여기에서는 특히 여러분의 영적인 건강을 위해 누구나 쉽게 알아들을 수 있고 실천할 수 있는 것들만 골라서 말씀드렸습니다. 그러므로 이 내용들을 기억하여 신앙생활에 적용하고 체험할 수 있기를 원합니다.

제가 지금까지 말씀드린 것들은 우리 모두의 마음이 이미 어느 정도 실천하고 있는 것으로 알고 있습니다. 물론 사람마다 조금씩 차이는 있겠지만 그 차이도 그렇게 크지는 않을 것입니다. 우리가 하나님의 규례에 참여하기 전에 이러한 준비를 갖출 때, 우리의 영혼이 소생하게 될 것입니다.

3) 규례 자체와 관련된 측면

마지막으로 하나님의 규례 자체와 관련하여 우리가 준비해야 할 것도 있습니다.

먼저 우리는 그 규례가 제정된 방식, 곧 하나님께서 친히 그 규례를 제정해 주셨다는 사실에 대해 충분히 이해해야 합니다. 만일 우리가 하나님께서 요구하시지 않은 방식으로 어떤 규례에 참여함으로 인하여 하나님께서 우리에게 "그것들을 누가 너희에게 요구하였느냐?"라고 물으신다면, 또한 그리스도께서 우리에게 "심은 것마다 내 하늘 아버지께서 심으시지 않은 것은 뽑힐 것이니"(마 15:13), "사람의 계명으로 교훈을 삼아 가르치니 나를 헛되이 경배하는도다"(마 15:9)라고 말씀하신다면, 가련한 피조물인 우리의 마음은 얼마나 당황스럽겠습니까!

그러므로 우리가 참여하는 규례의 모든 내용이 하나님께서 정하신 대로 이루어지도록 주의해야 합니다.

또한 하나님의 규례는 합당한 방식으로 이행되어야 합니다. 이것을 실패했을 때 다윗은 얼마나 큰 혼란을 겪게 되었는지요! 다윗의 일생을 자세히 살펴보십시오. 다윗이 가장 탁월했던 분야와 하나님께서 다윗을 그렇게 크게 복 주고 인정해 주신 이유가 무엇인지를 자세히 살펴보십시오. 그것은 다윗이 하나님의 규례를 지극히 사랑했기 때문이었음을 누구나 쉽게 발견할 수 있을 것입니다.

우리는, 다윗이 여호와의 궤를 예루살렘으로 모셔 올 때 그 일을 얼마나 전심으로 행했을지, 얼마나 간절한 마음으로 여호와 하나님을 갈망했을지, 하나님을 얼마나 기뻐했을지, 또 여호와의 궤를 자신이 있는 예루살렘에 모실 경우에 따르게 될 영광스러운 일들에 대해 얼마나 풍성하게 생각했을지를 충분히 짐작할 수 있습니다.

그런데 여러분이 아는 바와 같이, 다윗이 여호와의 궤를 예루살렘으로 옮기기 시작했을 때 하나님께서 다윗을 얼마나 크게 치셨는지요! 하나님께서는 다윗의 모든 소망을 꺾어 버리셨을 뿐만 아니라 다윗이 품고 있던 모든 선한 마음도 좌절시키셨습니다.

하나님께서는 웃사를 치셨고 웃사는 그 자리에서 죽었습니다. 성경은 하나님께서 행하신 이 일로 말미암아 다윗이 슬퍼하였다고 기록합니다. 다윗은 자신이 세웠던 계획을 포기하였고, 기쁨과 즐거움은 실의와 낙담으로 바뀌었습니다(대상 13장 참고).

그러나 나중에 다윗은 마음을 가다듬고 다시 여호와의 궤를 예루살렘으로 옮기면서 이렇게 말합니다.

"그들에게 이르되 너희는 레위 사람의 지도자이니 너희와 너희 형제는 몸을 성결하게 하고 내가 마련한 곳으로 이스라엘의 하나님 여호와의 궤를 메어 올리라. 전에는 너희가 메지 아니하였으므로 우리 하나님 여호와께서 우리를 찢으셨으니 이는 우리가 규례대로 그에게 구하지 아니하였음이라"(대상 15:12,13).

다윗의 말은 이런 뜻입니다. "우리는 하나님을 구하였으나 하나님께서 정해 주신 규례를 무시하였다. 그래서 지난번에 슬픈 일을 겪었던 것이다."

이렇게 말한 후에 다윗은 하나님께서 정해 주신 법궤를 옮기는 방법이 무엇인지를 보여 줍니다. 역대상 15장 14,15절 말씀을 보십시오.

"제사장들과 레위 사람들이 이스라엘 하나님 여호와의 궤를 메고 올라가려 하여 몸을 성결하게 하고 모세가 여호와의 말씀을 따라 명령한 대로 레위 자손이 채에 하나님의 궤를 꿰어 어깨에 메니라."

그렇습니다. 여호와의 법궤는 레위 자손이 어깨에 메고 옮겨야 하는데, 처음에 다윗 일행은 그 규례를 어기고 여호와의 법궤를 수레에 실은 채로 옮기려 했던 것입니다.

하나님께서 정해 주신 규례를 집행할 때 정해진 방법을 준수하는 것은 얼마나 중요한지요! 하나님께서는 그것을 매우 중요하게 여기십니다. 그러므로 우리도 그것을 중요하게 여기고 준수해야 합니다.

이렇게 해서 저는 두 가지 큰 명제에 관하여 모두 말씀드렸습니다. 그 두 가지 큰 명제는, 하나님께서 우리에게 주신 엄숙한 규례들을 준행하는 데 있어서 우리가 반드시 갖추어야 할 준비가 있다는 것과, 어떤 규례에 참여하든 하나님과 관련하여, 우리 자신과 관련하여, 그리고 그 규례 자체와 관련하여 합당한 준비를 해야 한다는 것이었습니다. 특히 저는 두 번째 명제를 중심으로 말씀을 드렸습니다.

정리하자면, 하나님과 관련하여 우리가 갖추어야 할 특별한 준비는 하나님께서 우리가 참여하는 그 규례의 제정자이고 대상이며 목적이시라는 사실을 숙고하는 것이었습니다.

또 우리 자신과 관련하여 우리가 갖추어야 할 특별한 준비는 하나님과 우리 사이를 가로막는 장애물인 죄를 제거하고 그것을 마음에 품지 말아야 하며, 하나님과 우리 사이에 존재하는 거대한 차이를 깊이 인식하고 진심으로 자신을 낮추는 겸비함이 있어야 하며, 우리가 참여하는 규례를 사랑하는 마음이 있어야 한다는 것이었습니다.

규례 자체와 관련해서는 그 내용과 방법을 하나님께서 정해 주신 대로 준행해야 한다는 것이었습니다. 이런 내용들은 우리가 성찬을 합당하게 준비하고 있는지 그렇지 않은지를 숙고하고 판단하는 데 도움이 될 것입니다.

성경은 이 모든 내용을 분명하고도 선명하게 가르칩니다. 우리는 이것들을 충분히 실천할 수 있으며, 하나님께서도 참으로 우리에게 요구하시는 바입니다. 우리는 이것들을 짐이 아니라 오히려 특권으로 여겨야 합니다.

만일 어떤 부분에 있어서 우리의 부족함이 드러난다면, 우리는 그것을 심각하게 생각해야 합니다. 사람들이 이런 부족함을 심각하게 생각하지 않기 때문에, 그렇게 많은 사람들이 하나님의 규례에 열심히 참여하고 은혜를 받으려고 애를 쓰면서도 실제로는 아무런 유익이나 은혜를 얻지 못하는 것입니다.

성찬을 위한 합당한 준비를 소홀히 하는 것 역시 이런 이유입니다. 대부분의 사람들은 습관적으로 행동합니다. 그들은 습관을 따라 규례에 참여하고 규례를 준수합니다. 그 결과 어떤 사람들은 시간이 지나면서 규례를 따분하게 생각하고, 어떤 사람들은 그것을 무거운 짐처럼 여기면서 어쩔 수 없이 참여합니다. 또 어떤 사람들은 위로받기를 원하지만 결국 아무런 위로도 발견하지 못합니다. 이것은 전혀 놀라운 일이 아닙니다.

우리가 참여하는 규례와 관련하여 하나님에 대해서 숙고해 보지도 않고, 우리 자신에 대해서도 숙고해 보지 않는다면, 어떻게 그 규례를 기뻐할 수 있으며, 또 어떻게 거기에서 영적인 유익을 얻을 수 있겠습니까?

무엇보다도 제가 앞서 말씀드린 바와 같이, 만일 어떤 사람의 마음에 하나님의 규례에 참여하고자 하는 열심만 있다면 그 규례를 위한 다른 준비는 필요 없다는 거짓말에 속지 않도록 주의하십시오. 이런 속임수는 우리를 감쪽같이 속일 때가 많습니다.

다윗의 경우에서 보았던 것처럼 하나님의 규례에 참여하려는 열심이 대단하더라도 성소의 규례대로 자신을 준비하지 않은 사람들에게 하나님은 진노하셨고, 그들은 합당한 준비를 갖춘 후에야 하나님의 규례를 바르게 감당할 수 있었습니다. 그들은 율법에 정해진 대로 자기 자신을 정결하게 하지 않았기 때문에 오히려 하나님의 진노를 샀던 것입니다. 그러므로 단지 하나님의 규례에 참여하고자 하는 열심만으로는 안 됩니다. 하나님께서 정해 주신 방법과 방식대로 준비해야 하는 것입니다.

chapter 6
성찬식을 위한 준비(Ⅱ)

"사람이 자기를 살피고 그 후에야 이 떡을 먹고 이 잔을 마실지니"(고전 11:28).

지금까지 저는 성찬이라는 이 위대한 규례 안에서 성도들이 누리는 예수 그리스도와의 특별한 교통에 관하여 여러 번 말씀드렸습니다. 여기에서 제가 중요한 목표로 삼았던 것은, 물론 그것이 유일한 목표는 아니었지만, 우리가 이러한 규례를 어떻게 수행해야 하는지에 대한 적절한 교훈을 주는 것이었습니다.

그래서 저는 하나님께서 제정해 주신 규례를 위하여 우리가 어떻게 준비해야 하는지를 말씀드리면서 특히 다음의 두 가지를 집중적으로 말씀드렸습니다. 첫째는 하나님께서 제정해 주신 모든 거룩한 규례를 합당하게 준행하기 위해서는 반드시 그에 합당한 준비가 있어야 한다는 것이었습니다. 그리고 둘째는 보편적으로 그러한 준비가 어떻게 이루어져야 하는지에 대한 구체적인 내용이었습니다. 저는 이 두 가지를 여러분에게 명확하게 말씀드렸습니다.

오늘 말씀드리고자 하는 내용도 지금까지 말씀드린 것과 크게 다르지 않습니다. 오늘은 지난 시간에 말씀드린 보편적인 내용을 주의 만찬에 구체적으로 어떻게 적용할 것인지를 숙고하겠습니다.

하나님께서 제정해 주신 모든 규례에는 공통적인 준비도 있지만, 각각의 규례마다 독특한 측면이 있기 마련입니다. 그래서 당연히 우리는 거기에 맞게 특별한 준비를 해야 합니다. 그러하기에 오늘 저는 성찬에 관심 있는 가장 연약한 분들도 유익을 얻고 실천할 수 있는 지침을 얻을 수 있도록 이것에 관하여 아주 쉽고 명확하게 말씀드리고자 합니다.

이와 관련하여 우리는, 언제 주의 만찬을 거행해야 하는지 그 시간에 관하여 숙고해야 하며, 주의 만찬을 어떻게 준비해야 하는지 그 방법에 관하여 숙고해야 합니다.

1. 성찬을 거행하는 시간

성찬을 거행해야 하는 시간은, 성찬과 관련하여 오늘 제가 말씀드릴 우리가 특별하게 준비해야 할 것에 관한 내용과도 관계가 있지만, 앞 장에서 말씀드린 보편적인 준비와도 관계가 있습니다.

하나님을 예배하는 것과 관련하여 시간에는 두 가지 측면이 있습니다. 즉, 우리는 시간을 하나님을 예배하는 일의 일부분이라는 측면과 (물론 하나님께서 친히 어떤 시간을 구별하여 정해 주셨을 때 그렇다는 것입니다), 하나님을 예배하는 데 있어야 할 여러 가지 행동들의 필수적인 부속물이라는 측면에서 바라볼 수 있습니다.

시간이 하나님을 예배하는 일에 있어야 할 여러 가지 행동들의 필수적인 부속물이라고 말씀드리는 까닭은, 어떤 행동이든 시간 안에서가 아니면 절대 행할 수 없기 때문입니다. 이런 점에서 시간은 모든 행동의 필수적인 부속물인 것입니다. 그러므로 지난 시간에는 성찬식을 거행하기 위해서는 합당한 준비가 반드시 필요하다는 사실을 입증했다면, 오늘은 필수적인 시간이 있다는 사실을 입증하려고 합니다.

　앞에서도 잠깐 말씀드렸듯이, 어떤 의무든 시간 안에서 행해지지 않으면 안 됩니다. 이것을 제대로 말씀드리기 위하여 저는 여러분에게 다음 몇 가지 규칙을 알려 드리고자 합니다.

1) 만찬 준비를 위한 시간이 필요합니다

　주의 만찬을 거행하기에 앞서, 주의 만찬을 준비하기 위하여 구별된 일정한 시간이 있어야 합니다. 다시 말해서, 주의 만찬을 거행하기 전에 시간을 따로 구별하여 주의 만찬을 위하여 합당한 준비를 해야 하는 것입니다. 우리가 합당한 준비를 갖추고 참여해야 하는 성찬식의 본질을 생각할 때, 이러한 준비 시간은 성찬식을 거행하기에 앞서 반드시 필요합니다. 그래서 마태복음 27장 62절에서는 유월절 전날 밤을 일컬어 '준비일'이라고 하는 것입니다. 즉, '준비일'은 유월절을 준비하기 위하여 따로 구별해 놓은 시간인 것입니다.

2) 정해진 시간이 없습니다

　성찬식을 언제 시작하고 언제 마쳐야 하는지에 관해서는 특별하게 정해지거나 규정된 바가 없습니다. 성찬식을 어느 날에 거행해야 하는지, 또는 어떤 절기에 거행해야 하는지에 대해서도 정해진 시간이 없습니다. 성경에는 이와 관련하여 정해진 규칙이 없습니다. 다만 우리에게 성찬식을 행하라고 명령할 뿐, 그 시간에 대해서는 우리의 판단에 맡기는 것입니다. 다시 말해서, 성찬식의 요구에 따라서 우리가 알아서 행할 수 있도록 우리의 판단에 맡깁니다.

그러므로 저는 여러분에게 언제, 어떤 날에, 어떤 시간에, 또 얼마나 오랫동안 성찬식을 거행해야 하는지를 말씀드릴 수가 없습니다. 여러분 또한 저에게서 그런 것을 기대하시면 안 됩니다. 하나님께서는 그것들을 우리의 자율에 맡겨 주셔서, 우리로 하여금 우리의 의무와 필요에 따라서 알맞게 정하도록 하셨습니다.

3) 우리의 의무에 따라 시간을 결정합니다

하나님께서 우리의 판단에 맡겨 주신 이러한 시간의 문제를 결정할 때, 우리는 성찬식에서 우리가 행해야 할 의무가 무엇인지를 잘 살펴보면서 그것에 따라 시간을 결정해야 합니다. 이런 결정에 큰 도움을 주는 세 가지 지침이 있습니다.

(1) 최적의 시간을 선택해야 합니다

성찬식에 참여하기 전까지, 그리고 성찬식에 참여하는 동안에도 우리의 마음과 심령에 계속해서 영향을 줄 수 있도록 우리는 최적의 시간을 선택해야 합니다.

어떤 경우에는 따로 시간을 내어 정성 들여 준비를 했는데도, 성찬식에 참여하기도 전에 세상적인 생각과 일들이 우리의 마음과 삶을 복잡하게 만들어 버리기도 합니다. 이렇게 되면 이전에 준비했던 모든 일이 우리의 마음과 심령에 아무런 도움을 주지 못하기 때문에, 성찬식에 참여하여 의무를 잘 감당하려고 해도 그것이 생각대로 되지 않습니다. 그러므로 성찬식을 마치는 시간까지 우리의 영혼에 효력이 남아 있도록 적절한 시간을 택하여 성찬을 준비해야 합니다.

그러나 한 가지 사실을 잊지 마십시오. 성찬식 하루 전에 준비를 하든, 아니면 성찬식 당일에 준비를 하든 우리가 준비하는 과정에서 하나님으로부터 받은 감동과 감격을 마음에 간직하려고 애쓰지 않는다면, 모든 준비가 허사로 돌아간다는 사실입니다.

(2) 하나님의 섭리에 따라 시간을 결정해야 합니다

하나님의 섭리로 우리 가운데 일어나는 일들과 하나님께서 그 일들을 통해서 우리에게 넌지시 알려 주신 것들을 잘 보면서 성찬식을 위한 준비 시간을 결정해야 합니다.

사도행전 17장을 보면, 사도 바울은 아덴에 도착하자마자 설교를 할 계획이 없었습니다. 본래 그는 여행의 피로를 씻어 내기 위하여 잠시 휴식을 취할 계획이었습니다. 그러나 온 성에 우상이 가득한 그 도시의 사악함과 사람들이 알지도 못하는 신들에게 분향하는 것을 본 바울은 하나님의 섭리를 느끼게 됩니다. 즉, 하나님께서 그러한 것들을 통해서 자신에게 복음을 전할 수 있는 기회를 주신다고 생각한 것입니다.

그래서 그는 즉시 자신의 사명을 따라 충실하게 복음을 전합니다. 그리고 하나님께서는 바울의 이 민첩한 수고에 복을 주셨으며, 결국 바울의 사역은 풍성한 열매를 거두게 됩니다.

눈을 크게 뜨고 하나님의 섭리를 관찰하는 그리스도인은 자신에게 의무 이행을 촉구하시는 하나님의 암시를 수천 가지 방법을 통해서 느낄 수 있습니다. 다른 사람들의 죄를 보면서, 혹은 다른 사람들이 누리는 은혜와 긍휼을 보면서도 그것을 느낄 수 있으며, 다른 사람들이 빠지는 위험을 보면서도 그것을 느낄 수 있습니다. 이 모든 것들이 의무를 이행해야 할 시간을 알려 주는 자명종이 될 수 있습니다.

여러분에게는 혹시 다른 사람들의 끔찍한 사악함을 보면서 깜짝 놀라 하나님을 간절히 찾은 적이 있지 않습니까? 혹은 다른 사람들의 끔찍한 사악함을 그저 보기만 했을 뿐인데도 그것으로 인하여 하나님을 간절히 찾게 된 적이 있지 않습니까?

이렇게 하나님께서 섭리를 통하여 넌지시 알려 주시는 것을 보면서 우리가 정신을 차리고 마땅히 행해야 할 의무에 집중한다는 것은, 우리의 마음에 하나님의 은혜가 머물러 있다는 좋은 증거입니다. 그래서 시편 기자는 다음과 같이 말합니다.

"내가 네 갈 길을 가르쳐 보이고 너를 주목하여 훈계하리로다. 너희는 무지한 말이나 노새같이 되지 말지어다. 그것들은 재갈과 굴레로 단속하지 아니하면 너희에게 가까이 가지 아니하리로다"(시 32:8,9).

하나님께서는 유순한 마음을 사랑하십니다. 하나님의 훈계와 교훈을 바라보는 즉시 그 마음이 움직여 기쁨으로 자신의 의무를 이행하는 그런 마음을 사랑하십니다. 반면에 강한 채찍으로 때려야만 말을 듣는 무지한 말(馬)이나 노새 같은 사람들은 얼마나 고집이 센지, 하나님께서 완력을 사용하지 않으시면 도무지 움직이려고 하지를 않습니다. 하나님께서는 이런 사람들의 마음을 선하다고 인정하시 않으십니다.

성찬을 위한 시간은 여러분의 자율에 맡겨져 있습니다. 그러나 그 시간을 가르쳐 주시는 하나님의 섭리의 움직임이 조금이라도 보이면 그것을 놓치지 말고 순종해야 합니다. 그 시간을 놓치지 말고 성찬을 위하여 준비하십시오.

(3) 하나님이 은혜를 주실 때를 놓치지 말아야 합니다

하나님께서 갑자기 여러분의 마음에 은혜로운 성향을 불어넣어 주실 때 그 시간을 절대로 놓치지 말고 활용해야 합니다. 엄숙한 성찬으로 나아가는

데 필요한 준비를 갖추도록 그 시간을 활용해야 합니다.

때때로 하나님께서는 불시에 우리 영혼에 역사하셔서 우리의 마음이 은혜로 가득 차게 하십니다. 아가서 6장 12절을 보십시오.

"부지중에 내 마음이 나를 내 귀한 백성의 수레 가운데에 이르게 하였구나."

이는 그리스도의 신부인 교회가 하는 말로서, 그 뜻은 다음과 같습니다.

"나도 모르는 사이에, 내가 깨닫기도 전에, 내 심령은 매우 특별하고도 기쁨 어린 방식으로 그리스도와 교통하는 것을 사모하고 있구나."

혹시 하나님께서 우리를 긍휼히 여기시고 그와 같이 은혜로운 기습 작전으로 우리 마음에 하나님과 교제하고자 하는 거룩한 기질을 불어넣어 주셨습니까? 그렇다면 바로 그때가 성찬식을 하기에 가장 좋은 시간입니다. 그러므로 이 귀한 시간을 놓치지 않도록 주의하십시오.

이상의 세 가지 지침을 따라가면 하나님께서 우리의 자율에 맡겨 주신 성찬 준비 시간을 대략 알 수 있을 것입니다.

4) 지나치게 많은 시간을 할애하지 않습니다

성찬식 준비를 위하여 시간을 할당하되, 일상적인 일들을 하지 못하거나 우리의 속사람이 도저히 감당할 수 없을 정도로 많은 시간을 할당하지 않도록 주의하십시오. 지나치게 많은 시간을 할애한다면 나중에는 너무나 부담스러워져서 그것을 감당할 수 없게 될 것입니다.

저는 성찬식 준비와 관련하여 성도들이 어느 정도의 시간을 할애하는지를 오랫동안 관찰해 왔고, 이 일에 지나치게 많은 시간을 할애하는 성도는 기의 없다는 것을 알게 되었습니다. 그래서 저는 이런 규칙까지 정해 줄 필요는 없다는 것을 너무나 잘 알고 있습니다.

그러나 우리의 부패한 본성 때문에 우리의 규칙을 제한시킬 필요는 없습니다. 우리의 의무에 우리의 규칙을 맞추는 것이 옳습니다. 그래서 성경은 방금 전에 제가 말씀드린 규칙을 뒷받침해 주는 두 가지 세부 규칙을 우리에게 제시합니다. 한 가지는 우리 주님께서 말씀해 주신 위대한 세부 규칙입니다.

"내가(하나님은) 긍휼을 원하고 제사를 원하지 아니하노라"(마 9:13).

그렇습니다. 제사를 드리는 것이 아무리 중요하더라도 그 일이 긍휼을 베푸는 일을 현저하게 침해한다면, 하나님은 제사를 요구하지 않으십니다. 심지어 이것은 우리가 매일 행해야 하는 일들과도 큰 관계가 있습니다.

또 다른 세부 규칙은 다음과 같습니다.

"육체의 연단은 약간의 유익이 있으나"(딤전 4:8).

우리의 심령이 지칠 정도로 긴 시간을 할애하거나 시간을 채우기 위하여 억지로 시간을 끌 때, 그것은 육체의 연단에 불과할 뿐입니다. 우리의 심령이 지쳐 있어서 육체로만 겨우 그 의무를 감당하기 때문입니다. 하나님께서는 이런 제사를 즐거워하지 않으십니다.

야곱은 형 에서에게 자기가 했던 여행에 대해 이야기하면서, 만일 자신이 가축을 데리고 올 때 가축이 감당할 수 있는 것보다 더 빠른 속도로 몰았다면 도중에 다 죽고 말았을 것이라고 말하였습니다(창 33:13 참고).

우리의 의무 이행도 이와 비슷합니다. 우리는 확고한 결심을 품고 의무를 성실히 이행해야 합니다. 그런데 대부분의 경우에 의무 이행은 한 번으로 끝나지 않고 계속됩니다.

그러므로 우리가 일상적인 일들조차 감당할 수 없을 정도로, 또 우리의 속사람이 감당할 수 없을 정도로 무리해서 의무 이행에 매달린다면 얼마 있지 않아서 지치게 되고, 의무 이행은 무거운 짐이 되고 말 것입니다. 그리하여 결국 우리는 정신없이 의무 이행에 쫓기게 될 것입니다. 그러므로 의무를 열심히 준비하고 이행하는 것도 중요하지만, 그것을 지혜롭게 행할 필요가 있습니다.

5) 지나치게 짧은 시간을 할애하지 않습니다

성찬식을 준비하기 위하여 시간을 할애하되 효과적인 준비가 불가능할 정도로 짧은 시간을 할애해서는 안 됩니다. 흔히 사람들은 몇 마디 기도를 간단히 해 버리고는 기도를 다 했다고 생각합니다. 차분히 앉아서 준비하지 않고서도 가장 엄숙한 의식인 성찬식을 위해서 모든 준비를 했다고 쉽게 생각합니다. 그리하여 우리의 신앙고백이 능력을 상실하고 영광을 빼앗기며, 또 그 아름다움이 퇴색하고 맙니다. 기독교 신앙이 가장 영광스럽고도 아름답게 드높아진 때는 신앙이 요구하는 의무들을 성도들이 가장 엄격하고도 성실하게 준비하는 때였습니다.

이처럼 우리 앞에 놓인 의무와 관련하여 하나님과 더불어 실제적이면서도 적절한 교제를 나누지 않는다면 그 어떤 것으로도 성찬식을 위한 준비를 대체할 수 없습니다.

6) 경우에 따라 시간을 조정할 수 있습니다

특별한 경우에는 성찬식을 위한 준비 시간을 연장하거나 좀 더 엄숙하게 준비할 수도 있습니다. 만일 합당한 방식으로 하나님과 동행하려고 한다면, 하나님께서 어떤 특별한 일들을 통해 우리에게 개입하실 때에 당연히 우리는 더욱더 엄숙하게 준비 시간을 가져야 합니다.

여기에서 특별한 경우란 특별한 죄가 발견될 때, 특별한 은혜가 임할 때, 그리고 특별한 의무가 우리 앞에 놓여 있을 때를 말합니다.

(1) 특별한 죄가 느껴질 때

우리 마음을 실제로 유혹하고 있거나 하나님께서 우리의 영혼에 새롭게 깨닫게 해 주시는 특별한 죄가 우리의 양심에 느껴집니까? 그렇다면 성찬식 준비를 위한 시간을 연장하고 그 시간을 더욱더 엄숙하게 활용하십시오. 그렇게 해야 하나님과 우리 사이에 있는 그 문제를 숙고할 수 있고, 성찬에도 참여할 수 있기 때문입니다.

여호와 하나님께서 그 문제에 대해서 하시는 말씀을 경청하기 위해 시간을 연장하고 더욱더 엄숙하게 그 시간을 활용하십시오. 그러면 하나님께서는 우리에게 평안을 말씀해 주실 것입니다. 우리에게 특별한 죄가 느껴질 때, 그때가 바로 성찬식 준비를 위한 시간을 연장하고 그 시간을 더욱더 엄숙하게 활용해야 하는 첫 번째 경우입니다.

(2) 특별한 은혜가 임할 때

성찬식은 감사의 제사라는 특성이 있습니다. 그러하기에 성찬식은 우리가 이 세상에서 하나님을 향하여 우리의 감사와 찬양을 올려드릴 수 있는 중요한 수단이며 방편입니다.

우리가 누리는 모든 은혜와 복은 그리스도를 통하여 오는 것들입니다. 그러하기에 그리스도를 인하여 전심으로 하나님께 감사할 때, 비로소 우리는 이 땅에서 누리는 모든 복과 은혜에 대하여 진정으로 하나님께 감사하게 됩니다.

하나님께서 특별한 은혜와 복을 여러분에게 베풀어 주셨습니까? 그렇다면 여러분의 마음이 잘 준비되어서 모든 은혜와 복의 근원이시며 이유가 되시는 하나님께 온전히 감사할 수 있도록, 성찬식을 준비하는 시간을 좀 더 연장하고 그 시간을 더욱더 엄숙하게 활용하십시오.

(3) 특별한 의무가 우리 앞에 놓여 있을 때

성찬식은 하나님과 맺은 우리의 언약을 갱신하는 엄숙한 시간입니다. 만일 우리가 특별한 의무를 이행해야 한다면, 우리는 하나님으로부터 영적인 힘을 새롭게 공급받아야만 합니다. 그런데 우리는 성찬식에 참여하여 하나님과 맺은 우리의 언약을 갱신할 때 특별한 의무를 감당할 수 있는 특별한 능력을 받게 됩니다. 그러므로 우리가 감당해야 할 특별한 의무가 우리 앞에 있을 때, 우리는 성찬을 준비하는 시간을 더 연장하고 그 시간을 더욱더 엄숙하게 활용해야 합니다.

7) 반드시 시간을 구별해 놓아야 합니다

지금까지 저는 성찬식을 준비하는 이 중대한 의무와 관련하여 언제, 어느 정도의 시간을 들여서 그것을 준비해야 하는지에 대한 여섯 가지 규칙을 여러분에게 말씀드렸습니다. 이제 마지막으로 한 가지 규칙만 더 말씀드리겠습니다.

이 마지막 규칙은 굉장히 중요합니다. 왜냐하면 이 규칙을 지키지 않으면 앞서 말씀드린 모든 규칙이 다 실패하고 말 것이기 때문입니다. 반면에 이 규칙을 잘 지키면 다른 모든 규칙도 잘 지킬 수 있도록 하나님께서 인도해 주실 것입니다. 여러분도 저의 설명을 들으면 정말 그렇다고 고개를 끄덕이면서 동의하게 될 것입니다.

성찬식 준비 시간과 관련하여 말씀드릴 마지막 규칙은 반드시 시간을 따로 구별해 놓아야 한다는 것입니다. 사람들이 그냥 습관적으로 성찬에 참여하는 것이 아닌가 걱정스러울 때가 많습니다. 저는 많은 사람들이 불평하는 소리를 들었습니다. 하나님을 갈망하면서 성찬식에 참여했는데도 자신이 간절히 바라던 대로 하나님으로부터 융숭한 대접도 받지 못했고, 자신의 영혼을 소생시켜 주는 신령한 양식도 먹지 못했다고 말입니다.

그러나 사실 이렇게 불평하는 사람들은 예복 없이 왕의 잔치에 참여했다가 바깥 어두운 데로 쫓겨났던 사람들처럼 되지 않은 것만으로도 감사하고 감격해야 합니다. 혼인 예복을 가지고 잔치에 참여하는 것만으로는 충분하지 않습니다. 혼인 예복은 모든 성도가 다 가지고 있습니다. 하나님께서는 우리에게 그 이상을 요구하십니다. 하나님께서는 우리가 혼인 예복을 잘 차려입고 잔치에 참여하기를 원하십니다. 그러므로 우리는 혼인 예복을 잘 차려입고 잔치에 참여해야 합니다.

어떤 사람에게는 그가 가진 혼인 예복이 잘 맞지 않거나 잘 안 어울릴 수도 있습니다. 그러므로 예복을 가지고 있다는 사실만을 믿고 준비하지 않으면 큰 낭패를 보게 될 것입니다.

신부가 신랑을 위하여 혼인 예복을 멋지게 차려입듯이, 성찬식에서 그리스도를 만나는 우리도 그렇게 해야 합니다. 하나님께서 이미 우리에게 베풀어 주신 모든 은혜들을 새롭게 하고 그것들을 우리의 예복으로 삼아 그 예복을 그리스도를 위하여 아름답게 차려입어야 합니다. 많은 사람들이 이렇게 하지 않기 때문에 성찬식에 참여하면서도 아무런 유익도 얻지 못하는 것입니다.

물론 하나님께서 우리에게 혼인 예복을 주셨기 때문에 우리는 바깥 어두운 데로 쫓겨나지는 않을 것입니다. 그러나 하나님이 주신 그 혼인 예복으로 아름답게 차려입지 않았기 때문에 하나님과 그리스도의 임재 속으로 들어간다고 하더라도 우리의 영혼을 소생시키시는 하나님의 환대를 경험하지는 못할 것입니다. 그리고 결국 성찬식에 참여하면서도 우리는 아무런 유익도 얻지 못할 것입니다. 이것은 성도들이 인정하지 않을 수 없는 너무나 분명하고도 명확한 사실입니다.

2. 성찬식을 준비할 때 감당해야 할 의무

이제 성찬식을 준비하는 의무 자체에 관하여 몇 가지를 말씀드리고자 합니다. 물론 이전에도 모든 엄숙한 규례에 공통적으로 적용되는 보편적인 준비에 관하여 말씀을 드렸습니다. 그러나 성찬을 준비하는 의무 자체에 관하여 살펴보아야 할 것이 아직도 몇 가지 남아 있습니다.

성찬을 준비할 때 우리가 감당해야 할 의무는 네 가지로 요약할 수 있습니다. 그것은 묵상과 점검, 간구와 기도입니다. 제가 오해하고 있는 것이 아니라면, 이 네 가지가 모두 들어 있는 성경 구절이 있습니다. 물론 제가 인용하려고 하는 이 구절이 성찬식에 직접적으로 적용되는 것은 아닙니다. 그러나 성도인 우리들이 그리스도와 더불어 누리는 친밀한 교통에 적용될 수 있습니다.

"내가 다윗의 집과 예루살렘 주민에게 은총과 간구하는 심령을 부어 주리니 그들이 그 찌른 바 그를 바라보고 그를 위하여 애통하기를 독자를 위하여 애통하듯 하며 그를 위하여 통곡하기를 장자를 위하여 통곡하듯 하리로다"(슥 12:10).

이 말씀을 토대로 네 가지 의무를 간략하게 살펴보겠습니다.

"그들이 그 찌른 바 그를 바라보고."

그렇습니다. 우리는 우리를 위하여 십자가에 달려 죽으신 그리스도를 깊이 묵상해야 합니다. 믿음이 아닌 다른 방법으로는 결코 이 일을 행할 수 없습니다. 우리가 그리스도를 바라보기 위해서는 믿는 마음으로 그리스도를 묵상해야 합니다.

바라본다는 것은 시선을 고정시킨다는 의미입니다. 즉, 눈을 집중시키는 것입니다. 그리고 묵상한다는 것은 믿음을 발휘하는 가운데 믿음을 고정시킨다는 의미입니다. 그러므로 그리스도를 바라본다는 것은 곧 그리스도를 묵상하는 가운데 우리의 영혼의 눈인 믿음을 오직 예수 그리스도에게 고정시킨다는 의미입니다.

다음 의무는 우리로 하여금 애통하게 만드는 점검입니다.

"그를 위하여 애통하기를 독자를 위하여 애통하듯 하며."

단순히 그리스도께서 당하신 고난 때문에 애통하는 것이 아닙니다. 오히려 그리스도께서는 자기를 바라보면서 슬피 우는 사람들을 향하여 "나를 위해 울지 말라"라고 말씀하셨습니다.

여기에서 말하는 애통은 자신의 죄 때문에 그리스도께서 고난을 받으셨다는 사실을 깨닫고, 그것으로 인하여 애통하는 것입니다. 그러므로 이런 애통은 회개라는 열매를 맺습니다. 그리고 이런 회개는 점검이라는 의무가 지향하는 가장 중요한 목표입니다.

세 번째 의무는 간구입니다.

"내가 다윗의 집과 예루살렘 주민에게 은총과 간구하는 심령을 부어 주리니."

하나님께서 우리에게 이런 은혜를 베풀어 주시기 때문에 우리는 간구할 수밖에 없습니다.

그리고 마지막으로 성찬식을 위한 준비 가운데 한 가지는 기대입니다. 그리스도를 바라본다는 것에는 그분에게서 무엇인가를 기대한다는 뜻도 포함되어 있습니다.

이제 지금까지 간략하게 정의했던 이 네 가지 의무에 대해서 좀 더 자세히 살펴보겠습니다.

1) 묵상

성찬식을 준비할 때 우리가 가장 먼저 감당해야 할 의무는 묵상입니다. 그런데 묵상은 생각처럼 쉽게 감당할 수 있는 의무가 아닙니다. 왜냐하면 우리의 마음이 헛될 뿐만 아니라 너무나 쉽게 여러 가지 잡다한 대상에 집중하기 때문입니다. 그래서 많은 성도들은 묵상이 여간 어려운 일이 아니라는 것을 늘 경험하게 됩니다.

그렇다면 성찬식을 준비하는 의무를 감당할 때 우리의 생각이 집중해서 바라보아야 할 특별한 대상은 무엇일까요? 그 대상은 다음과 같이 정리해 볼 수 있습니다.

(1) 죄에 따르는 책임과 하나님의 진노

성찬식을 준비하는 과정에서 우리가 묵상해야 할 중요한 대상은 죄에 따르는 끔찍한 책임과 죄에 대한 하나님의 진노입니다. 죄에 따르는 책임이 얼마나 끔찍한지는 그리스도의 십자가에 잘 나타나 있습니다. 물론 타락한 천사들에게 가해진 형벌에서도 죄에 따르는 책임이 얼마나 끔찍한지가 잘 나타나 있습니다. 소돔과 고모라가 하루아침에 멸망한 사건도 그것을 잘 보여 줍니다.

베드로후서 2장 4-6절의 말씀을 보면 이 두 가지 사건이 아주 특별한 방식으로 우리에게 제시되어 있습니다.

"하나님이 범죄한 천사들을 용서하지 아니하시고 지옥에 던져 어두운 구덩이에 두어 심판 때까지 지키게 하셨으며, 옛 세상을 용서하지 아니하시고 오직 의를 전파하는 노아와 그 일곱 식구를 보존하시고 경건하지 아니한 자들의 세상에 홍수를 내리셨으며, 소돔과 고모라 성을 멸망하기로 정하여 재가 되게 하사 후세에 경건하지 아니할 자들에게 본을 삼으셨으며."

이 말씀을 우리에게 주신 것은 죄에 따르는 책임이 얼마나 무섭고 두려운 것인지를 보여 주기 위해서입니다. 그러나 그리스도의 십자가에 비하면 이런 말씀조차 죄에 따르는 책임의 무서움과 두려움을 제대로 보여 주지 못한 셈입니다. 저는 경외심을 품고 말씀드립니다. 그리스도의 십자가에 비하면

심지어 지옥 자체도 죄에 따르는 책임이 얼마나 무섭고도 두려운 것인지를 다 보여 주지는 못합니다.

성령께서는 우리가 이 사실을 잊지 않기를 원하십니다. 그래서 고린도후서 5장 21절과 같은 말씀을 성경에 기록하신 것입니다.

"하나님이 죄를 알지도 못하신 이를 우리를 대신하여 죄로 삼으신 것은."

쉽게 풀어 쓰면 성령께서는 이렇게 말씀하고 계시는 것과 같습니다.

"그리스도께서 달려 죽으신 십자가를 보라. 죄에 따르는 책임이 얼마나 끔찍하고 죄에 대한 하나님의 진노가 얼마나 두려운지를 보라."

하나님의 아들이신 그리스도께서 십자가에 달려 기도하시는 모습을 보십시오. 고통 때문에 떨고 있는 모습을 보십시오. 절규하는 모습을 보십시오. 피 흘리는 모습, 죽어 가는 모습을 보십시오. 하나님께서 자신의 얼굴을 숨기시고, 땅이 진동하며 흑암이 그리스도를 둘러싼 모습을 보십시오. 이런 모습을 보면서 어찌 다음과 같이 주님께 묻지 않겠습니까?

"오 주님, 바로 이것이 죄의 결과입니까? 죄 안에 이런 모든 저주와 형벌이 들어 있습니까?"

그러므로 성찬을 준비하면서 다시 한 번 죄를 바라보십시오. 어떤 사람들은 옛날 소알 땅에 살던 롯처럼 죄의 즐거움과 죄가 가져오는 어떤 유익들을 바라보면서 "죄는 별게 아닐 거야"라고 말합니다. 그러나 그렇게 해서는 안 됩니다.

그리스도의 십자가를 통하여 죄를 다시 바라보십시오. 그러면 죄가 전혀 다른 모습으로 여러분에게 보여질 것입니다. 참회하는 심령은 그리스도의 십자가를 바라보면서 "주님의 이 모든 고통이 내 죄 때문이다"라고 말하며 애통합니다.

(2) 하나님의 순결함과 거룩함과 엄위

하나님은 죄를 결코 그냥 넘기지 않으십니다. 그분은 자신의 하나밖에 없는 아들에게 죄가 옮겨졌을 때에도 그냥 넘어가지 않으시고 죄에 대한 모든 진노를 하나도 남김없이 그 아들에게 쏟아 부으셨습니다. 로마서 3장 25절에서는 이렇게 말씀합니다.

"이 예수를 하나님이 그의 피로써 믿음으로 말미암는 화목 제물로 세우셨으니."

그리스도의 십자가에는 죄에 따르는 끔찍한 책임이 잘 나타나 있을 뿐만 아니라 하나님의 영원한 거룩하심과 공의로우심도 잘 나타나 있는 것입니다.

"자기 아들을 아끼지 아니하시고"(롬 8:32).

그래서 우리는 이렇게 외치지 않을 수 없습니다.

"하나님의 본성은 얼마나 거룩하신가! 하나님은 진노를 발하실 때 얼마나 엄하신가! 자신의 아들이 다른 사람들의 죄를 짊어지고 십자가에 달리셨음에도 이토록 무섭게 벌하시고 이토록 엄하게 진노하시다니! 하나님은 얼마나 두려운 분이신가! 하나님은 얼마나 영광스러운 분이신가! 실로 하나님은 소멸하는 불이시로다."

이 사실을 깨달은 죄인들은 시온에서 이렇게 부르짖습니다.

"우리 중에 누가 삼키는 불과 함께 거하겠으며 우리 중에 누가 영영히 타는 것과 함께 거하리요?"(사 33:14).

그러므로 그리스도의 십자가를 통해서 하나님의 거룩하심과 엄위하심을 깊이 숙고하십시오. 이렇게 하는 사람은 그토록 거룩하고도 엄위로우신 하나님의 면전에 어떻게 서야 할 것인지를 진지하게 생각하지 않을 수 없을 것입니다.

(3) 하나님의 무한한 지혜와 한없는 사랑

성찬을 준비하는 과정에서 또 다른 것을 묵상하고 싶습니까? 그렇다면 하나님의 무한한 지혜와 한없는 사랑을 묵상하십시오. 왜냐하면 하나님의 거룩하심과 공의로우심을 영화롭게 하고 죄의 형벌을 완전하게 시행하면서도 동시에 우리를 구원하는 방법을 찾아낸 것은, 바로 하나님의 무한한 지혜와 한없는 사랑이 있었기 때문입니다. 그래서 요한복음 3장 16절은 이렇게 말씀하고 있습니다.

"하나님이 세상을 이처럼 사랑하사 독생자를 주셨으니 이는 그를 믿는 자마다 멸망하지 않고 영생을 얻게 하려 하심이라."

또한 요한일서 4장 10절은 이렇게 말씀합니다.

"사랑은 여기 있으니 우리가 하나님을 사랑한 것이 아니요, 하나님이 우리를 사랑하사 우리 죄를 속하기 위하여 화목 제물로 그 아들을 보내셨음이라."

사도 바울은 에베소서 3장 10절에서 이렇게 말합니다.

"이는 이제 교회로 말미암아 하늘에 있는 통치자들과 권세들에게 하나님의 각종 지혜를 알게 하려 하심이니."

믿음으로 나아오십시오. 여러분의 믿음이 약한 상태에 머물러 있지 않게 하십시오. 여러분의 믿음이 가물가물하지 않게 하십시오. 하나님의 무한한 지혜와 한없는 사랑을 깨달으십시오. 하찮은 생각들이나 관념들이 여러분의 마음을 사로잡지 못하게 하십시오. 여러분의 마음이 집중해야 할 영광스러운 대상이 여기에 있습니다.

여러분을 위하여 구원의 길을 찾아내신 하나님의 무한한 지혜와 한없는 사랑을 숙고하십시오. 측량할 수 없는 그 사랑 때문에 여러분의 구원이 이루어졌습니다.

내가 아무리 가련하고 비참한 영혼이라고 하더라도 하나님의 이런 사랑에서 무엇을 기대하지 못하겠습니까? 내가 아무리 여러 가지 어려움에 휩싸인다고 하더라도 하나님의 이런 사랑이 풀지 못할 어려움이 어디 있겠습니까? 또 내가 아무리 심각한 질병에 걸린다도 할지라도 하나님의 이런 사랑이 치

료하지 못할 질병이 어디 있겠습니까?

이러한 사실들을 묵상하면서 성찬을 준비한다면, 우리의 영혼은 다음과 같은 결론에 이르게 될 것입니다. "분명히 소망이 있다."

(4) 예수 그리스도의 사랑

성찬을 준비하고 묵상할 때, 우리는 예수 그리스도의 무한한 사랑도 기억해야 합니다. 갈라디아서 2장 20절은 예수 그리스도를 일컬어 "나를 사랑하사 나를 위하여 자기 자신을 버리신 하나님의 아들"이라고 말씀합니다. 요한계시록 1장 5,6절에서는 예수 그리스도를 일컬어 '우리를 사랑하사 그의 피로 우리 죄에서 우리를 해방하시고 그의 아버지 하나님을 위하여 우리를 나라와 제사장으로 삼으신' 그분이라고 말씀합니다. 그리고 빌립보서 2장 6-8절은 이렇게 말씀합니다.

"그는 근본 하나님의 본체시나 하나님과 동등됨을 취할 것으로 여기지 아니하시고 오히려 자기를 비워 종의 형체를 가지사 사람들과 같이 되셨고 사람의 모양으로 나타나사 자기를 낮추시고 죽기까지 복종하셨으니 곧 십자가에 죽으심이라."

또 고린도후서 8장 9절은 이렇게 말씀합니다.

"우리 주 예수 그리스도의 은혜를 너희가 알거니와 부요하신 이로서 너희를 위하여 가난하게 되심은 그의 가난함으로 말미암아 너희를 부요하게 하려 하심이라."

모든 것을 이겨 내고 모든 것을 사랑하는 그리스도의 이 놀라운 사랑은, 성찬을 준비하면서 우리가 묵상해야 할 복된 주제입니다.

(5) 하나님과 우리 사이에 맺어진 영원한 화평

앞서 말씀드린 네 가지를 묵상한 후에 최종적으로 묵상해야 할 것이 하나 더 있습니다. 죄책, 하나님의 거룩하심, 은혜와 지혜, 그리스도의 한없는 사랑, 이 모든 것을 묵상하면 자연스럽게 생각나는 것이 있습니다. 그것이 무엇입니까? 바로 하나님과 우리 사이에 맺어진 영원한 화평입니다. 그래서 사도 바울은 골로새서 1장 20절에서 이렇게 말합니다.

"그의 십자가의 피로 화평을 이루사 만물 곧 땅에 있는 것들이나 하늘에 있는 것들이 그로 말미암아 자기와 화목하게 되기를 기뻐하심이라."

예수 그리스도께서는 우리를 한없이 사랑하셔서 하나님과 우리를 화목하게 하시기 위하여 우리의 죄를 대신 짊어지셨으며, 그로 인해 십자가에서 피를 흘리셔야 했습니다. 오직 주님의 피 흘리심만이 우리의 죄를 대속할 수 있었기 때문입니다. 다른 것으로는 결코 그 일을 이룰 수 없었습니다. 그리하여 마침내 주님의 보혈은 우리의 모든 죄를 대속하였고, 이제 우리는 하나님과 더불어 영원한 화평을 이루게 되었습니다.

사실 사람이 하나님과 우리 사이에 화평이 이루어졌다는 사실을 깨닫고 믿는다는 것은 매우 어려운 일입니다. 왜냐하면 우리는 날마다 우리의 죄를 보고 있기 때문입니다. 그러나 앞서 말씀드린 네 가지 주제를 차근차근 묵상해 보십시오. 이러한 묵상을 통해서 여러분의 믿음은 강력한 힘을 얻게 될 것입니다.

가장 낮은 곳에서 묵상을 시작하십시오. 죄에 따르는 책임이 얼마나 끔찍한지, 그 가장 깊은 밑바닥에서부터 여러분의 묵상을 시작하십시오. 그런 다음에는 하나님이 얼마나 엄위하신지를 묵상하십시오. 그리고 그리스도의 한없는 사랑을 묵상하십시오. 성경은 이 모든 것의 결과로 하나님과 우리 사이에 화평과 화목이 이루어졌다고 증거합니다.

어떤 사람들은 이렇게 말할 것입니다. "우리도 이러한 것들을 묵상하고 싶습니다. 그러나 기억이 잘 나지 않습니다. 생각을 오래 할 수도 없습니다. 목사님이 말씀하신 주제들을 묵상한다는 것은 오랜 시간이 걸리는 힘든 일입니다."

지금까지 말씀드린 다섯 가지 주제를 묵상할 힘도 없고 시간도 없다는 분들에게 저는 다음과 같이 권면하고 싶습니다. 저는 기억하거나 실천하기에 너무 어려운 짐을 여러분에게 억지로 지게 하고 싶지 않습니다. 여러분의 믿음을 돕고 싶을 뿐입니다.

제 말을 오해하지 마십시오. 성찬을 준비할 때마다 반드시 이 다섯 가지 주제를 모두 다 묵상해야 한다고 말씀드리는 것이 아닙니다. 여러분도 아시는 것처럼, 이 주제들은 성찬을 준비하면서 우리가 한 가지씩 각각 묵상해도 좋은 것들입니다. 다만 이 다섯 가지 주제를 모두 묵상하고 또 반복해서 묵상한다면 더 좋다는 것입니다. 이렇게 하는 사람들은 자신의 영혼을 소생시켜 주는 자양분을 발견하게 될 것입니다.

지금 여러분이 처해 있는 구체적인 상황에 알맞은 주제를 택하여 특별히 그 주제를 묵상하십시오. 예를 들어서 여러분의 영혼이 어떤 특정한 죄나 많은 죄들로 인하여 깊은 죄책감을 느끼고 있다고 가정해 보십시오. 이런 경우에는 성찬을 준비하는 과정에서 하나님의 은혜와 예수 그리스도의 사랑에 관하여 집중적으로 묵상하는 것이 좋습니다. 왜냐하면 그것이 여러분의 영혼을 평안하게 할 것이기 때문입니다.

혹시 여러분의 심령이 죄에 대하여 무감각해져 있어서 고민을 하고 있습니까? 여러분의 심령이 이전처럼 죄를 민감하게 느끼지 못하고, 오히려 가볍게 생각으로 죄를 범하는 것을 은근히 즐기고 있습니까? 그렇다면 그리스도의 죽으심과 십자가를 바라보면서 죄에 따르는 책임이 얼마나 끔찍하고도 두려운 것인지, 또 하나님의 엄위하심이 얼마나 큰지를 집중적으로 묵상하십시오.

다른 것들이 여러분의 육적인 호기심을 자극하고 관심을 끌 수도 있습니다. 그러나 여러분이 처해 있는 상황에 적합한 주제를 집중적으로 묵상한다면 여러분의 믿음은 거기에서 힘을 얻게 될 것입니다. 이것 외에는 다른 방법이 없습니다.

그런데 이러한 것들을 묵상하는 데 있어서 저는 한 가지 규칙을 더 가지고 있습니다. 만일 하나님과의 관계에서 중요한 어떤 것이 특히 우리의 마음을 감동시킨다면, 그때 느낀 것을 기록으로 남겨 두십시오. 대부분의 그리스도인들에게는 체험이 빈약합니다. 대부분의 그리스도인들은 영적인 무기고가 텅 비어 있습니다. 대부분의 그리스도인들은 어려운 때나 환난의 때를 위하여 미리 준비를 해 놓지 않습니다. 선하게 사용할 수 있는 것들을 선물로 받았음에도 불구하고 그것들을 잊고 삽니다.

그러므로 성찬을 준비하는 이 의무를 감당하는 가운데 하나님과 더불어 교제를 나누다가 여러분의 마음에 감동이 생긴다면, 수고스럽더라도 자신의 유익을 위하여 그것을 기록해 두십시오. 성찬을 준비하는 과정에서 어떤 것이 여러분의 영혼을 즉각적으로 감동시킨다면, 여러분은 그것으로 인하여 유익을 얻으면 얻었지 결코 손해를 보지는 않을 것입니다.

하나님께서 우리의 마음에 깨달음이나 감동을 주실 때 그것을 기록으로 남겨 놓는 것은 영적인 체험을 풍성하게 성장시킬 수 있는 지름길입니다. 제가 아는 한 그렇습니다.

―――

이렇게 해서 성찬을 준비하는 데 있어서 첫 번째 의무인 묵상에 대해서 말씀을 드렸습니다. 여기에서 제가 말씀드린 이 다섯 가지 규칙을 여러분이 성실하게 따른다면, 묵상은 더 이상 여러분에게 무거운 짐도 아니요 피곤한 일도 아닐 것입니다. 오히려 이것들은 여러분에게 매우 큰 유익을 가져다줄 것입니다.

2) 점검

'점검'이라는 단어는 "자기를 살피고"라는 본문의 표현에서 나온 것입니다. 일찍이 성찬을 준비하는 일에 관하여 가르쳤던 사람들의 대부분은 공통적으로 '자기 점검'의 의무를 강조하였습니다. 자기 점검은 크게 회개와 믿음으로 나누어집니다.

(1) 회개

성찬을 준비하는 데 있어서 회개와 관련하여 우리 자신을 살피고 점검하는 일은 다음 세 가지 측면에서 생각해 볼 수 있습니다.

첫째, 우리 자신에게 애통하는 심령이 늘 거하고 있는지를 살피고 점검하는 것입니다. 예수 그리스도의 십자가를 통하여 하나님과 교제하기를 원하는 사람들에게는 애통하는 심령이 꼭 필요합니다.

"내가 다윗의 집과 예루살렘 주민에게 은총과 간구하는 심령을 부어 주리니, 그들이 그 찌른 바 그를 바라보고 그를 위하여 애통하기를 독자를 위하여 애통하듯 하며 그를 위하여 통곡하기를 장자를 위하여 통곡하듯 하리로다"(슥 12:10).

그리스도의 십자가 안에서 하나님과 교제하기 위해서는 반드시 끊임없이 애통하는 심령이 있어야 합니다. 그러므로 우리는 우리 안에 진정으로 그런 심령이 있는지, 또 그런 심령이 우리 안에 늘 거하는지 아니면 들락날락하는지를 점검해 보아야 합니다. 그리고 혹시 세속적인 안일함이나 육적인 즐거움에 빠져서 애통하는 심령을 아예 잃어버린 것은 아닌지를 점검해 보아야 합니다.

영적인 즐거움은 애통하는 심령을 손상시키지 않으며 신령한 애통을 감소시키지도 않습니다. 그러나 세속적인 안일함과 육적인 즐거움은 애통하는 심령을 잡아먹습니다.

둘째, 회개와 관련하여 우리가 점검해야 할 것은 우리의 자범죄입니다. 특히 우리와 함께 성찬식에 자주 참여하는 특권과 유익을 누리는 사람들에 대해서 우리가 범하는 죄들을 점검해야 합니다.

죄를 전혀 범하지 않고 선만 행하는 사람은 세상에 아무도 없습니다. 그러므로 한 명도 예외 없이 자신의 죄를 점검해야 합니다. 특히 지난 성찬을 통하여 하나님께서 우리 같은 죄인도 사랑해 주신다는 확증을 받은 이후 우리가 범했던 죄들을 점검해야 합니다.

사랑하는 여러분, 엄격하게 자기 자신을 점검하는 일을 두려워하지 마십시오. 우리가 만나는 하나님은 '우리 마음보다 크시고 모든 것을 아시는'(요일 3:20 참고) 분입니다. 우리의 양심과 행실을 살피는 것을 두려워하지 마십시오. 우리가 범한 죄들과 태만함, 우리의 악한 실패들과 잘못들을 조사하는 것을 두려워하지 마십시오. 우리의 죄를 살피고 그것 때문에 애통하는 것! 성찬을 준비하는 일에는 이것이 반드시 필요합니다.

성찬을 준비하는 일과 관련하여 제가 여러분에게 너무 무거운 짐을 지운다고 생각하지 마시기를 바랍니다. 저 자신도 그렇게 생각하지 않으려고 합니다. 왜냐하면 이것을 우리에게 요구하시는 분은 바로 하나님이기 때문입니다. 또한 이것은 성찬식에서 하나님과 교제를 나누기 위해서 우리가 반드시 해야 할 일이기 때문입니다.

회개와 관련하여 마지막으로 섬섬할 것은, 지난 성찬식에서 받았던 하나님의 사랑의 증거를 우리가 생생하게 유지해 왔는가 하는 것입니다. 어떤 규례에 참여했다가 거기에서 하나님의 선하심에 대하여 특별한 감동을 받았다면, 우리의 심령에 그 감동이 생생하게 살아 있도록 해야 합니다. 이것이 우리의 의무입니다.

감동을 받을 때마다 그것을 마음에 계속 품는다면 나중에 어떻게 새로운 감동을 받을 수 있겠냐고 걱정하지 마십시오. 하나님께서 주신 감동을 마음에 잘 간직할수록 나중에 더 깊은 감동을 받을 가능성이 더 커지기 때문입니다. 하나님께서 주신 생생한 감동을 잃어버렸습니까? 그렇다면 하나님 앞에서 겸비하고 회개해야 합니다.

(2) 믿음

우리는 믿음에 대해서도 점검해야 합니다. 여기에는 두 가지 차원의 점검이 있습니다. 바로 일반적인 차원의 점검과 특수한 차원의 점검입니다.

일반적인 차원의 점검은 다음과 같은 질문으로 이루어집니다.

"내 마음에는 위선이 없는가? 나는 성찬식에서 고백하는 대로 정말 살아가는가? 영생과 긍휼, 구원, 하나님과의 화평을 위해서 오직 예수 그리스도만 의지하고 그리스도께 모든 소망을 두는가?"

그리고 특수한 차원의 점검은 다음과 같은 질문들로 이루어집니다.

"성찬식에서 나는 그리스도를 뵙기 위하여 믿음을 일깨우고 활용하는가?"

이것과 관련해서는 여러분도 자주 말씀을 들으셨을 테니 오늘은 이 정도로만 말씀드리겠습니다.

3) 간구

성찬을 준비하는 데 있어서 우리가 감당해야 할 세 번째 의무는 간구입니다. 즉, 묵상과 자기 점검 후에 기도를 덧붙이는 것입니다. 그렇게 한다면, 여러분이 묵상하고 기도한 모든 내용이 여러분의 영혼에 아로새겨지고 소화될 것입니다.

여러분이 묵상했던 내용으로 기도하십시오. 여러분이 깨달은 내용으로 기도하십시오. 여러분이 배운 내용으로 기도하십시오. 그리고 여러분이 갈망하고 두려워하는 것으로 기도하십시오. 이 모든 것을 가지고 하나님께 간구하십시오.

4) 기대

성찬을 위한 준비에는 기대도 포함됩니다. 다시 말해서 성찬식에서 하나님이 자신의 약속을 성취하시고 우리의 소원대로 우리를 만나 주실 것이라는 기대를 품는 것입니다. 우리는 성찬식에서 하나님을 만날 것을 기대해야 합니다. 왜냐하면 하나님께서 성찬식에서 우리를 만나 주겠다고 약속하셨기 때문입니다.

우리는 그 은혜의 약속을 의지하면서 성찬식에 나아가야 합니다. 하나님께서 자신의 말씀을 성취하시고 우리를 만나 주실 것을 기대하면서 성찬식에 나아가야 합니다. 하나님을 만날 수도 있고 못 만날 수도 있다는 막연한 생각으로 나아가서는 안 됩니다. 과연 이번 성찬식에서 하나님을 만날 수 있을지 아무도 장담할 수 없다는 막연한 생각으로 나아가서는 안 됩니다.

물론 우리가 그런 마음으로 성찬에 나아가더라도 하나님께서는 은혜로우시기 때문에 불시에 우리를 만나 주실 수도 있습니다. 야곱에게 하나님은 그렇게 하셨습니다. 야곱은 하나님을 만날 수 있다는 생각은 꿈에도 하지 못한 채 돌베개를 베고 잠자리에 들었습니다. 그런데 그날 밤 하나님께서 갑자기 그를 찾아오셨습니다. 하나님의 갑작스러운 방문을 받은 야곱은 잠에서 깨어나 이렇게 고백합니다.

"여호와께서 과연 여기 계시거늘 내가 알지 못하였도다"(창 28:16).

그러나 우리가 참여하는 성찬은 하나님께서 분명하게 임재하시는 시간입니다. 하나님은 자신이 정한 규례에 자신의 이름을 붙여 주셨을 뿐만 아니라 그곳에 임재하십니다. 그러므로 기대하는 마음으로 모든 규례에 참여하십시오. 앞서 말씀드린 의무들을 다 행한 다음에는 반드시 하나님을 뵐 수 있다는 기대를 가지고 자리에서 일어나십시오.

제가 지금까지 말씀드린 모든 내용은 우리 앞에 있는 위대하고도 엄숙한 규례, 곧 성찬을 준비하는 일에 있어서 여러분에게 도움이 될 만한 내용입니다. 하나님께서는 여러분 모두에게 성찬에 참여할 수 있는 특권을 주셨습니다. 생각해 보십시오. 이 얼마나 큰 은혜입니까!

혹시 여러분은 이렇게 귀한 특권을 누리면서도 제가 지금까지 말씀드린 구체적인 준비나 이와 비슷한 준비를 하는 데 실패를 거듭해 왔습니까? 그렇다면 하나님의 끝없는 오래 참으심을 인하여 감사하십시오. 그동안 하나님은 우리 모두를 끊임없이 참아 주셨습니다. 우리가 늘 실패하는데도 하나님은 우리를 교회 밖으로 내치지 않으셨습니다. 우리가 늘 실패하는데도 하나님은 성찬에 참여하는 즐거움을 박탈하지 않으셨습니다.

하나님은 얼마든지 우리를 내치고 성찬의 즐거움을 우리에게서 박탈할 만한 정당한 이유를 가지고 계셨습니다. 왜냐하면 우리가 하나님의 규례인 성찬을 너무 소홀하고도 경홀히 대했으며, 성찬식에서 우리를 찾아오시는 존귀하신 하나님과 우리 주 예수 그리스도를 기쁨으로 맞이하는 일에 늘 부주의했기 때문입니다.

어쩌면 우리는, 이미 어떤 사람들은 하나님을 예배하는 것과 관련하여 현실적으로 필요한 것들조차 없어서 곤란을 겪고 있다고 불평할지도 모릅니다. 그러나 오히려 하나님을 예배하는 것과 관련하여 우리에게 조금이라도 남아 있는 어떤 것들로 인하여 감격하고 감사해야 합니다.

하나님의 교회라는 이름이 여전히 우리에게 남아 있고, 예배를 위해 모일 장소가 남아 있으며, 이것저것이 여전히 우리에게 남아 있고, 하나님을 기리는 일이 여전히 남아 있습니다. 하나님과 더불어 교통하는 일에 그동안 우리가 얼마나 부주의했는지를 생각해 본다면, 이것은 정말 기적 중의 기적이 아닐 수 없습니다.

"보라, 네가 나았으니 더 심한 것이 생기지 않게 다시는 죄를 범하지 말라"(요 5:14).

만일 지금까지 합당하게 준비하지 않은 상태로 성찬에 참여했던 분들 가운데 합당하게 성찬을 준비하는 것이 유익하다는 확신이 든 분들이 있다면, 지금부터라도 정말 성실하게 성찬을 준비하십시오. 오늘 하나님께서 주신 이 확신마저도 소홀히 내팽개쳐 버리고 죄를 범하는 사람이 아무도 없기를 바랍니다.

chapter 7
성찬식을 통해 제시되는 그리스도

"축사하시고 떼어 이르시되 이것은 너희를 위하는 내 몸이니 이것을 행하여 나를 기념하라 하시고"(고전 11:24).[1]

이제 성찬이라는 이 규례에서 예수 그리스도의 성례전적 일부분, 곧 떡과 잔을 받는 것의 의미를 간략하게 말씀드리고자 합니다.

주의 만찬에서 그리스도의 몸과 피를 먹고 마시는 일은 참으로 위대한 신비요 놀라운 지혜이며, 믿음의 행사가 있어야만 가능한 일입니다. 그런데 이 세상은 신령한 것들을 볼 수 있는 영적인 시력이 없기 때문에 이러한 신비를 이해할 수 없습니다. 그리고 그것을 대신하기 위해 여러 가지 방법을 제멋대로 만들어 냈습니다. 그리하여 결국 사람들은 한없이 쉽고 편하게 성찬에 참

---

[1] 역자주 – 영어 흠정역에는 '축사하시고 떼어 이르시되'와 '이것은 너희를 위하는' 사이에 'take, eat(받아 먹으라)'라는 표현이 있습니다. 저자는 본 강론의 본문으로 이 부분을 강조합니다.

여하게 되었고, 성찬을 집례하는 사람들은 매우 비범한 사람처럼 여겨지게 되었습니다.

이렇게 제멋대로 만들어 낸 방법들에 따르면, 사제가 성찬에 사용되는 떡을 들고 몇 마디의 말을 하는 순간에 그 떡이 그리스도의 몸으로 변화합니다. 그래서 성찬에 참여하는 사람들이 특별히 해야 할 일은 전혀 없습니다. 사제에 의해서 그리스도의 몸으로 변화된 떡을 받아서 입에 넣기만 하면 될 뿐입니다. 이런 식으로 사람들은 성찬식에서 그리스도의 몸에 참여합니다.

그러나 사람들이 이러한 방법을 고안해 내면서 그리스도의 몸과 피에 실제로 참여하는 일에서 더 이상 믿음의 신비를 찾아볼 수 없게 되었습니다. 이렇게 이루어지는 성찬에는 표상의 의미가 드러나는 일도 없고, 상징의 뜻이 드러나는 일도 없습니다. 표상과 상징에는 어떤 의미가 있기 마련인데, 사람들이 고안해 낸 성찬에는 그런 것이 전혀 없습니다.

1. 성찬식의 표상과 상징

성찬식에서 떡을 뗄 때 그것은 그리스도의 몸이 우리를 위해 찢어졌음을 나타내는 표상이요 상징입니다. 또 성찬식에서 포도주를 부을 때 그것은 그리스도의 피가 우리를 위해 쏟아졌다는 표상이요 상징, 또는 그리스도께서 자신의 영혼을 쏟아 우리를 위해 대신 죽어 주셨다는 것을 나타내는 표상이요 상징입니다. 그러므로 이런 의미를 생각하면서 성찬에서 떡과 잔을 받으면 우리 마음에는 여러 가지 유익한 묵상이 일어날 것입니다.

그러나 더욱 중요하고도 놀라운 사실이 있습니다. 이 성찬식에서 그리스도께서 모든 믿는 성도에게 실제로 자기 자신을 나타내 주신다는 것입니다. 성찬식에 참여할 때 여러분의 믿음이 합당하게 발휘될 수 있도록 하기 위하여 이것을 좀 더 자세히 살펴보도록 하겠습니다.

첫째로, 복음의 약속 안에서 그리스도께서 자기 자신을 우리에게 나타내며 제시하시는 것과 성찬식에서 그리스도께서 자기 자신을 우리에게 나타내며 제시하시는 것에는 차이가 있습니다. 여러 가지 차이가 있지만 그중에서 하나만 말씀드리겠습니다.

복음의 약속 안에서는 우리에게 그리스도를 제시하고 제공하시는 분으로서 성부 하나님이 부각됩니다. 그러나 성찬식에서는 그리스도께서 친히 자기 자신을 우리에게 제시하고 제공하십니다.

성찬식에서 그리스도께서는 이렇게 말씀하십니다.

"이것은 너희를 위하는 내 몸이니 이것을 행하여 나를 기념하라."

이처럼 그리스도는 성찬식에서 믿는 영혼에게 자기 자신을 직접 제공해 주십니다. 성찬식에서 그리스도는 우리의 믿음으로 하여금 자신의 은혜와 사랑을 주목하도록, 곧 우리와 더불어 영적으로 하나가 되고 연합하려는 자신의 기꺼운 마음을 주목하도록 부르시는 것입니다.

둘째로, 성찬식에서는 일반적인 측면에서가 아니라 특별한 측면에서 그리스도께서 자기 자신을 우리에게 나타내며 제공하십니다. 즉, 성찬식을 통해서는 예수 그리스도께서 소위 '새롭게'(실제로 이런 단어가 사용되었습니다) 희생 제물이 되셨다는 사실이 명확하게 나타납니다.

그리스도는 죄인들의 죄를 대속하고 하나님과 화목을 이루며 하나님과 죄인들 사이에서 중보자가 행해야 할 모든 일을 성취하시는 저 놀라운 구원 역사에서 새롭고도 신선한 희생 제물이 되셨습니다. 죄인들에게 화평을 선물로 주시기 위하여 그리스도께서 친히 그러한 희생 제물이 되신 것입니다.

그러나 그분은 놀라운 구원 역사에서 희생 제물이실 뿐만 아니라 위대한 대제사장이기도 하십니다. 십자가에서 죽으시고 자신을 제물로 바치시면서 우리를 위하여 희생 제물이 되셨을 때, 예수님은 대제사장의 직분도 함께 감당하고 계셨습니다.

그리고 그리스도가 하늘에 오르셔서 지금도 하나님 앞에서 자기 자신을 나타내시는 것은, 자신의 중보를 통하여 하나님 앞에서 우리를 위해 필요한 남은 모든 일들을 행하시기 위함입니다. 그리스도의 중보는 다른 것이 아닙니다. 그것은 자신이 십자가에서 스스로를 제물로 바친 일과 우리를 위하여 희생 제물이 된 일을 토대로 하나님 앞에 자기 자신을 나타내는 것입니다.

그리스도는 우리가 해야 할 남은 모든 일들을 대신 행하시기 위하여 하늘에 오르셔서 지금도 하나님 앞에 자기 자신을 나타내십니다. 우리를 위한 하나님의 은혜와 긍휼을 얻기 위하여 말입니다.

그런데 우리가 참여하고자 하는 성찬식에서 그리스도는 하나님 편에서 하셔야 할 남은 일들을 우리에게 행하기 위하여 자기 자신을 우리에게 나타내십니다. 그러므로 하나님 편에서 하셔야 할 남은 일들을 그리스도께서 우리에게 행해 주시는 것, 다시 말해서 성찬식에 임재하시어 언약에 대한 확증으로 우리의 심령에 평강과 긍휼을 베풀어 주시는 것은, 그리스도께서 현재 행하고 계시는 하늘에서의 중보와 짝을 이룹니다.

2. 성찬식에서 제시되는 그리스도

이미 살펴본 것처럼, 성찬식에서 예수 그리스도는 특별한 방식으로 자기 자신을 나타내십니다. 그리고 이것은 우리가 성찬식에서 믿음을 특별하게 발휘할 때 우리에게 직접 주어집니다. 그러므로 우리는 성찬식에서 그리스도를 영접하는 방법을 알아야 합니다.

1) 우리를 위해 하나님과 화목을 이루신 그리스도

성찬식에서 우리가 그리스도를 영접할 때, 우리는 우리를 위하여 하나님과 화목을 이루는 위대한 역사를 실제로 성취하신 분으로서 그분을 영접해야 합니다. 다시 말해서 우리의 죄를 도말하시고 영원한 의를 선물로 주신 분으로서 그리스도를 영접해야 합니다. 그리스도께서도 자신을 그러한 분으로 나타내십니다.

그리스도께서 우리를 위하여 이러한 일들을 능히 해내실 수 있다는 것만 알아도 우리에게는 위로가 넘치겠지만, 그리스도는 자신을 그렇게 나타내지 않으십니다. 또한 그리스도는 우리가 앞으로 이런저런 조건을 만족시킨다면 자신도 이러한 일들을 성취할 계획을 가지고 있다는 식으로 자기 자신을 나타내지 않으십니다. 오히려 그리스도는 이미 이러한 일들을 완수하신 분으로 우리의 믿음에 자기 자신을 나타내십니다. 그러므로 우리도 그리스도를 이러한 분으로 영접해야 합니다.

만일 성찬식에서 그리스도를 영화롭게 하고 싶다면, 실제로 이 모든 일을 성취하시고 우리를 위하여 화목을 이루신 그리스도를 영화롭게 하고 싶다면, 실제로 우리의 모든 죄를 도말하시고 우리를 위하여 영원한 구원을 이루신 그리스도를 영화롭게 하고 싶다면, 우리는 이러한 분으로서 그리스도를 영접해야 합니다.

사랑하는 형제들이여, 우리는 그리스도를 이러한 분으로 영접할 수 있습니까? 아무런 망설임도 없이 기쁜 마음으로 그리스도를 이러한 분으로 영접하려고 합니까? 그렇다면 우리는 성찬에 참여한 후에 더 이상 슬퍼하지 않을 것입니다. 그러나 만일 그렇지 못하다면, 우리는 성찬에 참여할 때 마땅히 갖추고 있어야 할 믿음에 결격이 있는 사람들입니다.

그러므로 저는 여러분에게 간곡히 말씀드립니다. 예수 그리스도께서 성찬식을 통하여 우리에게 자기 자신을 어떻게 제시하시는지를 숙고하십시오. 예수 그리스도는 실제로 우리의 모든 죄를 제하시고, 더 이상 우리의 허물이 우리의 것으로 돌려지지 않도록 친히 우리의 모든 허물을 짊어지고 담당하신 분입니다. 그러므로 성찬식에서 그리스도를 이러한 분으로서 영접하십시오. 이것이 그리스도를 영화롭게 하는 방법입니다.

2) 우리를 위해 저주의 죽임을 당하신 그리스도

예수 그리스도는 자신의 죽음을 통하여 그 모든 일들을 성취하신 분으로 자신을 우리에게 제시하십니다. 성찬식에서 우리가 행하는 일은 그리스도의 죽으심을 특별한 방식으로 기념하는 것입니다.

오늘은 이것에 대해 한 가지만 말씀드리고, 그리스도의 죽으심에 나타난 사랑이 무엇인지, 그리스도의 죽으심이 어떤 효력과 능력과 위로를 우리에게 주는지, 또 그리스도의 죽으심이 우리에게 얼마나 큰 안전을 보장해 주는지에 대해서는 다음에 말씀드리고자 합니다.

앞서 말씀드린 저 위대한 일들을 성취하기 위하여 그리스도께서는 저주의 죽음을 당하셨습니다. 우리의 믿음이 믿어야 하는 가장 위대하고도 가장 어려운 일, 곧 하나님께서 우리의 죄를 용서하시고 우리의 인격을 용납해 주시는 바로 그 일을 성취하기 위하여 그리스도께서 저주의 죽음을 죽으신 것입니다. 그러나 사망은 그리스도 위에 왕 노릇 할 수 없습니다. 그러하기에 그리스도께서는 죽음에 매여 있지 않으시고 사흘 만에 다시 살아나고 풀려나셨습니다.

그러므로 예수 그리스도를 믿되, 우리에게 긍휼과 죄 사함을 친히 가져오시는 분으로 믿읍시다. 그리고 이 모든 복이 그리스도의 죽음을 통해서 이루어졌다는 것을 믿읍시다.

그리스도께서 우리에게 주시는 모든 은혜와 복은 죽음을 통해서 사신 것들입니다. 그렇지 않은 것은 단 하나도 없습니다. 그리스도의 죽음이 성취하지 못할 일은 하나도 없습니다. 그리스도의 죽음이 성취하지 못한 일도 전혀 없습니다. 저는 우리가 받는 모든 은혜와 복이 그리스도께서 자신의 죽음을 통하여 성취하신 것임을 얼마든지 입증할 수 있습니다.

3) 믿음으로 우리에게 화평과 안식을 주시는 그리스도

성찬식을 제정해 주신 그리스도의 권위에 순복함으로써, 성찬식에 임재하셔서 자기 자신을 우리에게 제공해 주시겠다는 그리스도의 약속을 믿고 하나님의 말씀이 참되다는 것을 인정함으로써, 또한 우리를 위하여 고난을 받고 십자가에서 죽으신 그리스도께서 걸어가신 저 영광스러운 화평의 길을 믿음으로써 성찬식에서 떡과 잔을 통해서 자신을 나타내시는 예수 그리스도와 함께 참여한 자가 되는 것!

친히 제정해 주신 이 성찬식에서 그리스도께서 우리 모든 영혼에게 자기 자신을 제공해 주시되, 하나님과 우리 사이에 막혔던 모든 담을 허시고, 하나님의 깊은 마음과 언약 안에 있는 모든 긍휼과 은혜를 친히 가져오시는 분으로서 자기 자신을 제공해 주신다고 믿으면서 그리스도를 바라보는 것!

이러한 관점에서 그리스도를 바라보고 그리스도의 죽으심이 우리 영혼에 생명이 된다는 믿음으로 그리스도를 영접하는 것! 이것이 하나님께 영광을 돌려드리고 우리 자신의 마음 깊이 화평과 안식을 누릴 수 있는 방법입니다.

4) 우리를 하나님의 친구로 만들어 주시는 그리스도

요약하면, 믿음은 그리스도를 영접하되, 우리로 하여금 하나님의 친구로서 하나님의 식탁에 앉을 수 있도록 만들어 주시는 분으로 그리스도를 영접하는 것입니다. 다시 말하자면, 그리스도를 우리로 하여금 그리스도의 희생 제물을 먹고 마시도록 초대를 받은 사람으로서 하나님의 식탁에 앉을 수 있도록 만들어 주시는 분으로 영접하는 것입니다.

    희생 제물은 이미 드려졌습니다. 그리스도께서 희생 제물이십니다. 그리스도께서 하나님의 유월절 어린양이십니다. 하나님께서는 그리스도의 희생 제물로 잔치를 여시고 자신의 친구들을 식탁에 앉아 먹으라고 초대하십니다. 이제 더 이상 하나님과 우리 사이에 막힌 것이 없기 때문에 우리를 자신의 식탁에 초대하시는 것입니다. 하나님의 이런 의도를 우리가 충분히 깨닫고 성찬식에서 우리의 믿음을 발휘할 수 있도록 하나님께서 은혜를 주시기를 바랍니다.

chapter 8
그리스도의 대속의 고난과 죽음

"그리스도께서도 단번에 죄를 위하여 죽으사 의인으로서 불의한 자를 대신하셨으니 이는 우리를 하나님 앞으로 인도하려 하심이라. 육체로는 죽임을 당하시고 영으로는 살리심을 받으셨으니"(벧전 3:18).

저는 지금 성찬식을 거행할 때마다 우리의 마음이 합당하게 성찬을 준비할 수 있도록 돕기 위한 메시지를 간략하게 전하고 있습니다. 여러분도 아시겠지만, 성찬은 우리에게 그리스도의 죽으심을 기억하도록 요청하는 규례입니다. 그리스도께서는 친히 성찬식을 제정하면서 이렇게 당부하셨습니다.

"이것을 행하여 나를 기념하라"(고전 11:24).

구약성경에는 여러 가지 제사가 등장합니다. 그런데 그중에서 무엇을 기억하거나 생각나도록 만드는 제사는 하나밖에 없습니다. 이 제사는 바로 '의심의 소제'입니다. 사실 하나님께는, 이 제사가 별로 기쁨이 되지 못하지만 어쩔 수 없는 필요 때문에 드려져야 했기에 이것을 드려도 좋은 제사라고 표시해 주셨습니다.

민수기 5장 15절에서 하나님은 이러한 의심의 소제를 드리는 방법을 이렇게 정해 주십니다.

"그것에 기름도 붓지 말고 유향도 두지 말라."

제사에서 기름은 화평의 상징이었고, 유향은 하나님 앞에서 향기로운 냄새를 발하도록 만들어 주는 물품이었습니다. 그런데 의심의 소제에는 이 두 가지를 쓰지 못하도록 하신 것입니다. 그 이유에 대해서 하나님은 이렇게 설명하십니다.

"이는 의심의 소제요 죄악을 기억나게 하는 기억의 소제라."

그러나 오늘 우리가 참여하고자 하는 성찬이라는 이 규례는 죄악을 기억나게 하는 것이 아닙니다. 오히려 우리의 죄가 도말되었음을 기억나게 하는 규례입니다. 즉, 주의 만찬은 우리로 하여금 장차 하나님께서 죄를 없이 하실 것을 엄숙하게 기억하도록 만드는 규례입니다.

물론 주의 만찬에는 그리스도의 사랑을 비롯하여 우리가 기억하고 생각해야 할 것들이 여러 가지가 있습니다. 이것에 대해서는 이미 여러분에게 자세히 말씀드린 바 있습니다. 그런데 최근에 하나님께서 저의 생각을 그리스도의 고난으로 이끌어 주셨습니다. 그래서 오늘 저는 여러분이 성찬에 참여하면서 그리스도의 고난을 기억할 수 있도록 도와줄 만한 몇 가지를 말씀드리려고 합니다.

사실 그리스도의 고난이라는 주제는 주의 만찬에 참여할 때 우리가 마음을 집중해서 묵상하기에 알맞은 주제입니다. 뿐만 아니라 그리스도께서 당하신 고난을 엄숙하게 기억하는 것이 성찬식에서 우리가 감당해야 할 의무이기도 합니다.

성경은 복음 설교에 대하여 설명하면서, 복음 설교 안에서는 "예수 그리스도께서 십자가에 못 박히신 것이 너희 눈앞에 밝히 보인다"(갈 3:1 참고)라고 말씀합니다. 복음을 말로 설교하는 시간에도 예수 그리스도께서 십자가에 못 박히신 것이 우리 눈앞에 밝히 보인다면, 복음을 눈으로 보여 주는 성찬식에서는 예수 그리스도께서 십자가에 못 박히신 것을 우리 눈앞에 얼마나 더 밝히 보이겠습니까?

주님께서 우리에게 성찬식을 제정해 주신 목적은 다른 데 있지 않습니다. 그 목적은 예수 그리스도께서 십자가에 못 박히신 것을 우리 눈앞에 더욱더 밝히 보여 주기 위함입니다. 그렇다면 이러한 취지로 제정된 성찬식에 참여하면서 우리는 어떻게 해야 합니까? 다른 어느 때보다 그리스도의 고난을 더 깊이 묵상해야 하지 않겠습니까?

만일 성찬식에 참여하면서도 그리스도의 고난에 대해서 숙고하고 묵상하려는 적극적인 마음이 우리에게 부족하다면, 그것은 우리의 마음이 그만큼 완악하고 무감각하다는 증거입니다. 그러므로 우리는 성찬식에서 정말 엄숙하고도 진지하게 그리스도의 고난을 기억해야 합니다. 그렇다면 주의 만찬을 앞에 두고 우리가 어떻게 하면 그리스도의 고난을 기억할 수 있을까요? 또 어떻게 그리스도의 고난을 기억해야 할까요?

1. 하나님의 진노와 저주 아래 떨어진 죄인

먼저 우리가 기억해야 할 사실이 있습니다. 그리스도께서 받으신 모든 고난은 본래 우리가 받아야 할 고난이었다는 사실입니다. 우리는 이중적인 저주 아래 있었습니다. 한 가지는 "네가 먹는 날에는 반드시 죽으리라"(창 2:17)라는 저주입니다. 그리고 또 한 가지는 앞의 저주에서 파생된 것으로서, "누구든지 율법책에 기록된 대로 모든 일을 항상 행하지 아니하는 자는 저주 아래에 있는 자라"(갈 3:10)라는 저주입니다.

우리 모두는 이 저주 아래 있었습니다. 타락한 인류에게 처음 선고되었던 저주와 그 저주에서 파생된 또 다른 저주, 바로 이 두 가지 저주 아래 있었던 것입니다.

우리는 저주 아래 있다는 것이 무엇을 의미하는지를 잘 압니다. 그것은 죄를 불쾌히 여기는 거룩하신 하나님께서 죄로 더러워진 피조물을 영원무궁토록 자신의 모든 진노와 분노로 벌하신다는 의미입니다. 그러므로 진노 아래 있다는 것은 그 모든 진노와 분노가 우리 위에 임해 있다는 것이며, 반드시 우리에게 임할 것을 의미합니다.

만일 우리가 그리스도의 고난과 무관한 사람이라면, 우리는 결코 구원받을 수 없습니다. 설령 하늘과 땅, 하나님의 모든 피조물들이 힘을 합쳐서 우리를 돕는다고 해도 여기에 모인 우리 가운데 한 사람의 영혼도 구원받게 만들 수 없습니다. 이것에 대해서는 제가 자세히 말씀드리지 않아도 여러분이 잘 아실 것입니다.

2. 우리를 대신하여 형벌을 당하신 그리스도

하나님의 아들이신 그리스도는 자기 자신을 제물로 드리면서 이렇게 말씀하셨습니다.

"보시옵소서. 내가 하나님의 뜻을 행하러 왔나이다"(히 10:9).

다윗을 생각해 보십시오. 그는 우리야를 죽이고 밧세바와 간음한 죄 때문에 하나님으로부터 엄중한 징계를 받았습니다. 그리하여 여호와의 보냄을 받은 천사들이 백성들을 전염병으로 치는 것을 보고서 다윗은 이렇게 말하였습니다.

"나는 범죄하였고 악을 행하였거니와 이 양 무리는 무엇을 행하였나이까? 청하건대 주의 손으로 나와 내 아버지의 집을 치소서 하니라"(삼하 24:17).

실로 이것은 선한 말이었습니다. 그러나 그리스도는 전혀 다른 상황에서 비슷한 말씀을 하셨습니다. 그리스도는 죄가 전혀 없는 분이신데도 친히 죄인들의 자리에 섰으며, 멸망할 죄인들을 위하여 이렇게 말씀하셨습니다.

"이 가련한 양들이 죽지 않도록 하소서."

만일 하나님께서 우리를 위하여 우리 대신 자원하여 대속 제물이 되어 주신 예수 그리스도를 믿음으로 바라볼 수 있도록 여러분과 저의 심령에 은혜를 주신다면, 그리스도께서 우리를 위하여 대속해 주신 그 은혜로 인하여 우리는 위로와 새 힘을 얻게 될 것입니다.

하나님의 저주가 우리에게 막 쏟아지려는 순간에, 하나님께서는 우리를 위해서 희생 제물이 되겠다는 그리스도의 제안을 받아들이셨습니다.

"보시옵소서. 내가 하나님의 뜻을 행하러 왔나이다."

하나님께서는 어떻게 하셨습니까? 그분은 이렇게 말씀하셨습니다.

"만일 나의 뜻을 행하려 한다면 지금의 상황이 어떠한지를 분명하게 알도록 하여라. 그들은 내 저주 아래 있으며, 내 진노가 그들 위에 임하여 있다. 그들은 반드시 형벌을 받아야 한다. 이 일에는 나의 거룩함과 신실함과 의로움과 진리가 모두 관련되어 있다."

그러나 그리스도께서는 뒤로 물러서지 않고 이렇게 대답하셨습니다.

"보시옵소서. 내가 하나님의 뜻을 행하러 왔나이다."

그러자 하나님께서 어떻게 하셨습니까? 이사야 53장 6절 말씀을 읽어 보십시오.

"우리는 다 양 같아서 그릇 행하여 각기 제 길로 갔거늘 여호와께서는 우리 모두의 죄악을 그에게 담당시키셨도다."

그렇습니다. 하나님께서는 관용을 베푸셨습니다. 그리하여 죄에 대한 형벌을 죄인들에게 직접 내리지 않으시고 그들을 대신하여 죄인의 자리에 선 대리자, 예수 그리스도에게 내리셨습니다. "좋다. 그렇다면 죄인들의 모든 죄악을 네가 담당하도록 하여라."

그리고 그 하나님께서 오늘도 이렇게 말씀하십니다. "오늘 여기에 있는 회중의 모든 죄악은 내 아들 예수 그리스도가 담당할 것이다."

그렇다면 예수 그리스도는 어떤 형벌을 받으셨습니까? 예수 그리스도는 하나님의 공의가 요구하는 모든 형벌을 다 담당하셨습니다. 또한 그분은 하나님의 율법이 요구하는 모든 형벌을 담당하셨으며, 하나님의 훼손된 영광이 완전하게 회복되는 데 필요한 모든 형벌을 우리를 대신하여 직접 담당하셨습니다.

사랑하는 형제들이여, 우리를 대신하여 죄의 형벌을 모두 감당하신 주님으로 인하여 기뻐하도록 합시다. 만일 하나님께서 여러분이나 저에게 손해 배상을 청구하신다면, 그 액수는 하나님의 공의로움과 의로움에 걸맞게 책정될 것입니다. 또한 하나님의 율법과 우리의 죄 때문에 손상된 하나님의 영광에 걸맞게 책정될 것입니다. 따라서 우리가 지불해야 할 손해 배상은 우리가 도저히 지불할 수 없을 정도로 무한한 액수가 될 것입니다.

그런데 그리스도께서 오셔서 우리가 지불해야 할 모든 대가를 다 지불해 주셨습니다. 그리하여 우리는 거룩하신 하님의 존전에서 우리 자신을 변호할 만한 근거를 가지게 된 것입니다.

1) 하나님의 공의가 요구하는 모든 형벌을 감당하셨습니다

성경은 이렇게 말씀합니다.

"이 예수를 하나님이 그의 피로써 믿음으로 말미암는 화목 제물로 세우셨으니 이는 하나님께서 길이 참으시는 중에 전에 지은 죄를 간과하심으로 자기의 의로우심을 나타내려 하심이니"(롬 3:25).

성경을 잘 읽어 보면 사도가 저주받은 천사들이 당하는 고통에 대하여 설명할 때 사용했던 단어를 그리스도의 고난에도 그대로 사용하고 있음을 볼 수 있습니다. 로마서 8장 32절을 보십시오.

"자기 아들을 아끼지 아니하시고."

그리고 베드로후서 2장 4절에는 사도가 범죄한 천사들을 형벌하시는 하나님의 의로우심에 관하여 말하면서 사용한 동일한 표현이 등장합니다.

"하나님께서는 죄를 지은 천사들조차 아끼지 않으시고."[1]

여기에서 우리가 알 수 있는 것은 무엇입니까? 하나님께서 죄를 범한 천사들을 하나도 아끼지 않으시고 형벌하셨던 것처럼 그 아들 예수 그리스도 역시 아낌없이 형벌하셨다는 사실입니다.

이처럼 하나님의 공의가 죄인에 대해서 요구하는 모든 형벌을 조금도 남김없이 그리스도가 다 담당하셨습니다. 여러분과 저의 모든 죄, 하나님의 택한 백성의 모든 죄에 따르는 모든 형벌을 하나님께서 하나도 남김없이 그리스도에게 시행하신 것입니다.

2) 하나님의 율법의 모든 요구를 완전하게 충족시켰습니다

하나님의 율법은 하나님의 공의 다음으로 우리에게 죗값을 요구합니다. 하나님의 율법은 죄로 인하여 비참해진 우리의 영혼에 하나님의 공의의 이름으로 심판을 요구합니다. 그러나 사도 바울은 갈라디아서에서 이렇게 말

---

1) 역자주 – 개역개정 성경에는 "하나님이 범죄한 천사들을 용서하지 아니하시고"라고 번역되어 있지만 직역하면 '아끼지 않으시고'가 됩니다.

하고 있습니다.

"그리스도께서 우리를 위하여 저주를 받은 바 되사 율법의 저주에서 우리를 속량하셨으니 기록된 바 나무에 달린 자마다 저주 아래에 있는 자라 하였음이라"(갈 3:13).

그렇습니다. 그리스도께서는 우리 대신 율법의 저주를 감당하셨고, 그것을 통해서 우리를 율법의 저주에서 속량하셨습니다.

3) 우리의 죄로 손상된 하나님의 영광을 모두 보상하셨습니다

그리스도는 우리의 죄로 손상을 입은 하나님의 영광을 보상하고 회복하는 데 필요한 모든 것을 감당하셨습니다. 하나님의 영광은 얼마나 존귀한지요! 하나님의 영광이 훼손되는 것보다는 차라리 여러분과 저, 그리고 온 세상이 멸망하는 편이 더 낫습니다.

그러나 그리스도께서 우리가 손상시킨 하나님의 영광을 보상하기 위하여 우리를 대신하여 고난을 받으셨습니다. 이것은 진리입니다. 하나님께서 우리 모두의 마음을 감동시켜 우리로 하여금 이 진리를 고백하게 하시기를 바랍니다.

아담은 범죄를 통하여 온 세상을 하나님으로부터 배도하게 만든 장본인입니다. 그리고 그는 불순종함으로써 하나님의 영광을 심각하게 훼손했습니다. 그런데 그리스도는 십자가에 죽기까지 순종하심으로써 아담이 훼손했던 하나님의 영광을 회복시키셨습니다. 아니, 아담이 훼손한 것 이상으로 하나님의 영광을 드높이셨습니다.

하나님이 창조하신 모든 피조물이 배교하여 하나님으로부터 등을 돌리고 그분을 떠난다는 것은 그분에게 있어서 크나큰 불명예였습니다. 그래서 하나님은 이렇게 훼손된 자신의 영광이 회복되기를 원하셨습니다. 그리고 이 일은 그리스도의 순종을 통해서 이루어졌습니다. 그런데 그리스도의 순종은 하나님의 영광을 훼손되기 이전의 상태로만 회복시킨 것이 아니라 그 이상으로 회복시켰습니다.

저는 분명하게 말씀드립니다. 아담의 불순종으로 인하여 하나님의 영광이 훼손되었던 것보다 그리스도의 순종으로 인하여 하나님께 돌아간 영광이 훨씬 더 큽니다. 또 죄로 인하여 타락한 인류를 영원한 지옥에 던져서 벌하는 것보다 십자가에 죽기까지 고난당하시고 순종하신 그리스도로 말미암아 더 큰 영광이 하나님께 돌아갑니다.

하나님의 아들이 죄인들을 대신해서 형벌을 받았기 때문에 이제 하나님은 죄인들에게 죄에 대한 형벌을 내리지 않으십니다. 그러나 이것 때문에 하나님의 영광이 조금이라도 훼손되는 것은 아닙니다. 이것은 하나님의 영원하신 지혜가 맺은 열매이기 때문입니다.

3. 적용

지금까지 성찬식에 참여하기에 앞서 우리가 반드시 기억해야 할 그리스도의 고난에 대해서 말씀을 드렸습니다. 그렇다면 성찬을 준비하는 의무를 감당함에 있어서 이것을 어떻게 적용해야 하겠습니까?

1) 그리스도의 대속을 믿음으로 숙고해야 합니다

예수 그리스도의 이 위대한 대속을 믿음으로 숙고합시다. 예수 그리스도는 의로운 분이십니다. 그런데 그런 그분께서 불의한 우리를 대신하여 고난을 당하셨습니다. 우리가 받아야 할 모든 고난을 우리를 대신하여 모두 감당하신 것입니다.

하나님께서 우리를 도와주셔서 우리가 이 사실 안에 담겨 있는 하나님의 무한한 거룩하심과 의로우심과 진리를 감격하면서 바라볼 수 있기를 바랍니다. 물론 우리가 이 사실 안에 담겨 있는 것들을 완전하게 이해할 수는 없습니다. 그러나 하나님께서 우리에게 은혜를 베푸셔서 이 사실에 대하여 믿음을 발휘할 수 있게 해 주신다면, 우리는 감격하면서 이 사실을 바라보게 될 것입니다.

도대체 왜 하나님의 아들이신 그리스도께서 우리 대신 고난을 받으셔야 했습니까? 잊지 말고 꼭 기억하십시오. 그것은 예수 그리스도를 우리 대신 죄인으로 삼으사 우리가 받아야 하는 하나님의 모든 진노와 저주를 감당하게 하신 하나님의 무한한 지혜로 인함입니다.

2) 우리의 죄의 악함을 배워야 합니다

그리스도의 십자가를 통해서 우리의 죄가 얼마나 악한지를 배우도록 합시다. 본래 그리스도는 하나님의 아들로서 언제나 하나님의 기쁨이셨고 하나님의 모든 뜻을 준행하셨으며 영원 전부터 하나님의 품속에 계셨습니다. 그런데 그런 그리스도께서 이 세상에 오셔서 우리 대신 죄인이 되셨습니다. 그리고 하나님은 그토록 사랑하던 그 아들을 조금도 아끼지 않고 참혹하게 벌하셨습니다.

그러므로 그리스도를 믿지 않는 죄인들이여! 혹시라도 하나님께서 여러분을 불쌍히 여겨 여러분의 죄를 눈감아 주실 것이라는 생각은 절대 하지도 마십시오. 만일 하나님께서 그렇게 하실 마음이 조금이라도 있으셨다면, 하나밖에 없는 자기 아들에게 가장 먼저 그렇게 하셨을 것입니다. 그러나 하나님은 언약의 중보자가 되셔야 했던 그리스도를 조금도 불쌍히 여기지 않고 죄인이 마땅히 받아야 할 모든 형벌을 아낌없이 가하셨습니다. 하나님께서는 자기 아들에게도 그렇게 하셨습니다.

　이런 사실을 통해 우리는 그리스도께서 죄인들을 대신하여 고난을 받으셨을 때 얼마나 큰 희생을 치르셔야 했는지를 알게 됩니다. 그리고 하나님께서는 이런 과정을 통하여 우리로 하여금 우리의 죄가 하나님을 얼마나 크게 진노하게 하는지를 어느 정도 깨닫도록 이끄십니다. 그리하여 우리는 우리의 죄 때문에 십자가에 못 박혀 참혹하게 죽으신 그리스도를 바라보면서 하나님 앞에서 애통하게 됩니다.

3) 그리스도의 고난의 목적을 깨닫고 감사해야 합니다

　하나님께서는 우리로 하여금 이 모든 것을 깨닫도록 도우십니다. 그리스도의 대속을 깨닫도록 도우십니다. 그리고 우리가 서야 할 자리에 그리스도가 대신 서시고, 하나님의 진노를 당해야 할 우리의 영혼 대신에 그리스도의 영혼이 하나님의 진노를 당하셨으며, 하나님으로부터 철저히 버림받아야 하는 우리의 인격 대신에 그리스도의 인격이 버림을 당하셨다는 사실을 깨닫도록 도우십니다.

　또한 하나님께서는 그리스도께서 우리를 대신하여 형벌을 받으셨다는 것을 깨닫도록 도우십니다. 하나님의 의로우심과 거룩하심과 지혜가 우리가 받아야 할 형벌을 그리스도에게 대신 받게 하신 사실을 깨닫도록 돕는 것입니다.

　그렇다면 하나님께서는 왜 우리가 이런 것들을 깨닫도록 도우십니까? 바로 우리를 하나님께로 이끌기 위함입니다. 자기 자신과 화목하게 하기 위함입니다. 우리의 모든 죄를 사해 주시기 위함입니다. 의롭고도 거룩하며 신실하신 하나님께 인정받을 수 있게 하기 위함입니다. 우리로 하여금 하나님 앞에 담대하게 서게 하기 위함입니다. 이런 목적으로 하나님은 우리가 그와 같은 것들을 깨닫도록 도우시는 것입니다.

그러므로 우리는 주의 만찬을 준비하면서 그리스도께서 이런 일들을 이루기 위하여 고난당하셨다는 것을 깊이 숙고하면서 하나님께 깊이 감사해야 할 것입니다.

chapter 9

성찬식에 참여하는 세 부류의 죄인들

"예수를 뵈옵고 경배하나 아직도 의심하는 사람들이 있더라"(마 28:17).

오늘 우리는 하나님의 부르심을 받고 주의 만찬에 가까이 나아가게 됩니다. 우리 주님은 모든 사람을 품어 주시는 넓은 마음과 아낌없이 베푸는 큰 손을 가지고 계십니다. 그래서 우리 주님은 자신이 마련한 이 만찬에서 우리의 영혼에 필요한 것들을 풍성하게 공급해 주십니다.

우리 주님은 성령을 통하여 성경에 이렇게 기록해 놓으셨으며, 또 이렇게 우리에게 말씀하십니다.

"나의 친구들아 먹으라. 나의 사랑하는 사람들아 많이 마시라"(아 5:1).

그렇습니다. 우리가 참여하고자 하는 성찬은 하나님께서 죄인들을 위하여 베풀어 주신 풍성한 연회입니다. 오늘 저는 이 연회에 참여하는 세 부류의 죄인들이 각각의 상태에 걸맞게 성찬식에서 믿음을 발휘할 수 있도록 격려

하기 위하여 몇 가지를 말씀드리고자 합니다.

먼저, 마땅히 자신의 죄를 깨달아야 하는데도 그렇게 하지 못하고 마음이 둔해진 죄인들이 있습니다. 이런 사람들은 자신이 죄를 제대로 깨닫지 못하고 있다는 사실을 알고 있습니다. 그런데도 그들은 자신이 원하는 만큼 마음으로 죄를 깨닫거나 죄 때문에 상한 마음을 가질 수가 없습니다.

반면에 죄를 깨닫고 느끼는 정도가 너무 강한 나머지 죄책으로 마음이 심하게 짓눌리고 깊은 고통을 느끼는 죄인들도 있습니다. 이런 사람들은 죄의 무게에 짓눌려서 제대로 서 있을 능력조차 없습니다. 이들은 의심과 두려움에 사로잡혀 어쩔 줄을 모릅니다. 그리고 마지막으로, 죄 사함의 기쁨을 누리면서 감사와 열매 맺는 삶을 통하여 그 기쁨을 더 크게 누리고 싶어하는 죄인들이 있습니다.

우리는 이 세 가지 상태를 어느 정도씩 모두 가지고 있습니다. 그러나 이 세 가지 중 어느 한 가지가 더 현저하거나 가장 중요한 특징으로 나타날 수 있습니다. 이 사람에게는 이런 상태가 현저하게, 저 사람에게는 저런 상태가 현저하게 나타날 수 있다는 말입니다. 그러므로 저는 이 중 어느 한 가지 상태를 두드러지게 가지고 있는 사람들에게 각각 해당되는 말씀을 드리고자 합니다.

1. 자신의 죄를 느끼지 못하는 죄인

예수 그리스도를 믿는 성도들 중에는 마땅히 죄를 깨달아야 하는데도, 또 스스로도 죄를 깨닫고 싶어하는데도 마음이나 심령으로 죄를 제대로 느끼지도 못하고 죄 때문에 상한 마음과 통회하는 심령을 경험하지도 못하는 죄인들이 있습니다. 성경에는 자신의 이런 상태 때문에 슬프게 탄식하는 성도들의 부르짖음이 많이 기록되어 있습니다. 제가 알기로 이사야 63장 17절에 기록되어 있는 탄식은 그중에서도 가장 슬픈 탄식입니다.

"여호와여, 어찌하여 우리로 주의 길에서 떠나게 하시며 우리의 마음을 완고하게 하사 주를 경외하지 않게 하시나이까."

마땅히 죄책을 느껴야 하는데도 그것을 느끼지 못하는 우리의 완악함을 깨닫게 될 때, 우리는 우리의 비참한 상태로 인하여 극도로 당황하게 되어 선지자 이사야처럼 부르짖게 될 것입니다.

"내가 왜 이러는 걸까? 지금까지 이렇게 많은 죄를 범해 놓고도 어떻게 아무런 죄책감도 없이 이렇게 뻔뻔할 수 있을까?"

저는 이런 상태에 있는 사람들에게 나아갈 방향을 알려 드리고자 합니다. 혹시 여러분 중에 이런 상태에 있는 분들이 있습니까? 성찬식에서 믿음을 발휘하면 그 문제들이 얼마든지 해결될 수 있습니다. 스가랴 12장 10절 말씀이 이런 사실을 단적으로 보여 줍니다.

"그들이 그 찌른 바 그를 바라보고 그를 위하여 애통하기를 독자를 위하여 애통하듯 하며 그를 위하여 통곡하기를 장자를 위하여 통곡하듯 하리로다."

그렇습니다. 십자가에서 우리의 죄 때문에 창에 찔리신 그리스도를 믿음으로 바라본다면 여러분의 문제는 해결될 것입니다. 왜냐하면 십자가에 달리신 예수님을 바라보면 애통하는 마음을 얻을 수 있기 때문입니다.

그런데 우리가 참여하고자 하는 바로 이 성찬식에서도 그리스도는 우리의 죄를 인하여 창에 찔리고 보배로운 피를 흘려주신 분으로 제시됩니다. 그러므로 하나님을 의지하면서 두 가지 측면에서 믿음을 발휘하도록 합시다.

먼저, 성찬식에서 우리에게 제시되는 그리스도의 고통스러운 고난들을 믿음으로 바라봅시다. 하나님의 저주를 받은 하나님의 아들을 믿음으로 바라봅시다.

그런 다음에는 이 모든 고난이 우리를 위한 것임을 기억합시다.

"그들이 그 찌른 바 그를 바라보고."

자신의 죄 때문에 그리스도께서 십자가에서 고난받으셨다는 사실을 바라보았을 때 그들에게는 어떤 변화가 일어났습니까? 그들은 애통하는 마음을 가지게 되었습니다.

"그를 위하여 애통하기를 독자를 위하여 애통하듯 하며 그를 위하여 통곡하기를 장자를 위하여 통곡하듯 하리로다."

그렇습니다. 지금도 성찬식에서 그리스도의 고난을 믿음으로 바라보되 그 모든 고난이 우리의 죄 때문이었다는 사실을 믿음으로 바라보는 것은, 우리의 마음을 죄 때문에 애통해하는 심령으로 변화시키는 중요한 방법입니다.

그러므로 죄를 제대로 깨닫지 못하는 자신의 완악함 때문에 근심하는 분들이여! 하나님께 기도하십시오. 죄책과 죄의 짐을 느끼지 못하는 우리 자신의 무감각함 때문에 애통해하는 마음을 달라고 기도하십시오.

성찬식에서 믿음의 능력을 시험해 보십시오. 우리를 대신하여 고난당하신 주님을 바라볼 때 우리의 마음은 부드러워지게 되어 있습니다. 죄로 인하여 애통하게 되어 있습니다. 이것을 경험하십시오. 우리의 마음과 양심으로 하여금 우리를 대신하여 죽으신 그리스도를 계속 바라보게 하십시오. 그러면 우리의 마음은 애통하는 복을 누리게 될 것입니다.

2. 죄책으로 깊은 고통을 느끼는 죄인

예수 그리스도를 믿는 성도들 중에는 죄의 무게에 짓눌려서 슬픔에 젖어 있으며, 깊은 수심(愁心)에 잠겨 있는 사람들도 있습니다.

시편 40편 12절에서 시편 기자는 이렇게 고백합니다.

"수많은 재앙이 나를 둘러싸고 나의 죄악이 나를 덮치므로 우러러볼 수도 없으며, 죄가 나의 머리털보다 많으므로 내가 낙심하였음이니이다."

이런 상태에 빠져 있는 그리스도인들이 매우 많습니다. 어떤 그리스도인들은 자신을 사로잡고 있는 수많은 죄악 때문에 금방이라도 마음이 가라앉아 버릴 것만 같은 상태에 있기도 합니다.

그렇다면 이런 그리스도인들은 성찬에 참여할 때 어떻게 해야 합니까? 그들은 요한복음 3장 14,15절에 기록된 말씀을 주목해야 합니다.

"모세가 광야에서 뱀을 든 것같이 인자도 들려야 하리니, 이는 그를 믿는 자마다 영생을 얻게 하려 하심이니라."

그렇습니다. 주 예수 그리스도는 모세가 광야에서 놋뱀을 들어 올렸던 것처럼 십자가에 높이 달리셨습니다. 우리의 모든 죄를 다 짊어지고 십자가에 높이 달리셨습니다.

오늘 우리가 참여하고자 하는 이 성찬식은 죄로 인해 마음이 짓눌린 비참한 죄인들에게 그리스도를 보여 줍니다. 우리의 모든 죄를 짊어지고 저주의 나무에 달리신 예수 그리스도를 보여 줍니다. 그러므로 죄에 짓눌려 있는 분들이여, 우리의 모든 죄를 짊어지고 십자가에 달리신 그리스도를 바라보십시오. 그리스도는 '누구든지 그를 믿는 자마다 멸망하지 않고 영생을 얻게'(요 3:16 참고) 하려고 십자가에 달리셨습니다.

하나님께서는 우리가 그리스도를 분명하게 볼 수 있도록 그분을 십자가에 높이 다셨습니다. 죄의 독 때문에 금방이라도 죽을 수밖에 없는 비참한 영혼이 그리스도를 바라보고 고침을 받을 수 있도록 하기 위하여 그리스도를 십자가에 높이 다셨습니다. 그러므로 그리스도를 바라보면 치유의 능력이 우리에게 임하게 됩니다.

"그가 채찍에 맞으므로 우리는 나음을 받았도다"(사 53:5).

3. 죄 사함의 기쁨을 누리고 싶어하는 죄인

어떤 사람들은 자신이 죄 사함을 받았다는 온전한 확신 가운데 살면서 자신의 마음이 감사와 열매 맺는 모습으로 더 가까이 나아갈 수 있기를 간절히 열망합니다. 이런 분들은 요한계시록 1장 5,6절 말씀을 기억하십시오.

"또 충성된 증인으로 죽은 자들 가운데에서 먼저 나시고 땅의 임금들의 머리가 되신 예수 그리스도로 말미암아 은혜와 평강이 너희에게 있기를 원하노라. 우리를 사랑하사 그의 피로 우리 죄에서 우리를 해방하시고, 그의 아버지 하나님을 위하여 우리를 나라와 제사장으로 삼으신 그에게 영광과 능력이 세세토록 있기를 원하노라. 아멘."

여러분의 현재 상태가 어떠하든지 이것을 기억하십시오. 우리가 지금 참여하고자 하는 이 성찬식에는 여러분이 믿고 의지해야 할 대상이신 그리스도께서 분명하게 제시되고 있다는 사실을 기억하십시오. 여러분의 현재 상태가 어떠하든지 여러분의 죄를 짊어지고 십자가에서 죽으신 그리스도를 바라본다면, 여러분의 영혼은 틀림없이 큰 위로와 유익을 얻게 될 것입니다.

chapter 10

성찬식에서의 그리스도의 임재

"내가 너희에게 분부한 모든 것을 가르쳐 지키게 하라. 볼지어다, 내가 세상 끝 날까지 너희와 항상 함께 있으리라 하시니라"(마 28:20).

본문에서 '세상 끝 날까지'라는 예수님의 말씀은 모든 것이 완성되는 시간으로 해석해야 합니다. 다시 말해서 '세상 끝 날'은 교회의 모든 사역이 만료되는 날, 교회의 모든 의무가 끝나는 날, 더 이상 기도할 필요가 없게 되는 날, 더 이상 성례를 집행할 필요가 없게 되는 날을 의미합니다. 이것을 염두에 두고 본문을 쉽게 풀어 쓰면 이렇습니다.

"그때까지는 이 일을 하라. 아무리 힘들어도 위로를 받으면서 이 일을 하라. 내가 너희에게 명하는 대로 하라. 그리하면 내가 너희와 함께 있을 것이다."

그렇다면 그리스도는 어떤 방법으로 교회와 함께하십니까? 그리스도께서 이 약속을 성취하시고 세상 끝 날까지 자신의 교회와 함께하시는 방법을 살펴봅시다.

1. 교회와 함께하시는 그리스도

1) 성령을 통하여

그리스도께서는 성령을 통해서 이 약속을 성취하시고 세상 끝 날까지 자신의 교회와 함께하십니다. 마태복음 18장에서 그리스도는 이렇게 말씀하셨습니다.

"두세 사람이 내 이름으로 모인 곳에는 나도 그들 중에 있느니라"(마 18:20).

우리의 영혼을 소생시키고 우리의 갈 길을 인도하시며 우리를 지도하시는 성령, 곧 은혜와 간구의 영이신 성령, 빛과 거룩의 영이신 성령, 위로의 영이신 성령을 통해서 그리스도는 자신의 약속을 성취하시고 세상 끝 날까지 자신의 교회와 함께하십니다.

2) 말씀을 통하여

그리스도는 말씀을 통해서 우리와 함께하십니다. 사도 바울은 골로새서 3장 16절에서 다음과 같이 말합니다.

"그리스도의 말씀이 너희 속에 풍성히 거하여."

그리스도의 말씀이 우리 속에 풍성히 거하면 어떻게 됩니까? 에베소서 3장 17절을 보십시오.

"믿음으로 말미암아 그리스도께서 너희 마음에 계시게 하시옵고."

사도 바울의 말인즉, 믿음과 더불어 말씀이 우리 안에 풍성히 거하면, 그리스도께서 우리 안에 거하신다는 것입니다. 이처럼 그리스도는 말씀을 통해서 우리와 함께하십니다.

3) 성찬식에서의 임재를 통하여

그리스도는 오늘 우리가 참여하고자 하는 이 성찬식에서 특별한 방식으로 우리와 함께하십니다. 교회의 믿음을 전복시키기 위해서 마귀가 지금까지 사용했던 무기 중에서도 가장 강력한 무기는, 성찬식에서 이루어지는 그리스도의 분명한 임재를 마치 없는 것처럼 날조하여 그리스도의 영광스러운 임재를 가리는 것입니다. 저는 이것을 지옥이 교회의 믿음을 깨뜨리기 위해서 지금까지 사용해 온 무기들 중에서도 가장 강력한 무기 가운데 하나라고 생각합니다.

성찬식에서 이루어지는 주님의 임재는 육체적인 임재가 아닙니다. 이에 대한 증거들이 수없이 많이 있습니다. 사람의 감각과 이성과 믿음에 있는 모든 것들이 육적인 임재를 믿는 것이 옳지 않다는 것을 증명해 줍니다. 특히 저는 육적인 임재가 모순인 것을 증명하기 위하여 한두 가지 성경 말씀을 여러분에게 상기시켜 드리겠습니다. 첫 번째로 살펴볼 구절은 요한복음 16장 7절 말씀입니다. 우리의 구주께서는 이렇게 말씀하십니다.

"그러나 내가 너희에게 실상을 말하노니 내가 떠나가는 것이 너희에게 유익이라. 내가 떠나가지 아니하면 보혜사가 너희에게로 오시지 아니할 것이요, 가면 내가 그를 너희에게로 보내리니."

신약성경에서 예수님은 자신이 육체적으로 우리를 떠나야만 보혜사 성령께서 복음적으로 우리와 함께하실 수 있다고 말씀하셨습니다. 그리고 실제로 예수님이 승천하신 후에는 보혜사 성령께서 우리와 함께하십니다. 그런데도 여전히 그리스도의 육적인 임재를 믿는 것은 얼마나 큰 모순입니까?

"내가 떠나가지 아니하면 보혜사가 너희에게로 오시지 아니할 것이요."

예수님은 실제로 우리를 떠나셨습니다. 그러므로 사제들이 성찬을 베풀면서 요청할 때마다 그분이 다시 육체적으로 임재하시는 것이 아닙니다. 절대로 그렇지 않습니다.

사도행전 3장 21절을 보십시오.

"하늘이 마땅히 그를 받아 두리라."

언제까지, 또 얼마나 오랫동안 하늘이 그리스도를 받아 둘 것이라는 말씀입니까?

"만물을 회복하실 때까지는 하늘이 마땅히 그를 받아 두리라."

그렇습니다. 예수님 자신도 이렇게 말씀하셨습니다.

"내가 (육체적인 임재의 차원에서) 떠나가지 아니하면 보혜사가 너희에게로 오시지 아니할 것이요."

실제로 예수님은 육체적으로는 우리를 떠나셨고 지금은 하늘에 계십니다. 하늘은 만물이 회복될 때까지 그리스도를 자신의 품에 모시고 있을 것입니다. 그러므로 우리는 예수님의 육체적인 임재를 추구해서는 안 됩니다.

그렇다면 성찬식에서 그리스도의 임재가 어떻게 이루어지는지, 또 우리의 의무는 무엇이며 성찬식에서 그리스도께서 그와 같은 방식으로 임재하실 때 어떻게 해야 그리스도를 만날 수 있는지에 대해서 간략하게 살펴봅시다.

먼저, 성찬식에서 그리스도의 임재가 어떤 방식으로 이루어지는지를 말씀드리겠습니다. 그리스도께서는 성찬식에 표상representation을 통해서, 전달exhibition을 통해서, 표징signs과 인침seals을 통해서 특별하게 임재하십니다.

(1) 표상을 통한 임재

그리스도는 성찬식에 표상을 통해서 임재하십니다. 성막과 성전, 언약궤와 속죄소에서 하나님은 매우 어렴풋한 방식으로 임재하셨습니다. 물론 그것들도 하나님의 영광을 나타내는 표상이었습니다. 그러나 성찬식에서 그리스도는 한층 더 탁월하고도 선명하게 자신을 나타내는 표상을 우리에게 주셨습니다. 즉, 그리스도께서 우리 영혼의 양식이 되심을 나타내 주는 표상과 자신이 우리의 죄를 위하여 고난당하셨음을 나타내 주는 표상입니다.

그리스도는 이 두 가지 중요한 방법을 통해서 자기 자신을 우리에게 나타내 주십니다. 즉, 성찬식에 사용되는 떡과 잔을 통해서는 자기 자신이 우리 영혼의 양식임을 보여 주시고, 떡과 잔이 나누어지는 방식을 통해서는 자기 자신이 우리의 죄를 위하여 고난받으셨음을 보여 주시는 것입니다. 이것은 모두 그리스도께서 친히 정해 주신 것입니다.

사도 바울은 갈라디아서 3장 1절에서 다음과 같이 말합니다.

"예수 그리스도께서 십자가에 못 박히신 것이 너희 눈앞에 밝히 보이거늘."

여기에서 "너희 눈앞에 밝히 보이거늘"이라는 표현은, 구체적으로 성찬식을 지칭하는 것이 아니라, 신자들의 믿음에 그리스도의 십자가 죽음을 설명해 주고 그림을 보듯이 그것을 생생하게 볼 수 있게 만드는 복음 설교를 의미합니다. 그러나 복음에 속한 모든 것들 중에서도 예수 그리스도께서 십자가에 못 박히신 것을 가장 분명하게 보여 주는 것은 단연코 성찬식입니다.

성찬식에서 그리스도께서 모든 신자에게 자기 자신을 나타내 보여 주신다는 것은 모든 사람들이 다 동의하는 사실입니다. 그렇다면 이 일이 어떻게 이루어집니까? 십자가 형상이나 그림이나 이미지들을 통해서일까요? 결코 그렇지 않습니다. 그런 것들을 통해서 그리스도를 보고자 하는 사람들은 "너는 나 외에는 다른 신들을 네게 두지 말라"(출 20:3)라고 말씀하신 하나님으로부터 저주를 받을 것입니다.

그렇다면 성찬식에서 그리스도는 어떤 방식으로 자기 자신을 나타내 주십니까? 앞서 말씀드린 대로 성찬식에 사용되는 떡과 잔을 통해서는 자기 자신이 우리 영혼의 양식임을 보여 주시고, 떡과 잔이 나누어지는 방식을 통해서는 자기 자신이 우리의 죄를 위하여 고난받으셨음을 보여 주십니다.

이 방법이야말로 하나님과 그리스도께서 우리에게 그러한 것들을 나타내 주기로 정하신 방법입니다. 하나님께서는 이 방법에 복을 주시고 그것을 효과 있게 만드십니다. 또한 이 방법은 예수 그리스도의 지혜와 선하심에 의해서 선택된 방법입니다. 여기에는 예수 그리스도의 이름이 새겨져 있습니다. 그러하기에 우리가 최선을 다하여 성찬에 참여한다면, 그것은 우리에게 복이 될 것이며 효력을 발휘할 것입니다.

(2) 전달을 통한 임재

그리스도는 전달이라는 방법을 통해서 우리에게 자기 자신을 나타내십니다. 다시 말해서, 그리스도는 성찬식에서 신자들의 영혼에 자기 자신을 실제로 제공해 주시고 전달해 주십니다. 이 세상은 이것을 잃어버렸고, 이것을 어떻게 활용해야 하는지를 전혀 알지 못합니다.

성찬식에서 그리스도를 상징하는 떡과 잔은 그 자체 안에 포함되어 있지 않은 어떤 것을 우리에게 전달해 줍니다. 예를 들어, 성찬식에서 떡은 그리스도의 몸이나 살을 내포하고 있지 않습니다. 또한 잔은 그리스도의 피를 내포하고 있지 않습니다. 그러나 떡과 잔은 신자들의 영혼에 그리스도를 전달해 줍니다. 신자들이 외적인 표징인 떡과 잔을 먹고 마실 때, 그 떡과 잔은 신자들의 영혼에 그리스도의 살과 피를 실제로 전달해 줍니다.

우리가 확실하게 믿고 있는 바가 있습니다. 그것은 우리 주 예수 그리스도는 단순히 썩어 없어질 떡, 곧 눈에 보이는 떡을 먹으라고 우리를 성찬에 불러 주신 것이 아니라는 사실입니다. 우리 주 예수 그리스도께서 우리를 성찬에 불러 주신 까닭은 우리의 영혼을 배불리 먹이시기 위함입니다.

그렇다면 생각해 보십시오. 우리의 영혼을 먹이기 위해서 성찬에 불러 주신 주님께서 우리로 하여금 그저 눈에 보이는 떡을 구경하고 그것을 조금 맛보고 돌아가도록 하시겠습니까? 여러분은 친구를 그런 식으로 대접하겠습니까? 결코 그렇지 않을 것입니다.

이와 같이 성찬식에서도 그리스도는 우리에게 떡과 잔이라는 눈에 보이는 외적인 보증pledge도 제공해 주시지만, 한 걸음 더 나아가 우리의 영혼이 먹고 마실 수 있는 무엇인가를 실제로 전달해 주십니다.

우리 주 예수 그리스도께서 아무런 실속도 없고 겉모양만 그럴듯한 행사로 우리 영혼을 속이신다고 생각해서는 절대 안 됩니다. 성찬식에서 주님은 자기 자신을 실제로 우리에게 전달해 주십니다.

"내 살은 참된 양식이요, 내 피는 참된 음료로다"(요 6:55).

성찬식에서 주님이 우리에게 전달해 주시는 것은 바로 우리를 위하여 십자가 위에서 자기 자신을 깨뜨리고 못 박혀 죽으신 자기 자신입니다.

이렇게 성찬식에서 떡과 잔을 통하여 그리스도 자신이 우리에게 전달되고 제공되는데도 우리가 성찬식에 참여하면서도 예수 그리스도를 영접하지 못한다면, 그것은 우리 모두의 잘못이요 죄입니다.

그렇다면 성찬식에서 전달되는 그리스도를 우리가 영접하는 것은 무엇 때문입니까? 진실로 그것은 연합과 영적인 자양분을 얻기 위함입니다.

우리가 음식을 먹는 목적은 그것이 우리의 몸에 들어와서 살이 되고 피가 되게 하려 함입니다. 다시 말해서 그것이 우리와 하나가 되게 하려는 것입니다. 성찬식에서 떡과 잔을 먹고 마시는 목적도 이와 같습니다.

그런데 우리가 이렇게 하는 데는 한 가지 목적이 더 있습니다. 즉, 우리가 음식을 먹음으로써 자양분을 얻고 체력이 더 깅해지고 몸이 더 편안해지고 힘을 얻어서 삶의 여러 가지 의무를 잘 감당할 수 있게 되는 것처럼, 성찬식에서 떡과 잔을 먹고 마시는 목적도 똑같습니다.

정리하자면, 우리가 최선을 다해서 성찬에 참여할 때 그리스도께서는 우리의 영혼에 실제로 자기 자신을 전달해 주시는데, 그것은 연합과 영적인 자양분 공급, 즉 그리스도의 살과 피가 우리의 영혼과 하나가 되고, 그것을 통해서 우리의 영혼이 힘을 얻게 하려는 목적 때문인 것입니다.

(3) 표징과 인침을 통한 임재

그리스도께서는 인침$_{obsignation}$이라는 방법을 통해서 성찬식에 임재하십니다. 즉, 언약을 인치시기 위하여 성찬식에 임재하십니다. 그래서 성찬에 사용되는 잔을 일컬어서 "내 피로 세우는 새 언약"(눅 22:20)이라고 하는 것입니다. 그렇다면 어떤 의미에서 '내 피로 세우는 새 언약'이라는 것입니까?

여러분도 잘 아시겠지만, 예수 그리스도의 피가 인을 치고 비준하고 확증하고 확고하게 만든 것은 바로 새 언약입니다. 세상의 기초가 놓이는 그 순간부터 체결되기로 계획된 모든 언약은 반드시 피로 확증되어야만 했습니다. 그 어떤 언약도 전혀 예외가 없습니다. 그러하기에 새 언약도 그리스도의 보혈로 확증이 되는 것입니다. 그리고 그런 이유 때문에 그리스도께서 성찬식이 거행될 때 자기 자신의 피로 새 언약을 인치기 위하여 임재하시는 것입니다.

2. 그리스도의 임재에 대한 믿음의 행동

지금까지 말씀드린 것처럼, 예수 그리스도는 표상과 전달과 인침이라는 방법을 통해서 성찬식에 임재하십니다. 그렇다면 이렇게 임재하시는 그리스도를 만나고 그분과 함께하기 위해서 우리는 어떻게 해야 합니까? 제가 이런 질문을 던지는 까닭은 성찬식에 참여한다고 해서 자동적으로 그리스도를 실제로 만나게 되는 것이 아니기 때문입니다.

성찬식에서 그리스도를 실제로 만나는 일은 믿음이 있어야만 가능합니다.

앞서 말씀드린 대로 그리스도는 표상과 전달과 인침이라는 세 가지 방법을 통해서 성찬식에 임재하십니다. 그런데 우리가 이렇게 임재하시는 그리스도와 함께하기 위해서는 세 가지 믿음의 행동이 우리에게 있어야 합니다.

1) 인식 – 그리스도의 죽으심에 대한 기억과 회상

그리스도의 표상에 화답하는 첫 번째 믿음의 행위는 인식recognition 입니다. 그리스도께서는 성찬식에서 자신의 죽으심을 우리에게 나타내십니다. 그러므로 우리는 거기에 걸맞게 그리스도의 죽으심을 기억하고 회상해야 합니다.

구약에서는 그리스도의 죽으심을 기억하는 일이 어떻게 이루어졌는지를 깊이 생각해 보시기 바랍니다. 유월절은 그리스도의 죽으심을 기억하는 규례였습니다.

"이 밤은 그들을 애굽 땅에서 인도하여 내심으로 말미암아 여호와 앞에 지킬 것이니 이는 여호와의 밤이라"(출 12:42).

이스라엘 백성들은, 하나님께서 유월절 어린양의 희생을 통해서 자신을 구원해 주신 것을 기억하면서 유월절 만찬을 쓴 나물과 함께 먹어야 했습니다. 일 년에 한 번 열리는 이 유월절 만찬에서 이스라엘 백성들은 반드시 자신의 모든 죄와 악행과 범죄를 기억해야만 했습니다. 단순히 머리로만 기억하는 것이 아니라 자신들의 영혼을 크게 괴롭게 하면서 기억해야만 했습니다.

만일 우리가 성찬식에서 그리스도의 죽으심을 기억하려고 한다면, 우리도 쓴 나물과 함께 떡과 잔을 먹고 마셔야 할 것입니다. 다시 말해서 우리의 죄를 기억하면서 떡과 잔을 먹고 마셔야 할 것입니다. 우리를 위하여 창에 찔리시고 몸을 깨뜨리신 그리스도를 생각하면서, 우리의 죄 때문에 상한 마음을 가지고 떡과 잔을 먹고 마셔야 할 것입니다.

성찬식에서 우리는 그리스도의 죽으심을 기억하고 선포해야 합니다. 그러므로 사랑하는 형제들이여, 그리스도께서 우리를 위하여 십자가에 달려 죽으실 때 친히 짊어지셨던 우리의 죄 때문에 우리가 진정으로 상한 마음을 가지고 있는지 그렇지 않은지를 조금이라도 숙고해 보시기를 바랍니다. 우리의 죄 때문에 상한 마음이 없이 성찬에 참여한다면, 우리의 몸은 성찬에 참여하더라도, 우리의 마음은 그리스도로부터 멀리 떨어져 있을 것이기 때문입니다.

2) 수용 – 자신을 우리에게 제공해 주시는 그리스도

그리스도께서 전달이라는 방법으로 성찬에 임재하신다면, 우리는 수용admission이라는 방법으로 성찬에 참여해야 합니다. 그리스도께서 자신을 우리에게 제공해 주시는데도 우리가 그분을 받아들이지 않는다면, 여러분과 저는 성찬식에서 아무런 유익도 얻을 수 없습니다. 그리스도를 받아들이는 것! 이것은 정말 중요한 일입니다. 이것은 교회에 속한 모든 성도들이 해야 할 중요한 일입니다.

강단에서 말씀을 선포하는 일에 있어서는 목사가 가장 큰 책임을 지고 있습니다. 목사가 설교를 온전히 행할 때, 하나님의 말씀은 그것을 믿는 사람들과 멸망하는 사람들과 하나님 앞에서 그리스도의 향기가 될 것입니다(고후 2:15 참고).

그러나 성찬식은 다릅니다. 성찬식의 경우에는 여러분이 가장 큰 책임을 지고 있습니다. 사역자들은 그리스도의 이름으로 여러분에게 그리스도를 제공해 줄 뿐입니다. 만일 여러분이 그리스도를 받아들이지 않는다면, 성찬식은 절반만 행해진 것과 다름없습니다.

그러하기에 여러분은 특별한 방법으로 여러분 자신을 일깨워서 성찬식에 적극적으로 참여해야 합니다. 왜냐하면 교회가 행하는 다른 어떤 의무보다도 성찬식이라는 의무에서 여러분은 좀 더 특별한 책임을 지고 있기 때문입니다. 그러므로 성찬이라는 이 의무 안에서는 사역자들이 어떻게 행하는가를 보면서 우리를 판단하는 것보다는, 여러분이 어떻게 행동하는지를 보면서 여러분 자신을 더 잘 판단할 수 있습니다.

성찬식에서 우리 주님은 여러분에게 자신을 분명하고도 특별하게 제공해 주십니다. 그러므로 믿음과 사랑으로 그리스도를 여러분의 마음에 영접하십시오. 앞에서도 말씀드렸지만, 그리스도께서는 그저 눈에 보이는 떡을 구경하고 그것을 조금 맛보고 돌아가도록 하기 위해 여러분을 성찬에 초대하신 것이 아니기 때문입니다.

3) 인침 – 은혜 언약에 대한 의무 이행

그리스도께서는 언약을 인치시기 위하여 성찬에 임재하십니다. 그러므로 여러분도 어떤 목적을 가지고 성찬에 참여하며 그리스도를 만나야 하는지를 분명하게 알도록 하십시오. 여러분도 하나님과 더불어 맺은 언약을 인치기 위해서 성찬에 참여해야 합니다. 다시 말해서, 언약에 있어서 여러분이 감당해야 할 책임을 다시 한 번 엄숙하게 여러분의 것으로 인정하고 확인하기 위하여 성찬에 참여해야 합니다.

저는 이것이 정말로 무엇을 의미하는지를 여러분에게 좀 더 자세히 말씀드리고 싶습니다. 저는 이 문제를 오랫동안 깊이 생각해 왔습니다. 왜냐하면 이것을 소홀히 함으로써 세상이 멸망의 길로 가는 것을 보기 때문입니다.

많은 사람들이 하나님께서 은혜와 긍휼의 언약을 세워 주셨다는 소식을 듣습니다. 설교를 통해서 그런 사실을 분명하게 알게 됩니다. 그러나 문제는, 자신이 언약의 당사자로서 지켜야 할 책임을 지키지 않아도 얼마든지 이 언약에 의해서 자신이 구원을 받게 될 것이라고 생각한다는 것입니다. 바로 이것 때문에 지금도 많은 사람들이 멸망하고 있습니다.

언약과 관련하여 우리는 얼마나 놀랍고도 영광스러운 말을 하는지요! 우리는 하나님께서 우리의 하나님이 되시기 위하여 자기 자신을 우리에게 주셨다고 자랑스럽게 말합니다. 그러나 사랑하는 형제들이여, 잊지 마십시오. 하나님의 이런 사랑에 대한 응답으로 우리는 우리 자신을 온전히, 그리고 전적으로 하나님께 바쳐야 합니다. 이 사실을 절대 잊지 마십시오. 만일 우리가 우리 자신을 여전히 이 세상과 우리의 정욕과 우리 자신에게 바치고 있다면, 하나님의 은혜의 언약에서 아무 유익도 기대하지 말아야 합니다.

성찬식에 참여하면서도 우리 편에서 은혜의 언약을 인치지 않는다면, 다시 말해서 우리의 모든 삶과 행동 안에서 우리 자신을 하나님께 전적으로 바치지 않는다면, 우리는 성찬식에서 그리스도를 만날 수 없습니다. 뿐만 아니라 우리는 자신의 언약을 인치기 위하여 성찬에 임재하시는 그리스도를 실망시키게 됩니다.

성찬식에서 그리스도께서는 다음과 같이 말씀하십니다. "나와 더불어 언약을 맺고자 하는 사람들은 어디 있느냐?" 그러므로 그리스도께서 성찬식에 임재하셔서 주의 만찬이 나타내는 바 은혜 언약을 인치시는 것을 반드시 보도록 합시다. 그리고 동시에 우리 자신을 하나님께 전적으로 바침으로써 은혜 언약이 우리에게 요구하는 의무를 우리의 것으로 인정하고 수행합시다.

chapter 11

그리스도의
수고와 기쁨

"그가 자기 영혼의 수고한 것을 보고 만족하게 여길 것이라. 나의 의로운 종이 자기 지식으로 많은 사람을 의롭게 하며, 또 그들의 죄악을 친히 담당하리로다"(사 53:11).

이 시간에는 특히 성찬식에서 믿음을 행사하는 것에 대한 근거를 제공하는 몇 가지 성경 구절을 말씀드리고자 합니다. 믿음을 행사하는 것은 우리가 참여하려는 주의 만찬에서 매우 중요한 의무이기 때문입니다.

아마 여러분은 제가 예수 그리스도와 그분의 고난과 죽음에 관한 선지서의 말씀들을 인용할 것이라고 짐작하실 것입니다. 왜냐하면 그 말씀들이 예수 그리스도와 그분의 고난과 죽음을 기념하기 위하여 이 자리에 함께 모인 우리에게 딱 맞아떨어지기 때문입니다. 여러분이 짐작하신 대로 저는 예수 그리스도와 그분의 고난과 죽음에 관한 선지서의 말씀을 여러분에게 전하고

자 합니다.

이사야 53장 11절을 읽어 보겠습니다.

"그가 자기 영혼의 수고한 것을 보고 만족하게 여길 것이라. 나의 의로운 종이 자기 지식으로 많은 사람을 의롭게 하며, 또 그들의 죄악을 친히 담당하리로다."

성령께서는 이 말씀을 통해서 우리에게 두 가지 주제에 대하여 생각하게 하십니다. 첫째로, 예수 그리스도께서 교회의 구속과 구원을 위하여 영혼의 큰 수고를 감당하셨다는 것입니다. 둘째로, 예수 그리스도께서 자기 영혼의 수고를 통하여 맺은 열매를 바라보면서 흡족해하시고 크게 기뻐하셨다는 것입니다.

오늘 저는 이 두 가지, 특히 주의 만찬에서 이 두 가지를 어떻게 기념해야 하는지를 말씀드리고자 합니다. 그러면 이제부터 그리스도께서 그 영혼으로 감당하신 수고와, 그 수고의 열매를 바라보면서 그리스도께서 느끼시는 만족을 살펴보도록 하겠습니다.

1. 교회의 구원을 위한 그리스도의 수고

예수 그리스도께서는 교회의 구속과 구원을 위하여 영혼의 큰 수고를 감당하셨습니다. 그것은 그리스도께서 반드시 감당하셔야 하는 위대한 일이었습니다.

흔히 우리는 "세상은 말씀으로 창조되었지만, 우리의 구원은 말씀으로 이루어지지 않았다"라고 말합니다. 옳은 말입니다. 갓난아기가 이 세상에 태어나는 것도 여인의 큰 수고를 통해서 이루어지듯이, 우리의 구원도 그리스도의 큰 수고를 통하여 이루어졌습니다.

그렇다면 우리의 구원을 위하여 그리스도께서 담당하셨던 그 큰 수고는 무엇입니까? 거기에는 바로 마음에 고민하신 일, 도움을 구하는 절규를 토해 내신 일, 고통을 처절히 느끼신 일 등이 포함되어 있습니다. 그렇다면 이제 여러분이 기억하기 쉽게 성경 구절을 인용하면서 한 가지씩 설명드리겠습니다.

1) 마음의 고민

"예수께서 힘쓰고 애써"(눅 22:44).

고민이라는 것은 끔찍하고도 두려운 일 앞에서 사람의 마음이 겪는 말로 형용할 수 없는 갈등입니다. 그리스도께서는 마음에 그런 고민을 겪고 계셨습니다. 그분이 겪으신 고민은 얼마나 큰지요! 제아무리 심오한 사상가도 결코 그리스도의 고민을 헤아릴 수 없으며, 제아무리 달변인 사람도 결코 그리스도의 고민을 묘사할 수 없습니다.

예수 그리스도의 영혼은 우리를 구원하기 위하여 자신이 혼자서 다 감당해야 하는 하나님의 진노, 율법의 저주, 지옥과 사망의 고통 때문에 고민하셨습니다. 그리스도의 수고에는 이런 고민이 있었던 것입니다.

2) 도움을 구하는 절규

"그는 육체에 계실 때에 자기를 죽음에서 능히 구원하실 이에게 심한 통곡과 눈물로 간구와 소원을 올렸고"(히 5:7).

곤란에 빠진 사람은 자신을 도와줄 수 있는 사람에게 도와 달라고 부르짖기 마련입니다. 이처럼 예수님도 우리의 구원을 위하여 영혼의 큰 수고를 감당하실 때 그렇게 하셨습니다. 예수 그리스도께서도 자신을 능히 구원하실 수 있는 하나님을 향하여 심한 통곡으로 간구하셨던 것입니다.

3) 처절한 고통

"스올의 고통이 내게 이르므로 내가 환난과 슬픔을 만났을 때에"(시 116:3).

고통을 처절하게 느끼는 일은 그리스도께서 감당하셨던 큰 수고 가운데 마지막 요소입니다.

율법의 저주 가운데 있는 모든 고통, 하나님의 진노 안에 있는 모든 고통, 하나님의 공의가 죄인에게 시행하는 모든 고통이 그리스도의 영혼을 무겁게 짓누르고 있었습니다. 그리고 그 결과 그리스도께서는 큰 수고를 감당하셔야만 했습니다.

이와 같이 우리의 구원과 구속을 이루기 위하여 우리 주님 예수 그리스도께서는 영혼의 큰 수고를 감당하셨습니다.

2. 수고의 열매로 인한 그리스도의 기쁨

주 예수 그리스도께서는 자신의 수고로 맺은 열매와 결과를 바라보면서 만족과 기쁨을 느끼셨습니다. 이것은 하나님께서 그리스도에게 약속하셨던 것입니다.

또한 그리스도께서는 자신의 영혼의 수고가 맺을 열매를 미리 내다보면서도 만족을 느끼셨습니다. 사도는 이것에 관하여 이렇게 말합니다.

"그는 그 앞에 있는 기쁨을 위하여 십자가를 참으사 부끄러움을 개의치 아니하시더니 하나님 보좌 우편에 앉으셨느니라"(히 12:2).

이때 기쁨이란 그리스도께서 우리를 하나님과 화목하게 하시는 기쁨, 그리고 순종하는 자들에게 구원의 대장이 되시는 기쁨을 의미합니다.

이렇게 그리스도께서는 자신의 수고가 맺을 열매를 바라보면서 십자가의 모진 고통을 참으셨습니다. 그리스도께서는 자신이 수고의 씨앗을 뿌리면 기쁨의 열매를 거두게 된다는 사실과 자기 앞에 그런 기쁨이 있다는 사실을 미리 알고 계셨던 것입니다.

시편 16편 6절은, 그리스도의 수고를 통하여 어떤 열매를 거두게 될 것인지, 또 어떤 수확을 얻게 될 것인지에 대하여 하나님께서 그리스도에게 보여 주신 내용입니다.

"내게 줄로 재어 준 구역은 아름다운 곳에 있음이여, 나의 기업이 실로 아름답도다."

이 말씀에서 '내게'라고 표현된 화자話者는 그리스도로 볼 수 있습니다. 그분이 지금 이 말씀에서 자신의 기업이 아름답다고 말씀하시면서 만족감을 나타내고 계시는 것입니다.

그렇습니다. 그리스도께서 영혼의 큰 수고를 감당하신 후에 열매로 거두신 것은 만족입니다. 그리스도께서 자신의 수고를 통해 얻은 열매를 흡족하게 여기신다는 것입니다.

그리스도께서는 두로 왕 히람과는 달리 자신의 수고를 통해 얻은 열매를 흡족하게 여기십니다. 히람은 솔로몬의 성전 건축을 도운 대가로 갈릴리에 있는 여러 성읍을 받았습니다. 그러나 그의 눈에는 그 성읍들이 마음에 들지 않았습니다. 그래서 그는 그 성읍들에게 '더럽다'라는 뜻을 지닌 '가불'(왕상 9:13)이라는 이름을 붙였습니다. 그러나 그리스도께서는 자신의 수고로 얻은 열매를 바라보면서 전혀 다른 고백을 하십니다.

"내게 줄로 재어 준 구역은 아름다운 곳에 있음이여, 나의 기업이 실로 아름답도다."

자신의 수고를 매우 기뻐하신 것입니다. 제가 알기로 그리스도의 이런 기쁨이 가장 잘 표현된 구절은 예레미야 31장 25절입니다.

"내가 그 피곤한 심령을 상쾌하게 하며 모든 연약한 심령을 만족하게 하였음이라."

바로 다음에 나오는 26절 말씀은 어떤 내용입니까?

"내가 깨어 보니 내 잠이 달았더라."

이 두 말씀은 그리스도께서 자신의 죽음에 관하여 하신 말씀입니다. 그리스도께서는 십자가에서 죽으신 후에 무덤 속에서 잠을 주무셨습니다.

그렇다면 이제 생각해 보십시오. 이 모든 일의 열매와 결과는 무엇입니까? 자기 영혼의 수고를 통하여 피곤한 심령을 상쾌하게 하고 연약한 심령을 만족시켰다는 것이 예수 그리스도에게는 너무나 달게 느껴졌던 것입니다.

3. 성찬식에 나타나는 그리스도의 수고와 기쁨

지금까지 말씀드린 이 두 가지, 곧 그리스도의 영혼이 감당하신 큰 수고와 그 수고가 맺은 열매를 바라보면서 흡족해하시는 그리스도의 만족이 성찬을 통해서 우리에게 나타나고 있습니다.

1) 성찬식에 나타나는 그리스도의 수고

주의 만찬에서 떡이 떼어지고 포도주가 부어지는 것은, 그리스도의 몸이 깨어지고 그리스도의 피가 흘려지며 그리스도의 몸과 피가 서로 나누어져 죽으셨다는 것을 우리에게 보여 줍니다.

그러나 주의 만찬에서 사용되는 떡과 잔은 그리스도께서 실제로 어떤 수고를 하셨는지를 다 보여 주지는 못합니다. 우리의 구원을 이루신 그리스도의 영혼이 감당한 그 큰 수고는 눈에 보이는 그 어떤 것으로도 온전히 나타낼 수 없기 때문입니다. 다만 주의 만찬에서 우리는 눈에 보이는 떡과 잔을 통해서 그리스도께서 감당하셨던 영혼의 큰 수고가 무엇인지를 숙고하고 깨닫도록 인도받습니다.

그러므로 우리는, 그리스도의 몸이 찢어지고 그리스도의 피가 흘려지며 몸과 피가 나누어지고, 그 결과로 죽음을 맞이하게 되는 외적인 행동들을 기억하는 것만으로 성찬식에서 할 일을 다 했다고 만족해서는 안 됩니다. 오히려 이 모든 것들을 기억하면서 눈에 보이지 않는 그리스도의 영혼이 감내하신 수고가 어떤 것이었는지를 숙고하고 깨달아야 합니다.

십자가에서 그리스도는 자신의 영혼을 속죄 제물로 바치셨습니다. 또한 십자가에서 그분은 우리의 모든 죄를 짊어지고 저주를 받으셨습니다. 교회의 구속과 구원을 성취하기 위하여 전력으로 애쓰시는 가운데 그리스도는 영혼의 큰 수고를 감당하셨습니다.

그러므로 사랑하는 형제들이여, 주의 만찬에서 우리는 눈에 보이는 외적인 떡과 잔을 넘어서서, 눈에 보이지는 않지만 떡과 잔을 통해서 우리에게 제시되고 있는 그리스도의 몸과 피를 바라볼 수 있어야 합니다. 또한 여기에서 멈추지 말고 한 걸음 더 나아가야 합니다. 그리하여 그리스도의 몸이 찢겨지고 그리스도의 피가 흘려지는 것을 통해서 그리스도의 영혼이 담당한 큰 수고, 즉 교회의 구속을 위하여 하나님 앞에서 그리스도께서 감당하셨던 영혼의 큰 수고까지 바라보아야 합니다.

2) 성찬식에 나타나는 그리스도의 기쁨

다른 한편으로, 주의 만찬에는 자신의 수고가 맺은 열매를 바라보시면서 흡족해하시는 그리스도의 영혼의 만족도 우리에게 제시되고 있습니다. 그리스도께서는 우리에게 성찬식을 통해서 자신을 기념하되, 특히 자기 영혼의 만족을 기억하라고 하십니다. 욥을 생각해 보십시오. 욥은 얼마나 극심한 고난을 겪었던지 살아 있다는 것에서 아무런 기쁨도 발견할 수 없었습니다. 그는 자신이 세상에 태어난 날을 아무도 기억하지 않았으면 좋겠다고 생각하였습니다. 이처럼 자신이 기뻐하지 않는 것을 다른 사람들에게 기념해 달라고 하는 사람은 아무도 없습니다.

하나님께서는 이스라엘 백성을 애굽에서 건져 내어 자신의 영광을 드높이셨을 때, 유월절을 제정해 주시면서 이렇게 말씀하셨습니다. "이날을 위대하게 기억해야 한다."

왜 하나님께서 이날이 위대하게 기념되기를 바라셨습니까? 이스라엘 백성이 애굽에서 해방되던 그날에 그들은 큰 구원을 경험하였고, 하나님께서 거기에서 큰 영광과 만족을 얻으셨기 때문입니다. 그래서 이스라엘 백성은 그날을 위대하게 기억해야 했습니다.

우리도 마찬가지입니다. 우리는 그리스도를 기억하는 가운데 성찬식을 거행해야 합니다. 성찬식에는 예수 그리스도께서 자기 영혼의 수고를 통해 얻은 결과를 보면서 누리신 만족이 나타나 있습니다.

예수 그리스도께서는 사람의 모습으로 이 땅에 오셔서 토해 내셨던 모든 탄식과 신음, 모든 눈물과 기도, 그리고 하나님의 진노 아래서 씨름하던 모든 일들을 전혀 후회하지 않으십니다. 오히려 그것들은 그리스도의 마음에 끊임없는 기쁨이 됩니다. 그리고 우리에게도 그것들은 크게 기뻐해야 할 일이요, 중요하게 기억해야 할 일입니다.

저는 여러분에게 묻고 싶습니다. 여러분은 그리스도께서 행하신 그 모든 일들을 기억하면서 기쁨을 누리고 있습니까? 성찬식을 앞두고 스스로에게 진지하게 이 질문을 던져 보시기를 바랍니다.

여기에서 분명하게 드러나는 한 가지 사실만 더 말씀드리겠습니다. 우리가 지금 참여하는 이 성찬식은 하나님께 감사를 올려 드리는 특별한 시간입니다. 우리가 받는 떡은 그리스도께서 감사로 사례하신 떡이요, 우리가 감사하는 마음으로 받아야 하는 떡입니다. 우리가 받는 잔 역시 그리스도께서 감사로 사례하신 잔이요, 우리도 감사하는 마음으로 받아야 하는 잔입니다.

그리스도께서는 주의 만찬을 제정하시면서 떡과 잔을 들고 하나님께 감사하셨습니다. 그런데 주의 만찬에서 우리가 하나님께 감사하는 것은 단순히 그리스도의 영혼이 겪은 수고를 기억하고 감사하는 차원에서 멈추는 것이 아니라 그리스도의 영혼의 수고가 맺은 성공적인 결과를 기억하며 감사하는 차원까지 올라가야 합니다. 바로 이것 때문에 성찬식이 특별한 방식으로 하나님께 감사를 올려 드리는 시간이 되는 것입니다.

그리스도의 영혼의 수고가 성공적인 결과를 맺었기 때문에 하나님과 우리 사이에 가로막혀 있던 모든 담들이 허물어졌고, 우리에게 주어질 은혜와 영광을 얻게 되었으며, 그리스도께서 우리의 구원의 대장이 되셨습니다. 이 모든 것을 생생하게 보여 주시기 위하여 그리스도께서 우리가 일상생활 속에서 먹고 마시는 떡과 잔으로 성찬식을 제정해 주신 것입니다.

그런데 성찬식에서 우리가 먹는 떡은 뜯어진 떡이요, 우리가 마시는 잔은 부어진 잔입니다. 이 두 가지 사실은, 약한 부분은 그리스도께서 감당하셨고, 강하게 해 주는 부분은 우리에게 주어진다는 것을 보여 줍니다.

주 예수 그리스도께서는 우리가 목숨과 건강을 유지하기 위해서 늘 먹고 마시는 떡과 잔을 사용하여 자기 자신을 나타내기로 작정하시고 성찬식을 제정해 주셨습니다. 떡과 잔은 우리의 몸을 강하게 하고 유지하는 데 필요한 것들이기 때문입니다.

또한 주 예수 그리스도께서는 떡이 떼어지고 잔이 부어지는 것을 통해서 자기 자신을 나타내기로 작정하시고 성찬식을 제정해 주셨습니다. 이것을 통해서 자신의 모든 고난을 우리에게 보여 줄 수 있기 때문입니다.

결국 성찬식에는 앞서 말씀드린 두 가지가 모두 있는 셈입니다. 떡이 찢어지고 잔이 부어지는 것을 통해서는 그리스도의 영혼의 수고를 볼 수 있고,

우리의 목숨과 건강을 유지시켜 주는 수단인 떡을 먹고 잔을 마심으로써 우리를 위하여 당하신 그리스도의 모든 고난과 죽으심의 열매를 볼 수 있기 때문입니다.

저는 하나님께서 우리 모두에게 은혜를 주셔서, 자기 영혼의 수고를 바라보면서 마음에 느꼈던 그리스도의 그 큰 만족을 우리도 누리게 하시기를 바랍니다. 자신의 수고와 그 수고를 통해 맺은 열매를 보면서 누리셨던 그리스도의 그 큰 만족에 우리도 모두 참여하게 하시기를 바랍니다.

chapter 12

그리스도의 죽으심을 본받아

"내가 그리스도와 그 부활의 권능과 그 고난에 참여함을 알고자 하여 그의 죽으심을 본받아"(빌 3:10).

우리는 그리스도의 죽으심을 기념하고 기리고 선포하기 위하여, 그리고 그리스도의 죽으심을 통하여 우리가 구원받았음을 고백하기 위하여 이 자리에 모였습니다. 그런데 이 자리에서 우리 자신에 관하여, 우리의 의무에 관하여, 그리스도의 죽으심에 관하여 중요하게 숙고해야 할 것들이 있습니다.

첫 번째는 그리스도의 죽으심이 우리에게 어떤 유익을 주었고, 또 어떻게 우리가 그 유익에 참여할 수 있는가 하는 것입니다. 두 번째는 어떻게 해야 우리가 그리스도의 죽으심을 본받을 수 있는가 하는 것입니다. 빌립보서 3장 10절 말씀에는 이 두 가지가 모두 기록되어 있습니다.

"내가 그리스도와 그 부활의 권능과 그 고난에 참여함을 알고자 하여 그의 죽으심을 본받아."

오늘 그리스도의 죽으심을 기념하는 의식을 행하기에 앞서 이 구절의 뒷부분, 곧 "그리스도의 죽으심을 본받아"라는 말씀에 관하여 간략하게 살펴보고자 합니다.

주의 만찬을 합당하게 준비하는 데 있어서 매우 중요한 요소가 그리스도의 죽으심을 본받는 일에 달려 있습니다. 또한 하나님을 예배하는 가운데 선포되는 말씀을 듣는 이 시간에 우리는 그리스도의 죽으심을 본받는 일에 진보를 이룰 수 있도록 하나님께서 은혜 주시기를 기대해야 합니다.

그러므로 지금부터 어떤 점에서 우리가 그리스도의 죽으심을 본받아야 하는지, 또 그리스도의 죽으심을 본받는 일과 관련하여 어떻게 하면 주의 만찬에서 유익을 얻을 수 있는지에 대하여 살펴보겠습니다.

그리스도의 죽으심에는 내면적이고도 도덕적인 원인과 죽음에 이르게 하는 외적인 방편이 있었습니다. 우리는 이 두 가지 원인과 관련하여, 또 그 방편과 관련하여 그리스도의 죽으심을 본받아야 합니다.

좀 더 분명하게 말씀드리겠습니다. 그리스도께서 죽으셔야 했던 내면적이고도 도덕적인 원인은 죄였습니다. 그리고 그리스도를 죽음에 이르게 한 외적인 방편은 고난이었습니다. 그러므로 우리가 그리스도의 죽으심을 본받는다는 것은 죄와 고난에 관하여 죽는 것입니다.

1. 죄에 대하여 죽는 삶

그리스도께서 죽으셔야 했던 내면적이고도 도덕적인 이유는 죄였습니다. 그리스도께서는 죄 때문에 죽으셨습니다. 그리스도께서 우리의 모든 허물을 짊어지셨으며, 이것 때문에 모든 형벌이 그리스도에게 임했던 것입니다.

그렇다면 우리는 어떤 점에서 죄와 관련하여 그리스도의 죽으심을 본받을 수 있습니까? 일단 우리의 죄를 짊어지고 죽는 일은 더 이상 불가능합니다. 오히려 그리스도 안에서, 그리스도로 말미암아, 우리가 우리의 죄 때문에 결코 죽지 않는다는 것이 우리의 소망이요 믿음입니다.

우리의 죄 때문에 고난을 받는 일에서도 그리스도를 본받을 수 있는 사람은 세상에 아무도 없습니다. 물론 세상에는, 그리스도께서 죄를 짊어지고 고난을 받으며 죽으신 것처럼, 죄를 짊어지고 고난을 받으며 죽는 사람들이 있습니다. 그러나 그들은 그리스도를 닮아서 그런 고난과 죽음을 당하는 것이 아닙니다. 오히려 그리스도를 닮지 않았기 때문에 그런 고난과 죽음을 당하는 것입니다. 그러므로 그들은 지옥에 떨어지게 되고, 영원토록 그리스도를 전혀 닮지 않은 상태로 살게 됩니다.

사도는 그리스도의 죽으심을 본받는 일은 그리스도께서 죄 때문에 죽으셨듯이 우리 또한 죄에 대하여 죽는 것이라고 말합니다. 다시 말해서, 그리스도의 죽으심의 원인이 되었던 죄에 대하여 우리가 죽어야 한다는 말입니다. 로마서 6장 5절에서 사도는 똑같은 말을 반복합니다.

"만일 우리가 그의 죽으심과 같은 모양으로 연합한 자가 되었으면."

쉽게 풀어 쓰면 이런 뜻입니다. "우리는 그리스도의 죽으심과 같은 모양으로 그리스도 안에 심어졌다. 이는 그리스도의 죽으심과 관련하여 그리스도를 닮기 위해서이다."

어떤 점에서 그렇다는 것입니까? 사도는 이어지는 6절에서 이렇게 답변합니다.

"우리가 알거니와 우리의 옛사람이 예수와 함께 십자가에 못 박힌 것은."

그렇습니다. 죄와 관련하여 그리스도의 죽으심을 본받는다는 것은 옛사람이 십자가에 못 박히는 것이고, 죄를 죽이는 것입니다. 그리스도의 죽으심을 초래하고 내면적이며 도덕적인 원인이 되었던 죄에 대하여 죽는다는 것의 의미는 바로 이런 것입니다.

또 다른 사도는 베드로전서 4장 1,2절에서 이렇게 말합니다.

"그리스도께서 이미 육체의 고난을 받으셨으니 너희도 같은 마음으로 갑옷을 삼으라. 이는 육체의 고난을 받은 자는 죄를 그쳤음이니 그 후로는 다시 사람의 정욕을 따르지 않고 하나님의 뜻을 따라 육체의 남은 때를 살게 하려 함이라."

그리스도를 본받는다는 것은 그리스도께서 육체 속에서 고난을 받으셨던 것처럼 우리도 육체 속에서 고난을 받는 것입니다. 즉, 더 이상 사람의 정욕이나 사람의 뜻을 따라 살지 않고 하나님의 뜻을 따라 사는 것입니다.

사랑하는 형제들이여, 모든 죄를 죽이는 성화의 삶을 살기 위해 애써 본 적도 없고 애쓰지도 않으면서 그리스도의 죽으심을 기념하는 자리에 성큼성큼 나아오는 사람은, 자신의 영혼을 큰 위험에 빠뜨리는 사람이요 예수 그리스도를 모욕하는 사람입니다.

그러므로 저는 간절히 소원합니다. 예수 그리스도의 죽으심을 기념하기 위하여 감사하는 마음으로 성찬식에 참여하는 우리 중에는 예수 그리스도를 죽음으로 몰아넣었던 죄를 여전히 애지중지하며 품고 있는 사람이 아무도 없기를 바랍니다.

우리가 우리 자신의 정욕과 부패를 죽이기 위하여 끊임없이 진실하게 애쓰지 않으면, 그러한 정욕과 부패는 여전히 우리 마음속에 살아 있게 됩니다. 그렇게 정욕과 부패를 우리 마음에 숨겨 놓고 그리스도의 죽으심을 기념하는 자리까지 그것들을 가지고 나아오는 것은, 그리스도를 한 번 더 십자가에 못 박는 것이나 다름없습니다. 이런 사람이 주의 만찬에서 무엇을 기대할 수 있겠습니까? 이런 사람은 주의 만찬에서 아무런 영적인 유익도 얻을 수 없습니다.

2. 그리스도의 고난을 본받는 삶

그리스도를 죽음에 이르게 한 외적인 방편과 관련하여 그리스도를 본받는 다는 것은, 고난과 관련하여 그리스도를 본받는 것입니다. 주의 만찬에서 우리는 그리스도의 고난을 기념합니다. 그런데 이것과 관련하여 저에게는 한 가지 확신이 있습니다. 저는 여러분이 이것을 반드시 진지하게 생각해 보기를 바랍니다. 그 확신은 바로 고난과 관련하여 그리스도를 본받을 마음이 없는 사람은 죄를 죽이는 일과 관련해서도 그리스도를 본받기 위해 진실하고도 꾸준하게 애쓰는 법이 결코 없다는 것입니다.

우리는 죄를 죽이는 일에 있어서도 그리스도를 본받아야 할 뿐만 아니라 고난과 관련해서도 그리스도를 본받아야 합니다. 하나님께서 우리를 그렇게 부르셨기 때문입니다. 그리스도께서는 우리를 위하여 고난을 받으셨고 우리에게 본을 남겨 주셨습니다. 그리고 하나님께서는 우리를 고난 가운데로 부르시면서 그 고난을 넉넉하게 감당할 수 있는 힘을 함께 주십니다.

그런데도 우리의 마음이 그리스도와 함께 고난받기를 꺼려하고 싫어한다면, 그것은 우리 마음에 아직도 죽지 않은 부패함이 남아 있다는 뜻입니다. 그리고 그것은 우리가 죄를 죽이고 거룩함을 이루는 데 있어서 그리스도를 닮기 위해 부패함에 대항하여 피 흘려 싸우지 않았기 때문입니다.

고난과 관련하여 그리스도의 죽으심을 본받기 위해서는 우리에게 어떤 것들이 필요할까요? 다음의 네 가지가 꼭 필요합니다. 이것이 없으면 우리는 고난을 받으면서도 고난 속에서 그리스도를 닮지 못할 뿐만 아니라 고난을 통과한 후에도 그리스도를 닮지 못하게 됩니다.

먼저, 우리는 그리스도를 위하여 고난을 받아야 합니다. 베드로전서 4장 15,16절은 이렇게 말씀합니다.

"너희 중에 누구든지 살인이나 도둑질이나 악행이나 남의 일을 간섭하는 자로 고난을 받지 말려니와, 만일 그리스도인으로 고난을 받으면 부끄러워하지 말고 도리어 그 이름으로 하나님께 영광을 돌리라."

그리스도인으로 고난을 받는다는 것은 그리스도를 위하여 고난을 받는다는 의미입니다. 그리스도의 이름을 위하여, 그리스도의 길을 위하여, 그리스도의 예배를 위하여 고난을 받는 것입니다.

둘째, 그리스도의 능력으로 고난을 받는 것도 꼭 필요합니다. 우리 자신의 뜻, 우리 자신의 이유, 우리 자신의 결심으로 고난을 받아서는 안 됩니다. 그리스도의 능력으로 고난을 받아야 합니다. 우리가 고난을 바르게 받으면 빌립보서 1장 29절의 말씀이 우리에게 이루어집니다.

"그리스도를 위하여 너희에게 은혜를 주신 것은 다만 그를 믿을 뿐 아니라 또한 그를 위하여 고난도 받게 하심이라."

다른 모든 은혜도 우리의 머리요 근원이며 보고寶庫요 근본이신 그리스도로부터 와야 하겠지만, 특히 그리스도를 위하여 고난을 받게 하는 은혜는 더더욱 그리스도로부터 와야 합니다. 그러므로 그런 은혜가 우리에게 있는지 없는지를 살펴보십시오. 만일 그런 은혜가 우리에게 없다면, 우리가 당하는 모든 고난은 아무런 소용도 없고 하나님 앞에 열납되지도 않을 것이기 때문입니다. 소금 없이 드리는 제사, 곧 진실한 마음 없이 드리는 제사는 결코 하나님께 열납되지 않습니다.

셋째, 그리스도를 우리의 본으로 삼고 고난 속에서 그리스도의 발자취를 따라야 합니다. 즉, 그리스도를 따르겠다는 단호한 결심을 가지고 자기 십자가를 짊어져야 합니다. '자기 십자가를 지는 것'은 예수님이 우리에게 주신 명령의 절반일 뿐입니다. 온전한 명령은 "자기 십자가를 지고 나를 따를 것이니라"(마 16:24;막 8:34)입니다.

우리는 즐겁고 기쁜 마음으로 고난을 받아야 합니다. 그렇지 않으면 고난을 받으면서도 우리는 이 세상의 그 어떤 사람보다도 그리스도를 덜 닮은 사람이 되고 말 것입니다. 왜냐하면 그리스도께서는 기쁨과 즐거움으로 고난을 감당하셨기 때문입니다.

"내가 하나님의 뜻을 행하러 왔나이다"(히 10:9).

"나는 받을 세례가 있으니 그것이 이루어지기까지 나의 답답함이 어떠하겠느냐"(눅 12:50).

마지막으로 우리는 그리스도의 영광을 위하여 고난을 받아야 합니다.

지금까지 말씀드린 이 네 가지와 관련하여 우리는 그리스도의 죽으심을 본받아야 합니다.

우리는 지금 그리스도의 죽으심을 기념하기 위하여 이 자리에 모였습니다. 저는 간절히 소원합니다. 단순히 주의 만찬에 참여했다는 사실만으로 성찬식에서 할 일을 다 했다고 만족하는 사람이 아무도 없기를 바랍니다. 또한 외적인 의무를 수행하는 것만으로 할 일을 다 했다고 생각하고 만족하는 사람이 없기를 바랍니다.

지금까지 말씀드린 네 가지와 관련하여 그리스도의 죽으심을 본받는 일이 우리에게 없다면, 우리는 그리스도의 죽으심을 올바르게 기억하는 것이 아닙니다.

3. 그리스도의 죽으심을 본받는 능력을 주는 주의 만찬

그렇다면 어떻게 해야 그리스도의 죽으심을 더 많이 본받을 수 있는 힘과 능력을 주의 만찬에서 얻을 수 있습니까? 어떻게 하면 주의 만찬에 참여한 후 집으로 돌아갈 때 이전보다 더 많이 그리스도를 본받을 수 있습니까?

우리는 교리적으로, 윤리적으로, 영적으로 그리스도를 본받을 수 있는 능력을 주의 만찬에서 얻을 수 있습니다.

사랑하는 형제들이여, 아무리 훌륭한 설교라고 해도, 성찬식에서 그리스도의 죽으심을 기억하는 것보다 죄 죽임의 의무를 더욱 효과적으로 가르쳐 주는 설교는 없습니다. 하나님께서 자신의 교회에 남겨 주신 성찬은 죄 죽임의 의무를 가장 잘 가르쳐 주는 교육 도구입니다. 확신하건대 진실한 믿음을 가지고 성찬에 참여하는 사람들에게 하나님께서는 가장 놀라운 복을 선물로 주실 것입니다.

성찬식에 참여할 때, 우리 눈앞에 십자가에 못 박혀 죽으신 그리스도가 밝히 보이지 않습니까? 우리의 죄 때문에 그리스도의 몸이 찢겨지고 그리스도의 피가 흘려진 것이 눈앞에 밝히 보이지 않습니까? 우리가 주의 만찬에서 이것을 확실하게 본다면, 우리가 어떻게 죄와 동거할 수 있으며 죄를 대강 처리해 버리고 만족해하며 살 수 있겠습니까?

주의 만찬에 참여하면서도 죄를 무참히 짓밟아 죽여야겠다는 교훈을 배우지 못한 사람은, 주의 만찬에서 제대로 배운 것이 아무것도 없으며 아무런 유익도 얻은 적이 없는 사람입니다.

주의 만찬에는 우리로 하여금 죄를 죽일 수밖에 없게 만드는 강권하는 능력이 있습니다. 주의 만찬에서 하나님은 우리의 눈을 열어 주시사 죄의 결과가 어떤 것인지를 확실히 보게 하십니다. 그것을 본 사람이 어떻게 죄를 즐거워하고 그것을 자기 마음에 숨겨 둘 수 있겠습니까? 이런 점에서 볼 때 주의 만찬은 가르치는 능력이 있습니다. 주의 만찬은 우리를 가르칩니다. 이런 목적과 방향 때문에 하나님께서는 특히 주의 만찬에 복을 주십니다.

저는 성찬식에 참여한 많은 사람들이 이렇게 고백하기를 바랍니다.

"저는 주의 만찬에 참여하면서 얼마나 많은 격려와 능력을 얻게 되었는지 모릅니다. 저는 이전보다 훨씬 더 강력한 끈기와 성실함으로 죄와 싸울 수 있게 되었고, 과거보다 더 큰 승리를 얻게 되었습니다."

이렇게 성찬은 우리에게 죄에 대항하여 싸울 수 있는 힘을 공급해 주는 방편이 됩니다. 그리스도를 죽인 죄를 죽이는 일이야말로 우리 그리스도인의 의무이기 때문입니다.

그리스도의 죽으심을 기념하는 것! 이것이 하나님 앞에서 우리가 감당해야 하는 의무입니다. 그리고 이 의무를 바르게 감당할 때 우리는 영적인 힘을 얻게 됩니다.

그러므로 저는 여러분에게 간곡히 말씀드립니다. 아무런 생각 없이 주의 만찬에 참여하는 사람이 단 한 사람도 없도록 주의하십시오. 주의 만찬을 헛되게 흘려보내는 사람이 단 한 사람도 없도록 하십시오. 그리스도의 죽으심이 우리 눈앞에 밝히 보이는 이 귀한 자리에 참여하면서도 하나님 앞에서 죄를 죽이는 일에 더 꾸준하고 강력하게 임하겠다는 새로운 결심을 하지 않는 사람이 단 한 사람도 없도록 하십시오. 우리 모두는 그리스도의 죽으심을 바라보며 죄를 죽이는 삶에 더욱 매진하겠다는 새로운 결심을 해야 합니다.

마지막으로 한 가지만 간략하게 말씀드리겠습니다. 믿음을 통하여 그리스도를 신령하게 바라보는 것이야말로 우리를 그리스도의 형상으로 변화시키는 방법임을 잊지 마십시오. 지금 우리가 참여하고자 하는 성찬에서 우리 눈앞에 밝히 드러나는 그리스도의 죽으심을 바라보는 것! 이것이야말로 우리를 그리스도의 형상으로 변화시키는 방법이며, 그리스도의 죽으심을 본받아 우리 안에 있는 죄를 죽이게 만들어 주는 방법입니다.

여러분이 그리스도를 믿고 그분을 사랑한다면, 또 그리스도를 기억하고자 한다면, 반드시 죄를 죽여야 한다는 교훈을 배우십시오. 그렇게 해야만 그리스도의 죽으심과 관련하여 그리스도를 본받을 수 있습니다.

성찬에 참여한다는 것 자체가 죄를 죽이는 삶에 매진하겠다고 하나님 앞에 맹세하는 것입니다. 하나님께서는 성찬에 참여하는 모든 사람에게 이것을 요구하십니다. 그러므로 이것을 배우도록 하십시오.

또한 우리의 죄를 짊어지고 죽으신 그리스도를 믿음으로 바라보려고 힘쓸 때 우리의 마음에 남아 있는 죄를 죽이는 데 필요한 능력이 나온다는 사실을 배우도록 하십시오.

chapter 13

성만찬의 제정, 그 목적과 본질

"내가 너희에게 전한 것은 주께 받은 것이니 곧 주 예수께서 잡히시던 밤에 떡을 가지사 축사하시고 떼어 이르시되, 이것은 너희를 위하는 내 몸이니 이것을 행하여 나를 기념하라 하시고, 식후에 또한 그와 같이 잔을 가지시고 이르시되, 이 잔은 내 피로 세운 새 언약이니 이것을 행하여 마실 때마다 나를 기념하라 하셨으니, 너희가 이 떡을 먹으며 이 잔을 마실 때마다 주의 죽으심을 그가 오실 때까지 전하는 것이니라"(고전 11:23-26).

지금까지 저는 대부분 주의 만찬과 관련하여 우리의 묵상을 이끌어 주고 인도해 줄 수 있는 주제를 골라서 집중적으로 말씀드렸습니다. 오늘은 주의 만찬이라는 규례 자체의 본질과 용도를 살펴보고자 합니다. 물론 여러분 중에는 이 주제에 관하여 잘 알지 못하는 분들도 있을 것입니다. 교회 안에 있는 성도들이 가진 성경에 대한 지식의 정도와 규모가 서로 다르기 때문입니다.

하나님께서는, 우리가 어떤 규례가 어떻게 제정되고, 그 규례의 본질이 무엇이며, 또 그 규례의 목표가 무엇인지를 제대로 알지 못하면, 그 규례에 참여하는 것이 우리에게 아무런 유익도 되지 못한다는 사실을 늘 가르쳐 주십니다. 신약시대에 비하여 예배가 영적이지 못했던 구약시대에도 하나님께서는 늘 그것을 가르쳐 주셨습니다.

출애굽기 12장을 보십시오. 하나님께서는 이스라엘 백성이 유월절이라는 위대한 규례의 본질과 제정의 이유를 알기를 바라셨습니다. 출애굽기 12장 24-27절까지의 말씀을 읽어 보겠습니다.

"너희는 이 일을 규례로 삼아 너희와 너희 자손이 영원히 지킬 것이니, 너희는 여호와께서 허락하신 대로 너희에게 주시는 땅에 이를 때에 이 예식을 지킬 것이라. 이후에 너희의 자녀가 묻기를, 이 예식이 무슨 뜻이냐 하거든, 너희는 이르기를, 이는 여호와의 유월절 제사라. 여호와께서 애굽 사람에게 재앙을 내리실 때에 애굽에 있는 이스라엘 자손의 집을 넘으사 우리의 집을 구원하셨느니라 하라 하매, 백성이 머리 숙여 경배하니라."

가장 먼저 하나님은 유월절 규례가 어떻게 제정되었는지를 잊지 말라고 당부하십니다. "이것은 하나님의 규례이다. 그러므로 너희와 너희 자손이 영원히 지킬 것이다." 그리고 나서 이 규례의 의미를 알라고 당부하십니다. "이것은 여호와의 유월절이다." 그런 다음에는 무엇 때문에 이 규례가 제정되었는지를 알라고 당부하십니다.

"여호와께서 애굽 사람에게 재앙을 내리실 때에 애굽에 있는 이스라엘 자손의 집을 넘으사 우리의 집을 구원하셨느니라."

그런데 "이는 여호와의 유월절 제사라"라는 말씀에는 위대한 신비가 숨겨져 있습니다. 여호와께서 애굽 사람에게 재앙을 내리실 때에 애굽에 있던 이스라엘 백성이 구원을 받은 것은, 희생 제물인 어린양의 피가 흘려졌기 때문이었습니다. 그리고 유월절의 이 희생은 궁극적으로 인류의 죄를 대속하기 위하여 십자가에 달려 죽으사 위대한 희생 제물이 되신 예수 그리스도를 바라보도록 만드는 희생 제사였습니다.

"우리의 유월절 양 곧 그리스도께서 희생되셨느니라"(고전 5:7).

또한 "이는 여호와의 유월절 제사라"라는 말씀에는 신비로운 교훈도 담겨 있습니다. 유월절이라는 규례 그 자체는 여호와께서 이스라엘 백성을 넘어가시는 사건이 아니었습니다. 그것은 여호와께서 이스라엘을 넘어가시고 살려 주시겠다는 보증이요 신호였습니다. 이것이 주의 만찬으로도 그대로 연결됩니다.

생각해 보십시오. 주의 만찬에서 그리스도께서는 이렇게 말씀하십니다. "이것은 내 몸이다." 이 말씀이 무슨 뜻입니까? 주의 만찬에서 우리가 받는 떡은 단순한 떡이 아니라 그리스도의 몸이 우리에게 주어진다는 보증이요 증표라는 것입니다.

이처럼 구약시대에 하나님은 자신의 백성들이 이 위대한 예배와 규례를 지키되, 그 이유와 목적과 제정 동기를 제대로 알고 지키기를 원하셨습니다. 그리하여야만 믿음의 예배와 믿음의 규례가 될 수 있기 때문입니다. 그리고 신약시대에도 하나님은 동일한 것을 백성들에게 기대하셨습니다.

사도 바울이 주의 만찬과 관련하여 말한 대목을 보면 하나님의 이런 기대가 고스란히 포함되어 있습니다. 고린도전서 11장 23-26절의 말씀을 읽어 보겠습니다.

"내가 너희에게 전한 것은 주께 받은 것이니 곧 주 예수께서 잡히시던 밤에 떡을 가지사 축사하시고 떼어 이르시되, 이것은 너희를 위하는 내 몸이니 이것을 행하여 나를 기념하라 하시고, 식후에 또한 그와 같이 잔을 가지시고 이르시되, 이 잔은 내 피로 세운 새 언약이니 이것을 행하여 마실 때마다 나를 기념하라 하셨으니,

너희가 이 떡을 먹으며 이 잔을 마실 때마다 주의 죽으심을 그가 오실 때까지 전하는 것이니라."

이 말씀에는 주의 만찬이 어떻게 제정되었고, 그 본질이 무엇이며, 그 목적과 용도는 무엇인지가 빠짐없이 기록되어 있습니다. 오늘 저는 아직 신앙이 연약하고 지식이 부족한 사람들도 잘 알아듣고 기억할 수 있도록 이것에 관하여 간략하게 말씀드리고자 합니다.

1. 주의 만찬의 제정과 그 의미

사도는 먼저 주의 만찬이 어떻게 제정되었는지를 설명합니다.
"내가 너희에게 전한 것은 주께 받은 것이니."
사도가 주의 만찬을 주께 받을 수 있었던 것은 주님께서 이 만찬을 제정하셨기 때문이었습니다. 그러므로 만일 여러분이 믿음 안에서 이 규례에 참여하기를 원한다면, 먼저 주님께서 이 규례를 제정해 주셨다는 사실을 숙고해야만 합니다. 특히 이것과 관련하여 그리스도의 권위와 그리스도의 사랑이라는 두 가지 측면을 반드시 숙고해야 합니다.

1) 그리스도의 권위

사도는 그리스도를 일컬어 '주', 곧 주님이라고 부릅니다. 그렇습니다. 이 만찬을 제정하신 그리스도께서는 주님이십니다. 온 교회의 머리요, 왕이신 주님이십니다. 우리의 주요 치리자(治理者)요 통치자이신 주님께서 이 규례를 제정하셨습니다.

그러므로 만일 여러분이 하나님께서 받으실 만한 순종의 행위로 이 규례에 참여하고 싶다면, 여러분은 그리스도의 권위를 철저히 느낄 수 있어야 합니다. 하나님께서 여러분에게 왜 성찬식에 참여하느냐고 물으신다면, 여러분은 다음과 같이 대답할 수 있어야 합니다.

"우리의 주님이신 예수 그리스도께서 이 규례를 제정해 주시고 우리 모두에게 참여하라고 명하셨기 때문입니다."

그리스도의 명령에 순종하여 행하는 모든 일은 우리가 당연히 해야 할 일이요, 하나님께서도 그런 우리를 기쁘게 받아 주십니다.

2) 그리스도의 사랑

주의 만찬을 제정해 주신 일에서 우리는 그리스도의 권위를 느낄 수 있을 뿐만 아니라 그분의 사랑도 느낄 수 있습니다. 그리스도께서 언제 주의 만찬을 제정해 주셨는지를 생각해 보십시오. 그리하면 그리스도의 사랑을 분명하게 느낄 수 있을 것입니다.

"주 예수께서 잡히시던 밤에 떡을 가지사 축사하시고 떼어 이르시되."

우리 주님 예수 그리스도께서는 자기 앞에 놓여 있는 모든 고난과 고통, 슬픔과 어려움, 그리고 하나님으로부터 버림받게 될 것이라는 사실을 다 알고 계셨습니다. 이 모든 일들이 자기에게 곧 임하게 될 것임을 잘 알고 계셨습니다.

이런 사실을 생각해 볼 때, 잡히시기 전날 밤에 우리 주님 예수 그리스도께서는 자신의 교회를 위하여 성찬식을 제정하시기보다는 오히려 자기 자신이 당할 고난에 생각을 집중하실 수밖에 없었을 것으로 보입니다.

그러나 그때에도 그리스도의 마음은 자기 사람들을 향한 사랑으로 충만하였고, 바로 그 사랑 때문에 예수 그리스도께서는 자신의 교회에게 유익을 주고자 주의 만찬을 제정하셨습니다. 예수 그리스도로 하여금 십자가의 모든 고통과 고난을 기쁨으로 감당하게 만든 바로 그 사랑이 주의 만찬을 제정하는 데 작용했던 것입니다.

제가 이것을 말씀드리는 데는 이유가 있습니다. 우리 마음이 주의 만찬이 제정된 과정과 그 의미를 보면서 예수 그리스도의 사랑을 영적으로 느껴야만 주의 만찬에서 그리스도와 더불어 교제할 준비를 할 수 있기 때문입니다. 그러므로 예수 그리스도의 사랑을 영적으로 느낄 수 있도록 우리는 모두 최선을 다해야 합니다. 하나님의 성령의 능력으로 그리스도의 사랑을 우리의 마음에 어느 정도 깊이 느낄 수 있도록 전심전력해야 합니다.

사랑하는 형제들이여, 그리스도의 사랑을 우리의 마음에 품지 못한 채 이 자리에 나아왔다면, 아직도 우리의 마음속에 그리스도의 사랑에 대한 영적인 느낌이 없다면, 지금 이 자리에서 그 사랑을 느끼고 그 사랑을 우리의 마음에 품도록 합시다. 그리스도의 사랑을 영적으로 느끼지 못하고 이곳을 떠나는 사람이 없기를 바랍니다.

이렇게 해서 우리는 주의 만찬이 제정되는 과정을 통해서 배울 수 있는 두 가지 교훈들, 즉 그리스도의 권위와 그리스도의 사랑에 대하여 알아 보았습니다.

2. 주의 만찬의 목적과 본질

두 번째로 말씀드릴 큰 주제는 주의 만찬이 어떤 용도와 목적으로 제정되었는가 하는 것입니다. 이것은 크게 세 가지 내용으로 나누어 말씀드릴 수 있습니다.

1) 기념

주의 만찬은 성도들로 하여금 그리스도의 고난을 엄숙하게 회상하고 기억하게 하기 위하여 제정되었습니다. 물론 성도들은 그리스도를 언제나 기억해야 합니다. 또한 모든 성도는 어디에 있든지 무엇을 하든지 끊임없이 그리스도와 동행해야 합니다. 바로 여기에서 육적인 사람들과 영적인 사람들의 차이점이 나타납니다.

그리스도인이라면 당연히 지속적으로 그리스도를 기억해야 한다는 점에서는 영적인 사람들과 육적인 사람들의 의견이 일치합니다. 그러나 그리스도를 기억하는 방법에 대해서는 의견이 확연히 달라집니다.

육적인 사람들은 이렇게 주장합니다. "그리스도의 형상과 그림을 만들어서 집과 예배당 곳곳에 세우고 걸어 놓자. 그렇게 하면 그리스도를 기억하지 않을 수 없을 것이다." 그러나 이것은 올바른 방법이 아닙니다. 성도들이 그리스도를 끊임없이 기억하는 올바른 방법은 기록된 말씀으로 역사하시는 성령을 통해서 기억하는 것입니다.

하나님께서는 우리에게 그리스도의 형상을 그림으로 남겨 주지 않으셨으며, 오직 기록된 말씀만을 주셨습니다. 그리고 하나님의 성령은 기록된 이 말씀을 통해서 우리에게 그리스도를 나타내 주십니다. 그러므로 오직 기록된 말씀을 통해서 우리는 십자가에 못 박히신 그리스도를 분명하게 볼 수 있습니다.

그러나 지금 제가 말씀드리려는 '기념'은 성찬식과 같은 규례라는 방법을 통해서 그리스도와 그분의 죽으심을 엄숙하게 기억하는 것입니다. 물론 우리는 규례가 없어도 늘 마음속으로 그리스도를 기억해야 합니다. 그러나 하나님께서는 그리스도와 그분의 죽으심을 우리에게 보여 주는 외적인 규례를 제정해 주셔서 그것을 통하여 예수 그리스도를 기념할 수 있게 해 주셨습니다. 성찬식을 제정해 주시면서 예수님께서도 이렇게 말씀하셨습니다.

"이것을 행하여 나를 기념하라."

이 말씀은 본문에 두 번이나 언급되고 있습니다.

이것과 관련하여 우리는 두 가지를 생각해 보아야 합니다. 첫째, 주의 만찬에서 우리가 기억하고 기념해야 할 대상은 무엇인가? 다시 말해서, 주의 만찬에서 우리는 무엇을 반드시 기억하고 기념해야 하는가? 둘째, 주의 만찬에서 기억하고 기념한다는 것은 어떻게 한다는 것인가? 다시 말해서, 주의 만찬에서 하나님께 열납될 만한 기억과 기념은 어떤 것인가?

(1) 주의 만찬에서 우리가 기억하고 기념해야 할 대상은 무엇인가?

주의 만찬에서 우리가 가장 중요하게 기억해야 할 대상은 그리스도입니다. 그러나 막연하게 그리스도를 기억해서는 안 됩니다. 우리는 주의 만찬을 제정해 주실 당시에 그리스도께서 처해 있었던 상황과 관련하여 구체적으로 그리스도를 기억해야 합니다.

"이것을 행하여 나를 기념하라"라고 말씀하신 것은 이렇게 말씀하신 것과 같습니다. "나는 하나님으로부터 보냄을 받았고 하나님께서 택하신 자들의 죄를 짊어지고 희생 제물이 될 것이다. 지금 나는 바로 그 목적을 위하여 죽게 될 것이다. 그러므로 이것을 행하여 이런 나를 기념하여라."

우리는 자신을 기억할 것을 명하시면서 주의 만찬을 제정해 주신 그리스도에 대해 다음 네 가지 내용을 기억해야 합니다. 이 네 가지에 대해서 저는 가장 연약한 사람도 주의 만찬에서 얼마든지 실천할 수 있는 것만을 말씀드리고자 합니다.

첫째, 우리는 하나님, 곧 성부 하나님의 은혜와 사랑을 기억해야 합니다. 우리를 위해 그리스도를 세우시고 내어 주신 성부 하나님의 은혜와 사랑을 기억해야 합니다. 성경 어디를 펼쳐 보아도 성부 하나님의 은혜와 사랑이 언급되지 않은 곳은 없습니다. 성경은 그리스도의 죽으심을 우리에게 말씀해 줄 때마다 성부 하나님의 은혜와 사랑을 항상 강조합니다.

요한복음 3장 16절을 보십시오.

"하나님이 세상을 이처럼 사랑하사 독생자를 주셨으니 이는 그를 믿는 자마다 멸망하지 않고 영생을 얻게 하려 하심이라."

로마서 3장 25절을 보십시오.

"이 예수를 하나님이 그의 피로써 믿음으로 말미암는 화목 제물로 세우셨으니, 이는 하나님께서 길이 참으시는 중에 전에 지은 죄를 간과하심으로 자기의 의로우심을 나타내려 하심이니."

로마서 5장 8절을 보십시오.

"우리가 아직 죄인 되었을 때에 그리스도께서 우리를 위하여 죽으심으로 하나님께서 우리에 대한 자기의 사랑을 확증하셨느니라."

사랑하는 여러분, 예수 그리스도를 화목 제물로 세우시고 이 세상에 보내시고 우리에게 주신 하나님의 형용할 수 없는 은혜와 사랑을 반드시 기억하십시오.

그렇다면 주의 만찬이라는 이 규례는 우리가 하나님의 이런 사랑과 은혜를 기억할 수 있도록 도와줍니까? 물론입니다. 주의 만찬은 하나님께서 우리를 위하여 하늘에 예비해 놓으신 풍성한 잔치를 미리 맛보게 함으로써 우리가 하나님의 사랑과 은혜를 기억하도록 도와줍니다.

하나님께서는 이사야 25장 6절에서 자신의 사랑을 이렇게 표현하셨습니다.

"만군의 여호와께서 이 산에서 만민을 위하여 기름진 것과 오래 저장하였던 포도주로 연회를 베푸시리니, 곧 골수가 가득한 기름진 것과 오래 저장하였던 맑은 포도주로 하실 것이며."

이와 같이 이 땅에서 주의 만찬을 준비한다는 것은, 우리를 위하여 자기의 아들인 예수 그리스도를 화목 제물과 대속물로 내어 주시고 보여 주신 하나님의 사랑과 은혜를 기억하는 것입니다. 이것이 우리가 기억해야 할 첫 번째 내용입니다.

둘째, 예수 그리스도의 사랑을 기억해야 합니다. 참 하나님이시면서 참 사람이신 그분, 우리를 위하여 자기 목숨을 내어 주신 예수 그리스도의 사랑을 기억해야 합니다. 흔히 성경은 그리스도께서 우리를 위하여 행하신 일과 그분의 사랑을 하나로 묶어서 우리에게 제시합니다. 그런데 이러한 그리스도의 사랑은 오늘 우리가 참여하고자 하는 성찬에도 특별하게 제시되어 있습니다.

사도는 예수님을 설명하기를, 그분을 "나를 사랑하사 나를 위하여 자기 자신을 버리신 하나님의 아들"(갈 2:20)이라고 말합니다. 그리스도께서 우리를 사랑하셨다는 사실을 믿지 못한다면, 그리스도께서 우리를 위하여 자기 자신을 버리셨다는 사실도 절대 믿을 수 없습니다. 요한계시록 1장 5,6절은 이렇게 말씀합니다.

"우리를 사랑하사 그의 피로 우리 죄에서 우리를 해방하시고 그의 아버지 하나님을 위하여 우리를 나라와 제사장으로 삼으신 그에게 영광과 능력이 세세토록 있기를 원하노라 아멘."

그리스도를 기억하고 기념할 때 특별히 그리스도의 사랑을 기억해야 한다는 것에 대해서는 아무도 이의를 제기하지 않을 것입니다.

사실 그리스도의 사랑은 우리가 도저히 헤아릴 수 없는 지극히 큰 사랑입니다. 그래서 우리의 생각을 그 사랑에 집중하려고 시도한다고 하더라도 우리의 마음과 심령은 어디에서부터 시작해야 할지를 몰라 망연자실하기가 쉽습니다.

그러나 하나님께서 은혜를 베푸신다면, 우리는 그리스도, 곧 참 하나님이시면서 동시에 참 사람이신 그리스도께서 우리를 위하여 십자가의 고통을 감당하셨다는 사실을 통하여 그리스도의 사랑을 아주 조금이라도 느끼게 될 것입니다. 또한 결코 이해할 수 없는 것도 받아들이게 하며 그 안에서 만족을 누리게 하는 믿음이 아니고서는, 그 어떤 것으로도 그리스도의 지극히 큰 사랑을 이해할 수 없다는 사실을 금세 깨닫게 될 것입니다.

그리스도의 사랑이 얼마나 깊고 넓고 긴지를 측량해 보십시오. 그리스도의 사랑이 얼마나 큰지를 측량해 보십시오. 여러분의 머리로 그것을 생각해 보십시오. 그리스도의 사랑은 우리의 모든 이해를 뛰어넘는 큰 사랑입니다. 그러나 믿음은 이해할 수 없는 것까지도 받아들이고 그 안에서 만족할 수 있게 합니다.

이와 같이 우리는 주의 만찬에서 그리스도의 사랑을 기억해야 합니다. 참 하나님이며 참 사람이신 그리스도, 우리를 위하여 자기 자신을 아낌없이 내어 주신 그분의 사랑을 기억해야 합니다. 그러면 주님께서도 우리를 기억해 주실 것입니다.

셋째, 우리는 그리스도께서 고난을 당하심으로써 획득하신 모든 유익이 어떻게 우리의 것이 될 수 있는지를 기억하고 기념해야 합니다. 만일 이것을 기억하지 않는다면, 우리는 주의 만찬에서 우리가 반드시 행해야 할 첫 번째 의무, 곧 '기념'이라는 의무를 제대로 행한 것이 아닙니다. 그러므로 이것을 반드시 기억하십시오.

그리스도께서 고난을 당하심으로써 획득하신 모든 유익이 우리의 것이 될 수 있는 까닭은, 성부 하나님과 성자 예수 그리스도 사이에 체결된 영원한 언약과 조약 때문입니다. 그리스도께서 죄인들을 위하여 율법에 순종하시고 죄의 형벌을 받으시면, 하나님께서 그리스도께서 우리를 대신하여 행하신 그 모든 일을 우리에게 전가시켜 주시고 마치 우리가 직접 그 모든 일을 행한 것처럼 여겨 주시기로 언약을 체결하셨던 것입니다. 그러하기에 우리 구주께서는 이렇게 말씀하십니다.

"주께서 내 귀를 통하여 내게 들려주시기를 제사와 예물을 기뻐하지 아니하시며 번제와 속죄제를 요구하지 아니하신다 하신지라. 그때에 내가 말하기를, 내가 왔나이다. 나를 가리켜 기록한 것이 두루마리 책에 있나이다"(시 40:6,7).

그리스도께서는 제사와 예물로 할 수 없었던 일들을 우리를 위하여 행해 주셨습니다.

이사야 53장 10,11절에 이 언약이 자세히 드러나 있습니다.

"여호와께서 그에게 상함을 받게 하시기를 원하사 질고를 당하게 하셨은즉 그의 영혼을 속건 제물로 드리기에 이르면 그가 씨를 보게 되며, 그의 날은 길 것이요 또 그의 손으로 여호와께서 기뻐하시는 뜻을 성취하리로다. 그가 자기 영혼의 수고한 것을 보고 만족하게 여길 것이라. 나의 의로운 종이 자기 지식으로 많은 사람을 의롭게 하며 또 그들의 죄악을 친히 담당하리로다."

사랑하는 형제들이여, 주의 만찬에서 그리스도를 기억하고 기념하는 이 일에 필요한 지식과 지혜를 최대한 많이 얻고, 이 일에 무지한 사람이 되지 않도록 주의하십시오. 그리고 성부 하나님과 성자 예수 그리스도 사이에 체결된 '평화의 의논'(슥 6:13)을 꼭 기억하십시오.

그리스도께서 우리가 범한 모든 죄를 담당하고 우리를 위하여 모든 의를 행하기로 동의하셨을 때, 성부 하나님께서는 그리스도의 순종을 조건으로 죄인인 우리들에게 의와 생명과 구원을 주기로 약속하셨습니다. 주의 만찬에서 이것을 꼭 기억하십시오.

넷째, 그리스도의 고난을 기억하십시오. 이것은 주의 만찬에서 기억해야 할 가장 중요한 것입니다. 그리스도의 고난은 그리스도의 영혼이 당하신 고난, 그리스도의 몸이 당하신 고난, 죽음에 의해서 그리스도의 인성이 몸과 영혼으로 분리될 때 그리스도께서 겪으신 고난으로 나누어 숙고할 수 있습니다.

먼저 그리스도께서 영혼에 당하신 고난을 기억하십시오. 그리스도께서 영혼에 당하신 고난에는 소극적인 고난과 적극적인 고난이 있습니다. 그리스도께서 자신의 아버지이신 하나님으로부터 철저히 버림을 받으신 것은 소극적인 고난입니다. 그리고 하나님의 진노와 율법의 저주를 자신의 영혼에 감당하신 것은 적극적인 고난입니다. 이러한 소극적인 고난과 적극적인 고난에 대해 좀 더 말씀드리겠습니다.

그리스도께서 당하신 고난의 절정은 하나님으로부터 철저히 버림을 당하는 것이었습니다. 그래서 그리스도께서는 십자가에 달려 "나의 하나님, 나의 하나님, 어찌하여 나를 버리셨나이까?"(막 15:34)라고 절규하셨던 것입니다. 그리스도께서 하나님으로부터 버림받지 않으셨다면 그렇게 절규하지 않으셨을 것입니다.

그리스도의 영혼은 하나님으로부터 철저히 버림을 당하셨습니다. 어떻게 버림을 당하셨습니까? 그것은 제2위격이신 그리스도의 신성이 그리스도의 인성을 버린 것이 아니었습니다. 그렇다고 해서 제3위격이신 성령의 신성이 성화나 거룩과 관련하여 그리스도의 인성을 버린 것도 아니었습니다. 오히려 성령께서는 그리스도 안에 있는 모든 은혜를 생생하게 유지시켜 주셨습니다. 또 일찍이 그리스도께서 누리셨던 모든 은혜를 이전처럼 충만하게 유지시켜 주셨습니다.

그리스도께서 철저히 버림받으셨다는 것은, 사랑과 위로의 근원이신 성부하나님께서 성령의 역사를 통해서 그리스도에게 베풀어 주셨던 모든 위로와 사랑의 모든 증거를 박탈당했다는 것을 의미합니다. 그래서 어떤 신학자들은 그리스도께서 "나의 하나님, 나의 하나님, 어찌하여 나를 버리셨나이까?"라고 절규하셨을 때 그분이 깊이 절망하셨다고 해석합니다.

여기에서 절망이라는 것은 두 가지 의미가 있습니다. 한 가지는 하나님께서 나를 받아 주실 것이라고 믿을 만한 증거가 전혀 없는 상태입니다. 다른 한 가지는 하나님께서 나를 받아 주시기를 더 이상 기대하지도 않고 그것을 추구하지도 않겠다고 마음에 결심하는 상태입니다.

그리스도께서는 첫 번째 의미와 관련하여 절망하셨습니다. 이러한 절망은 그리스도께서 감당해야 하는 형벌의 한 부분이었기 때문입니다. 그러나 그리스도께서는 두 번째 의미와 관련하여는 결코 절망하지 않으셨습니다. 두 번째 의미의 절망은 하나님 앞에 죄가 됩니다.

실로 그리스도께서는 하나님의 사랑에 대한 모든 증거를 완전하게 빼앗기셨습니다. 그러나 그분은 그 속에서도 때가 되면 하나님의 사랑이 자기에게 분명하게 나타날 것을 바라보셨고, 그것과 관련하여 하나님을 끊임없이 신뢰하셨습니다. 기억하십시오. 그리스도께서는 자기 백성이 하나님으로부터 버림받지 않게 하시기 위하여 자신이 친히 하나님으로부터 버림을 받으셨습니다.

또한 그리스도께서는 적극적인 차원에서의 영혼의 고난도 당하셨습니다. 그리스도께서 우리를 위하여 죄와 저주가 되셨을 때, 하나님의 진노와 분노를 영혼에 느끼셨을 때, 그분은 적극적인 차원에서 영혼의 고난을 당하셨습니다. 바로 이것 때문에 성경은 그리스도에 관하여, 또한 그가 하신 말씀을 나음과 같이 표현합니다.

"심히 놀라시며 슬퍼하사 말씀하시되 내 마음이 심히 고민하여 죽게 되었으니" (막 14:33,34).

어떤 사람들은 말하기를, 그리스도께서 십자가에서 죽으신 것은 단지 자신이 생전에 가르쳤던 진리를 확증하기 위하여 순교자로서 죽으신 것에 불과하다고 합니다. 그러나 이것은 신성모독입니다. 저는 이러한 가르침이 얼마나 잘못된 것인지에 대해 죽는 순간까지 대항하며 싸우고 싶습니다. 한 가지만 생각해 보면 이러한 가르침이 얼마나 몰상식한 것인지를 금세 알 수 있습니다.

일반적으로 순교자로서 죽음을 맞이하는 사람들은 죽음 앞에서 당당한 용기와 결심, 그리고 즐거움을 뚜렷한 미덕으로 갖춥니다. 그러나 그리스도께서는 우리를 대신하여 하나님의 진노와 율법의 저주를 자신의 영혼에 짊어지고 계셨기 때문에 그런 미덕을 갖출 수 없으셨습니다. 오히려 그리스도께서는 고민하여 죽을 지경에까지 이르렀습니다. 얼마나 고통스러우셨던지 땀이 핏방울같이 되었다고 하였습니다.

그리스도께서는 "나의 하나님, 나의 하나님, 어찌하여 나를 버리셨나이까?"라고 절규하셨습니다. 만일 그리스도께서 오직 자신이 이전에 설교하셨던 진리들을 확증하기 위하여 십자가에 달려 죽으시는 것이었다면, 이렇게 큰 고통이나 마음의 요동은 없었을 것입니다.

여기에서는 그리스도께서 당하신 육체적인 고난에 대해서 말씀드리지는 않겠습니다. 다만 한 가지만 짚고 넘어가겠습니다. 우리는 그리스도께서 당하신 육체적 고난에 대해서 충분히 숙고하지 않는 것 같습니다. 어떤 사람들은 안타깝게도 그리스도의 육체적인 고난만을 묵상할 뿐 그리스도께서 당하신 영혼의 고난에 대해서는 생각하지 못합니다. 그러면서도 사람들은 그리스도가 당하신 육체적인 고난에 대해서도 충분하게 묵상하지 않는 잘못까지 범합니다.

다음에 기회가 주어지면, 그리스도의 육체적인 고난과, 그리스도의 영혼이 몸과 분리될 때 그리스도의 인성이 분리되면서 그리스도께서 당하신 고난에 대해서도 살펴볼 수 있을 것입니다. 이것 역시 그리스도께서 우리를 위해 감당해야 하는 저주에 포함되어 있었습니다.

이제 정리해 보겠습니다. 예수님은 성찬식을 제정하시면서 "이것을 행하여 나를 기념하라"라고 말씀하셨습니다. 그렇다면 우리는 성찬식에서 무엇을 기억해야 합니까? 이것은 대단한 연구를 해야만 얻을 수 있는 것이 아닙니다. 어렵거나 난해한 것도 아닙니다. 성찬식에 참여하는 우리 모두가 얼마든지 실천할 수 있는 것들입니다.

우리를 위하여 화목 제물로 그리스도를 세워 주신 하나님의 말할 수 없이 큰 사랑과 은혜를 기억하십시오. 또한 우리를 대신하여 영원한 지옥의 형벌과 하나님의 모든 진노를 다 감당해야 한다는 사실을 아셨음에도 불구하고 우리를 위하여 자기 자신을 아낌없이 내어 주신 그리스도의 사랑을 기억하십시오.

우리가 받아야 할 영원한 지옥의 형벌과 하나님의 모든 진노를 하나님의 아들이신 그리스도께서 대신 받으시고, 그 모든 일들을 우리의 것으로 인정해 주시기로 언약을 체결하신, 성부 하나님과 성자 예수 그리스도의 그 영원한 언약을 기억하십시오. 자신의 피를 흘려 자신의 교회를 사실 때, 그리스도께서 우리를 위한 이 언약을 완성하기 위하여 얼마나 위대한 일을 감당하셨는지를 기억하십시오.

(2) 주의 만찬에서 어떻게 그리스도를 기념해야 하는가?

지금까지 주의 만찬에서 우리가 무엇을 기억해야 하는지에 대하여 말씀드렸습니다. 이제 짧게 덧붙여서 '그렇다면 어떻게 그리스도를 기념할 것인가?' 하는 문제에 대하여 말씀드리겠습니다.

본래 무엇을 기념한다는 것은 과거에 실제로 있었던 일을 엄숙하게 회상하는 것입니다. 그런데 우리가 그리스도를 기념한다고 할 때 거기에는 믿음과 감사라는 필수 조건이 따라붙습니다.

• 믿음

주의 만찬에서 우리는 믿기 위하여 주님을 기념해야 합니다. 그렇다면 기념은 하고 기억은 하지만 실제로 믿지는 않는 사람들도 있다는 말입니까? 그렇습니다. 그런 사람들이 정말로 있습니다. 많은 사람들이 예수님과 관련된 이야기와 사실을 믿으면서도 실제로 예수님을 믿지는 않습니다. 그래서 그들은 마땅히 누려야 할 영적인 유익을 전혀 누리지 못합니다.

사랑하는 형제들이여, 우리는 주의 만찬에서 기억하고 기념하는 이 일들에 우리의 영생과 구원이 달려 있다는 것을 전적으로 신뢰할 정도로 믿어야 합니다. 의지하고 신뢰하는 것은 구원에 이르는 믿음의 본질적인 요소입니다. 그러므로 주의 만찬에서 그리스도의 고난을 기억하고 기념할 때 그것을 신뢰하고 의지하십시오.

여러분의 믿음이 어떤 결과를 가지고 오는지를 한마디로 표현한다면 무엇일 것 같습니까? 로마서 5장 11절에서 사도는 그것을 '화목을 얻는 것'이라는 한마디로 압축해서 표현합니다.

그렇습니다. 믿음은 결국 하나님과 우리를 화목하게 합니다. 그러므로 만일 우리가 주의 만찬에 참여할 때 하나님께서 우리를 도우사 하나님과 더불어 화목하게 하신다면, 우리는 주의 만찬에서 우리의 믿음을 바르게 행사한 것이고 할 일을 제대로 한 것입니다.

주의 만찬에는 성부 하나님과 성자 그리스도 사이에 체결된 영원한 언약에 따라 그리스도께서 자신의 전인격, 곧 육체와 영혼에 당하신 모든 고난과 희생으로 인하여, 하나님의 사랑으로부터, 그리고 그리스도의 사랑으로부터 화목이 제공되고 있습니다.

이와 같이 주의 만찬에는 하나님께서 우리에게 제공해 주시는 화목이 있습니다. 여기에서 우리가 해야 할 일은 믿음으로 그것을 받아들이는 것입니다. 다르게 표현하자면, 하나님께서 제공해 주시는 그 화목이 가장 탁월한 길이요 지혜와 선함과 거룩함으로 충만하다는 것을 인정할 정도로 그것을 믿어야 하는 것입니다. 또한 전심으로 그것을 받아들이고 그것을 신뢰해야 합니다.

● 감사

구약시대에는 그리스도의 죽으심을 예표하는 여러 가지 제사가 있었는데, 그중 하나가 '감사제'였습니다. 감사제는 제단 위에 기름을 태우는 것으로서, 항상 하나님께 감사한다는 마음을 상징하는 것이며, 그리스도께서 우리를 위하여 치르신 희생을 기념하는 방법입니다.

그러므로 주의 만찬으로 나와 하나님께서 제공해 주시는 화목을 믿음으로 받으십시오. 그리고 감사하십시오. 우리가 이러한 일들을 잘 감당할 수 있도록 주님께서 인도해 주실 것입니다.

2) 전시

주의 만찬에서 하나님의 은혜와 우리의 의무는 '전시展示'와 '수용受容'이라는 두 단어로 집약됩니다. 그리스도의 편에서 보면 '전시'이고, 우리 편에서 보면 '수용'인 것입니다. 이 두 가지에 주의 만찬의 본질이 담겨 있습니다. 저는 이것을 설명함으로써 여러분에게 단순히 교리를 가르치는 것이 아니라 여러분의 믿음을 자극하여 실천하는 자리까지 나아가도록 만들고자 합니다.

우리의 믿음이 제대로 역사하기 위해서는 세 가지 사항을 숙고해야 합니다. 첫째, 우리가 주의 만찬에 참여할 때 우리에게 어떤 것을 보여 주시는 분이 누구인지, 우리에게 그것을 제공하고 제시하실 뿐만 아니라 실제로 수여해 주시는 분이 누구인지를 숙고해야 합니다. 둘째, 우리가 주의 만찬에 참여할 때 우리에게 전시되고 제공되고 전달되는 것이 무엇인지를 숙고해야 합니다. 그리고 셋째, 그것을 어떤 방식으로 받아야 하는지를 숙고해야 합니다.

(1) 성찬에서 무엇인가를 전시하고 보여 주시는 분은 누구인가?

성찬에서 우리에게 무엇인가를 전시하고 보여 주시는 분은 그리스도 자신입니다. 그리스도께서 우리를 위하여 내어 준 바 되셨을 때 그리스도를 우리에게 주시고 우리를 위한 화목 제물로 세우신 분은 성부 하나님이십니다. 그러나 주의 만찬에서 무엇인가를 우리에게 직접 보여 주시는 분은 그리스도 자신이십니다. 주의 만찬을 통해서 우리에게 어떤 것이 제공되든지 그것을 우리에게 제공해 주시는 분은 그리스도이십니다.

성찬식에 참여하는 이 거룩한 의무를 감당함에 있어서 우리의 믿음은 특별한 인도를 받아야 합니다. 그런데 주의 만찬은 우리에게 어떤 것을 제공하거나 선사할 뿐만 아니라, 그리스도의 영과 말씀을 통하여 우리의 믿음이 우리 가운데 임재하시는 예수 그리스도를 숙고하도록 인도합니다. 이렇게 하시는 분은 바로 그리스도 자신이십니다. 또한 주의 만찬에서 우리의 믿음이 그리스도의 인격에 즉각적으로 반응하도록 하시는 분도 역시 그리스도 자신이십니다.

(2) 성찬에서 그리스도께서는 우리에게 무엇을 전시하고 제시하시는가?

그리스도께서는 허울만 있는 속 빈 상징물을 우리에게 전시하거나 제시하시지 않습니다. 하나님께서는 절대 자신의 교회에 그런 것들을 제정하시지 않습니다. 이 세상의 기초가 놓이던 순간부터 하나님께서는 겉모양만 있는 텅 빈 상징으로 자신의 백성들을 먹이려고 계획하신 적이 단 한 번도 없었습니다.

구약시대에 사용되었던 상징들은 신약시대에 사용되는 상징들과 비교할 때 속이 그렇게 꽉 찬 것은 아니었지만 그렇다고 해서 속이 텅 빈 것도 아니었습니다. 다만 구약시대에 사용되었던 상징들은 장차 이루어질 일들을 미리 보여 주는 것이었기 때문에 모든 일이 성취된 이후에 보여 주는 신약의 상징물처럼 그 빛이 찬란하거나 은혜로 충만하거나 명확할 수 없었을 뿐입니다. 마찬가지로 그리스도 역시 절대 우리에게 속이 텅 빈 상징물을 주시지 않습니다.

그렇다면 주의 만찬에서 그리스도께서는 우리에게 육체적인 의미에서 자신의 진짜 살과 진짜 피를 주시는 것일까요? 아주 오래전에 그리스도께서는 자기를 믿으려면 자신의 살을 먹고 자신의 피를 마셔야 한다고 말씀하셨습니다. 물론 그때 그리스도께서는 성례에 관하여 말씀하신 것이 아니라 신앙의 본질과 생명에 관하여 말씀하셨을 뿐입니다. 그런데 사람들 사이에서 그리스도께서 하신 말씀에 대한 의구심이 일어났습니다. 사람들은 이렇게 수군거렸습니다.

"이 사람이 어찌 능히 자기 살을 우리에게 주어 먹게 하겠느냐?"(요 6:52)

오늘날 교황주의자들이 성찬에서 예수님의 진짜 살과 진짜 피를 먹고 마신다고 생각하는 것처럼, 사람들은 예수님의 진짜 살과 진짜 피를 먹고 마셔야 한다고 생각하였습니다. 그러나 예수님은 그리스도의 육체적인 살과 피를 입으로 먹고 마시는 것은 아무런 유익도 없다고 분명하게 말씀하셨습니다. 그러면서 놀라운 말씀을 덧붙이셨습니다.

"살리는 것은 영이니 육은 무익하니라. 내가 너희에게 이른 말은 영이요 생명이라"(요 6:63).

그러므로 그리스도께서는 육체적인 의미의 살과 피를 우리에게 주시는 것이 아닙니다. 옛날 가버나움 사람들은 예수님이 자신들에게 예수님의 육체적인 살과 피를 먹으라고 하신다고 생각하였습니다. 오늘날에도 그런 기대를 가지고 성찬에 참여하는 사람들이 있습니다. 그러나 그리스도의 육체적인 살과 피는 결코 우리의 영혼에 양식이 될 수 없습니다. 결코 그럴 수 없습니다.

그렇다면 주의 만찬에서 그리스도께서 우리에게 주시는 것은 무엇입니까?

우리의 믿음을 행사해야 할 대상으로 우리에게 주어지는 것은 무엇입니까? 답은 분명합니다. 그것은 그리스도 자신입니다. 우리를 위하여 희생 제물이 되시고 하나님 앞에 자기 자신을 제물로 드림으로써 제사장의 위대한 직무를 즉각적으로 감당하신 그리스도 자신입니다.

주의 만찬에서 그리스도께서 우리에게 주시는 것은 그분 자신입니다. 우리를 위하여 십자가에 달려 죽으신 저 위대한 중보의 사역에서 이루신 모든 은혜와 복을 소유하고 계시는 그리스도 자신입니다.

주님께서 우리의 마음을 감동하사, 주의 만찬에서 가장 먼저 우리에게 제공되는 가장 중요한 것이 그리스도 자신이라는 사실을 우리로 하여금 믿게 해 주시기를 바랍니다. 그리스도의 중보의 사역을 통하여 획득된 모든 은혜와 복은, 하나님께서 자기 피로 교회를 사신 바로 그 일에서 비롯되고 흘러나오기 때문입니다.

주의 만찬은 하나님의 지혜이신 주 예수 그리스도께서 우리의 영혼에 자기 자신을 특별하게 제공하시는 가장 적절한 방법입니다. 또한 그것은 우리가 그런 그리스도를 영접하기에도 적절한 방법입니다. 그리스도께서는 중보자의 직무를 감당하실 뿐만 아니라 죄인의 영혼에 자신의 영광을 가장 친근하고도 영광스러운 방법으로 나타내심으로써 자신을 우리에게 제공해 주시는 것입니다.

우리 주님 예수 그리스도께서는 그분 자체로뿐만 아니라 맡으신 모든 사역에 있어서도 영광스러우시며, 성경이 우리의 믿음을 향하여 그리스도를 묘사하는 모든 설명에 있어서도 영광스러우십니다. 그러나 믿음을 가진 죄인만이 그리스도를 가장 사랑스럽고 아름다우며, 가장 영광스러우신 분으로 바라볼 수 있습니다. 믿음을 가진 죄인에게만 십자가에 달려서 죽어 가시는 그리스도의 모습이 가장 사랑스럽고도 아름다우며 가장 영광스럽게 비춰지는 것입니다.

그렇습니다. 우리의 죄를 대신 짊어지고 하나님의 진노와 율법의 저주를 친히 감당하심으로써 우리의 죄를 속죄하시는 그리스도의 모습, 죄인들을 위하여 화목제를 드리시는 그 모습이 가장 사랑스럽고도 아름다우며 가장 영광스럽습니다.

이런 그리스도를 보게 될 때 우리의 마음에는 그리스도를 향한 믿음과 사랑이 생기게 됩니다. 주의 만찬에서 그리스도께서 바로 그러한 모습으로 자신을 우리에게 나타내시는 것입니다. 우리를 위하여 피를 흘리시는 모습, 우리의 죄를 속하시는 모습, 영원한 언약을 인치시는 모습으로 자기 자신을 우리에게 제시하십니다.

또한 그리스도께서는 십자가에서 죽으심으로 획득하신 모든 은혜와 복, 자신이 우리를 위하여 이루신 그 영원한 구속의 모든 은혜와 복, 즉 하나님과 화평을 맺도록 하시는 은혜, 죄를 사해 주시는 은혜, 영원한 의를 선물로 주시는 은혜 등과 함께 자신을 제공하십니다.

이것에 대해서는 이 정도로만 말씀드리겠습니다. 주의 만찬에 참여하면서도 도대체 무엇을 어떻게 해야 할지 몰라 당황할 때마다 지금 들으신 것을 기억하며 실천하시면 유익을 얻게 될 것입니다.

3) 수용

주의 만찬에서 우리가 감당해야 할 의무와 관련하여 숙고할 것이 한 가지 더 있습니다. 그것은 바로 '수용', 곧 '받아들이는 것'입니다.

주의 만찬을 통해서 그리스도께서 아무리 좋은 것들을 우리에게 제공해 주신다고 하더라도 우리가 그것들을 받아들이지 않는다면, 구원과 관련하여 아무런 일도 일어날 수가 없습니다.

앞서 말씀드린 것처럼, 그리스도께서는 주의 만찬을 통해서 모든 것들을 우리에게 제공해 주십니다. 그러나 우리가 그 모든 것들을 통해서 실제로 영적 유익과 위로를 얻기 위해서는 그리스도께서 제공해 주시는 것을 우리가 받아들여야만 합니다.

그렇다면 우리가 어떻게 하여야 그리스도를 받아들이고 영접할 수 있습니까? 거기에는 두 가지 방법이 있습니다. 첫째, 교회의 질서에 순종함으로써 성례적인 차원에서 그리스도를 영접할 수 있습니다. 둘째, 그리스도를 믿음으로써 영적이고도 참되게 그리스도를 영접할 수 있습니다.

(1) 성례적인 차원에서 그리스도를 영접할 수 있습니다

그리스도께서는 우리의 영혼에 자신을 제시하기 위하여 친히 몇 가지 성례를 제정하셨습니다. 이런 성례를 합당하고 질서 있게 수행할 때, 우리는 성례적인 차원에서 그리스도를 영접하게 됩니다.

어떤 사람들은 세례에서 물이 우리 머리에 뿌려지기만 하면, 또 성찬에서 떡과 잔을 받아먹기만 하면 다 되는 줄로 생각합니다. 그러나 절대로 그렇지 않습니다. 그것은 성례의 일부분에 불과합니다. 그것도 정말 아주 작은 일부분에 불과합니다. 성례적인 차원에서 그리스도를 영접하는 것은, 그리스도께서 자신의 뜻을 따라 제정해 주신 성례의 모든 질서를 합당하게 준수할 때에 비로소 실현됩니다.

(2) 믿음을 통하여 영적으로 그리스도를 영접할 수 있습니다

만일 그리스도께서 자신을 우리에게 제공해 주실 때 우리가 그리스도를 영접하는 과정에서 반드시 발휘해야 하는 믿음의 특별한 행위를 정확하게 이해할 수 있다면, 우리는 하나님께 영광을 돌릴 것이며, 그것은 우리의 영혼에도 복이 될 것입니다.

주의 만찬에 참여하는 우리에게는 믿음의 특별한 행위가 요구됩니다. 그

것은 영적이면서도 감각적인 경험에 가장 가까이 다가가는 믿음의 특별한 행위입니다.

믿음에는 여러 가지 단계와 행위가 있습니다. 어떤 믿음의 행위는 믿음의 대상으로부터 어느 정도 거리를 두고 멀리 떨어져 있으면서 단지 의지하고 기대는 정도에 그칠 뿐입니다. 그러나 믿음의 또 다른 많은 행위들은 거기에서 멈추지 않고 믿음의 대상에 매우 가까이 다가가서 감각적으로 그 대상을 경험하는 수준으로까지 올라갑니다. 하나님께서 우리 가운데 역사하시기 위해서는 이런 감각적인 경험에 가장 가까이 올라갈 정도의 믿음의 행위가 반드시 있어야 합니다.

감각으로 경험할 수 있는 떡과 잔을 먹고 마심으로써 주의 만찬이라는 규례에 참여할 때 성령께서 우리에게 가르쳐 주시려는 바도 바로 이것입니다. 우리가 감각으로 느낄 수 있는 떡과 잔을 주의 만찬에 사용하신 것도 감각적인 경험에 맞게 우리의 믿음을 표현할 수 있게 하려고 일부러 그렇게 하신 것입니다.

그런데 어떤 사람들은 주의 만찬에 바르게 참여하려면 영적인 경험의 수준까지 올라가는 믿음의 특별한 행위가 있어야만 한다는 것을 어느 정도 이해는 하지만, 자신의 영혼에는 그렇게 할 만한 빛이나 능력이 전혀 없다는 사실을 깨닫고서 인간적인 대안을 만들어 냅니다. 그것이 바로 로마교회의 화체설입니다.

그들은 믿음의 특별한 행위로는 그리스도의 살과 피를 먹고 마실 수 없었기 때문에, 자신의 입으로 그리스도의 살과 피를 먹고 마시기 위하여 주의 만찬에서 베풀어지는 떡과 잔이 실제로 그리스도의 살과 피로 변한다는 억지 주장을 펼치게 된 것입니다.

주의 만찬이라는 이 규례에서 우리가 믿음으로 올라가야 하는 목표 지점은, 그리스도께서 우리의 영혼에 친밀하고도 확연하게 나타나는 것입니다. 이렇게 될 때 우리의 믿음은 만족하게 될 것입니다.

이 일에 있어서 우리의 믿음은 보이지 않는 것들의 증거가 되고, 보이지 않는 것들을 우리의 영혼 안에 존재하게 합니다. 그리하여 그리스도께서 육신을 입으시고서 우리 가운데 계시는 것보다 훨씬 더 선명하게 우리의 영혼이 그리스도를 바라볼 수 있도록 만드는 것입니다. 믿음은 확실히 그렇게 만듭니다.

정리하자면, 주의 만찬이라는 이 규례 안에서 믿음은 우리에게 그리스도를 보여 주는데, 이 일에 있어서 믿음은 그렇게 친밀하고도 선명하게 그리스도를 볼 수 있는 데까지 올라가야 하는 것입니다.

또한 믿음은 주의 만찬에서 우리가 떡을 먹고 잔을 마시는 목적에까지 이르러야 합니다. 곧 그리스도와 연합하는 데까지 올라가야 하는 것입니다. 다른 말로 표현하자면, 주의 만찬에서 떡과 잔을 먹고 마심으로 그리스도를 영접하되, 그리스도께서 우리와 영적으로 하나가 될 수 있도록 영접해야 한다는 것입니다.

주의 만찬에서 우리는 우리에게 주어지는 그리스도의 살과 피가 믿음을 통하여 우리의 마음 안에서 신령하고도 생명을 좌우하는 원리로 변화하게 해야 합니다. 그리하여 우리의 영혼의 성장과 만족이 될 수 있도록 해야 합니다.

이와 같이 주의 만찬을 통해서 우리가 영적인 자양분을 공급받을 때 우리에게 일어나는 변화는 그리스도와 우리의 연합입니다. 그런데 이것을 결정짓는 것은 다음의 세 가지입니다. 영적인 생명을 좌우하는 여러 가지 영적 원리들이 우리 안에서 증가하고 소생하는 것, 적당한 음식과 자양분을 공급받는 가운데 영적으로 성장하는 것, 그리고 만족하는 것이 바로 그것입니다.

다시 한 번 말씀드리지만, 주의 만찬에 참여하여 우리의 의무를 감당할 때 우리의 믿음은 이 세 가지를 경험하는 데까지 올라가야 합니다. 제가 이 세 가지를 언급하는 이유는 거룩한 주의 만찬을 시행하는 가운데 우리의 믿음이 이렇게 될 수 있도록 방향을 잡아 주기 위함입니다.

chapter 14

높이 들리신 그리스도

"내가 땅에서 들리면 모든 사람을 내게로 이끌겠노라 하시니"(요 12:32).

오늘은 주의 만찬이라는 이 규례 안에서 여러분이 믿음을 즉각 발휘할 수 있도록 방향을 잡아드리는 데 필요한 것만 간략하게 말씀드리겠습니다. 하나님께서는 성찬식에 참여하는 우리에게 주의 만찬에서 합당하게 믿음을 발휘하기를 요구하십니다. 그렇게 해야 합당한 방법으로 하나님의 이름을 거룩하게 할 수 있고, 믿음으로써 하나님께 영광을 돌릴 수 있으며, 우리 자신의 영혼도 은혜 안에서 더욱 견고해질 수 있기 때문입니다.

그러므로 이토록 중요한 믿음을 발휘하는 데 도움이 될 만한 것들을 간략하게 살펴보겠습니다. 오늘 제가 본문으로 삼은 성경 구절은 우리 주님 예수 그리스도께서 친히 하신 말씀입니다.

"내가 땅에서 들리면 모든 사람을 내게로 이끌겠노라 하시니."

1. 죄인들을 이끄시는 그리스도

먼저, 예수님이 땅에서 들리신다는 것은 무슨 뜻입니까? 복음서 기자는 다음 절에 이렇게 덧붙입니다.

"이렇게 말씀하심은 자기가 어떠한 죽음으로 죽을 것을 보이심이러라"(33절).

그러므로 예수님이 땅에서 들리신다는 것은 십자가에 달려 죽으시는 것을 의미합니다.

이것들을 종합해 볼 때, 그리스도께서 죄인들을 자신에게로 이끌 수 있는 근거와 기초로서 자신이 십자가에 매달린 일을 지목하셨다는 것을 알 수 있습니다. 그렇습니다. 그리스도께서 먼저 이끌어 주지 않으시면 그 어떤 죄인도 스스로 그리스도를 찾아 나올 수 없습니다.

그리스도께 이끌림을 받는다는 것은 그리스도께 나아가고 싶은 마음, 또 사랑의 사슬에 매여 그리스도를 따르고 싶은 마음이 불 일듯 하는 것을 의미합니다. 그렇다면 그리스도께서는 어떤 방법으로 죄인들을 자기에게로 이끄십니까?

그리스도께서는 어떤 사람이 그리스도께로 나아오려는 마음을 가지고 있든지 그렇지 않든지 상관없이 그 사람을 자기에게로 이끌고자 하시면, 그 사람의 지성과 마음과 의지에 은혜와 사랑의 줄을 던지시고 강력한 능력과 인자한 방법으로 역사하셔서 결국 그가 자원하는 심령으로 그리스도를 택하고 나아오도록 만드십니다. 이것이 바로 죄인들을 이끄시는 그리스도의 방법입니다.

"너는 나를 인도하라. 우리가 너를 따라 달려가리라"(아 1:4).

2. 십자가에 높이 들리신 그리스도

결국 죄인들을 그리스도께로 이끄는 힘과 능력은 은혜입니다. 그렇다면 은혜의 이런 힘과 능력은 어디에서 나옵니까? 그것은 그리스도를 높이 들어 올리는 데서 나옵니다. 죄인을 이끄시는 은혜는, 예수 그리스도께서 십자가에 달려서 받으신 모든 고난을 통해서 확연하게 드러납니다. 죄인을 끌어당기는 사랑 역시 예수 그리스도께서 십자가에 달려서 받으신 모든 고난에서 흘러나옵니다.

오늘 제가 여러분께 말씀드리고자 하는 것은 십자가에 달리신 그 그리스도를 믿음의 눈으로 바라보는 것이야말로 우리의 영혼을 그리스도께로 가까이 나아가게 하는 유일한 방법이라는 사실입니다.

우리의 믿음은 종종 그리스도를 바라보는 것으로 표현됩니다. 이사야 45장 22절을 읽어 보십시오.

"땅의 모든 끝이여, 내게로 돌이켜 구원을 받으라. 나는 하나님이라. 다른 이가 없느니라."

그렇다면 이렇게 그리스도를 앙망하며 바라보는 결과는 무엇입니까? 그리스도를 바라보는 사람들은 의롭다함을 얻고 구원을 받게 됩니다. 그러하기에 이사야 65장 1절에서 하나님은 죄인들에게 자신을 바라보라고 간절히 호소하십니다.

"내가 여기 있노라. 내가 여기 있노라."

또한 스가랴 12장 10절에서는 우리에게 성령의 능력이 크게 부어지면 우리가 찌른 바 그리스도를 바라보고 그를 위하여 애통할 것이라고 약속하고 있습니다.

하나님께서는 더 이상 다른 모든 것들을 바라보지 말라고 우리에게 명하십니다. 율법에서도 눈을 떼고, 우리 자신에게서도 눈을 떼고, 죄로부터도 눈을 떼고, 오직 그리스도만을 바라보라고 명하십니다.

성경은 그리스도께서 죽으실 때 높이 달리셨다고 말합니다. 그리스도께서는 십자가에 높이 들려 죽는 방법을 택하신 것입니다. 그렇다면 왜 이런 방법을 택하셨을까요? 이는 누구든지 그리스도를 바라보고 구원을 얻게 하기 위한 것입니다.

구약성경에는 이것을 정확하게 예표한 사건이 있습니다. 이스라엘 백성이 불뱀에 물려 죽어 가고 있을 때 놋뱀이 장대에 높이 달렸습니다(민 21:9 참고). 왜 놋뱀이 그렇게 높이 들렸습니까? 불뱀에 물려 죽어 가고 있는 사람들이 그것을 바라봄으로써 구원을 얻게 하려고 그런 것입니다.

그러므로 이 사건이 예표하는 바와 같이, 만일 우리가 십자가에 높이 달리신 예수 그리스도를 믿음의 눈으로 바라볼 수만 있다면, 비록 그리스도를 바라보는 믿음의 눈이 다른 사람보다 약할지라도 우리는 그것을 바라봄으로 인해서 치유를 받게 될 것입니다.

광야에서 놋뱀을 바라보았던 사람들의 시력이 다 똑같지 않았던 것과 마찬가지로 지금 그리스도를 바라보는 사람들의 믿음의 열정도 다 똑같은 것은 아닙니다. 그러나 우리가 진실한 마음으로 그리스도를 한 번 바라보면, 주님은 그것으로 만족해하며 기뻐하십니다. 그래서 아가서 4장 9절에서 주님은 이렇게 말씀하십니다.

"내 누이, 내 신부야, 네가 내 마음을 빼앗았구나. 네 눈으로 한 번 보는 것과 네 목의 구슬 한 꿰미로 내 마음을 빼앗았구나."

자신의 죄책과 죄를 자각하는 한 영혼이 십자가에 달리신 그리스도를 믿는 마음으로 한 번 바라보기만 해도, 그리스도의 마음은 큰 기쁨에 사로잡히게 되며, 또 그 사람의 영혼은 소생되고 평안을 얻게 됩니다.

사랑하는 형제들이여, 우리가 참여하고자 하는 주의 만찬의 목적은 그리스도를 높이 들어 그분을 밝히 드러내는 것입니다. 예수 그리스도께서는 실제로 십자가에서 높이 달리셨습니다. 강단에서 복음이 온전하게 선포될 때마다 십자가에서 죽으신 그리스도가 우리 눈앞에 밝히 보입니다. 그러나 주의 만찬을 거행할 때는 더욱 그렇습니다.

그렇다면 주의 만찬에서 우리의 믿음이 특별하게 바라보아야 할 것은 과연 무엇입니까? 주의 만찬을 거행할 때 그리스도께서 십자가에서 죽으신 것이 우리의 눈앞에 밝히 보인다면, 마땅히 우리는 우리의 마음을 독려하여 예수 그리스도를 주목하고 믿음을 발휘하는 데 전심전력해야 할 것입니다. 저는 이런 일을 게을리 하는 사람이 우리 가운데 한 사람도 없기를 간절히 바랍니다.

주의 만찬에서 우리는 믿음을 통해서, 생각과 묵상으로 일하고 사랑으로 활동하는 믿음을 통해서 십자가에 달리신 그리스도를 바라보는 일을 힘써야 합니다. 다시 말해서, 저주의 나무에 달려 우리의 죄악을 친히 짊어지신 그리스도를 바라보아야 합니다.

그리스도께서 십자가에 달려 행하신 일은 무엇입니까? 그리스도께서 왜 십자가에 달리셨습니까? 우리의 죄를 담당하시기 위하여 십자가에 달리신 것이 아닙니까? 하나님의 영광을 향한 뜨거운 사랑과 열정 때문에, 사람의 영혼을 불쌍히 여기시는 그 마음 때문에 그리스도께서는 우리의 죄책과 죄의 형벌을 짊어지고 속죄 제물이 되셨습니다. 그러므로 하나님께서 성찬식이라는 이 규례를 통하여 십자가에 달리신 그리스도를 우리의 영혼에 확연히 보여 주신다면 얼마나 좋을까요!

자, 우리 모두 믿음의 눈을 들어 우리의 죄를 짊어지고 십자가에 달리신 그리스도를 바라봅시다. 만일 우리가 믿음으로 십자가에 달리신 그리스도를 바라본다면, 우리의 마음은 그리스도께로 더 가까이 이끌려 나아가게 될 것입니다.

만일 주의 만찬에 참여한 후에도 우리의 마음에 아무런 변화가 없고 그리스도께로 더 가까이 이끌지도 않는다면, 그것은 정말 큰일입니다. 그것은 주의 만찬에서 우리의 죄를 짊어지고 십자가에 높이 달리신 그리스도를 보지 못했다는 증거입니다.

그러므로 주의 만찬에서 믿음을 발휘하는 일과 관련하여 이것을 반드시 기억하십시오. 우리는 주의 만찬에 참여할 때, 의와 진리 안에서 대의를 이루기 위하여 충만한 사랑의 마음으로 우리의 죄를 짊어지고 속죄를 이루신 그리스도께 우리의 믿음을 고정해야 합니다.

3. 그리스도께서 높이 들리신 목적

이미 말씀드린 것처럼, 그리스도께서 땅에서 들린다는 것은 그리스도께서 십자가에 달려 죽으신 일을 가리킵니다. 다시 말해서, 사도 베드로가 말한 것처럼 그리스도께서 '친히 나무에 달려 그 몸으로'(벧전 2:24) 우리의 죄를 담당하신 일, 또는 직역하자면 그리스도께서 우리의 죄를 짊어지신 것을 의미합니다.

그런데 이렇게 그리스도께서 십자가에 달려 죽으신 데는 다음과 같은 세 가지 목적이 있습니다. 첫째, 하나님이 정해 놓으신 법에 부합하기 위함입니다. 둘째, 구약의 모형들을 완성하기 위함입니다. 셋째, 자신의 죽음을 통하여 하나님의 역사를 도덕적으로 나타내기 위함입니다. 이제 이 목적들에 대해 좀 더 자세히 살펴보겠습니다.

1) 하나님의 법에 부합하기 위함입니다

첫 번째 목적은 "나무에 달린 자는 하나님께 저주를 받았음이니라"(신 21:23)라는 하나님의 법에 부합하기 위함입니다. 유대인들에게는 악인을 사형에 처하는 방법으로 하나님께서 정해 주신 다른 수단들이 많이 있었습니다. 어떤 경우에는 돌로 쳐서 사형을 집행했고, 어떤 경우에는 화형이라는 사형 방법을 사용했습니다. 그런데 그중에서도 나무에 매달아 죽이는 사형 방법은, 그 사람이 하나님의 저주를 받았다는 것을 극명하게 나타냈고, 오직 하나님에 의해서만 정해졌습니다.

그리스도께서 바로 이 방법으로 죽임을 당하셨습니다. 왜 이 방법으로 죽으셨습니까? 그것은 그리스도께서 하나님의 저주를 담당하셨다는 것을 보여 주기 위함입니다. 이에 관해서 사도 바울은 갈라디아서 3장 13절에서 이렇게 말합니다.

"그리스도께서 우리를 위하여 저주를 받은 바 되사 율법의 저주에서 우리를 속량하셨으니 기록된 바 나무에 달린 자마다 저주 아래에 있는 자라 하였음이라."

2) 구약의 예표를 완성하기 위함입니다

십자가의 죽음은 잔인하고도 가장 고통스러운 죽음이었습니다. 그러나 그것은 또한 그리스도의 뼈가 꺾이지 않는 죽음이었습니다. 이것은 유월절 어린양을 통해서 구약에 예표된 것으로서, 유월절 어린양의 뼈는 꺾지 못하도록 되어 있었습니다. 그리스도께서는 이 예표를 완성하기 위하여 십자가에 높이 달리신 것입니다.

결과적으로 십자가의 죽음은 참혹하고 서서히 진행되며 고통스럽고도 수치스러운 죽음이었지만, 그리스도의 뼈는 하나도 꺾이지 않았습니다. 그리스도께서는 우리를 대신하여 고난을 받으시고 몸을 찢어 주셨을 뿐만 아니라, 우리로 하여금 온전한 그리스도, 완전한 구주를 소유할 수 있게 하시려고 그런 죽음을 택하신 것입니다.

3) 도덕적인 교훈을 보여 주기 위함입니다

그리스도께서 십자가에 높이 달려 죽으신 것은, 자신의 죽음을 통하여 모든 사람에게 도덕적인 교훈을 보여 주기 위한 목적도 가지고 있습니다. 이것은 광야에서 높이 들렸던 놋뱀과도 일맥상통하는 점입니다.

결국 그리스도께서는 "내가 여기 있노라. 내가 여기 있노라"(사 65:1)라고 말할 수 있는 분이셨습니다.

왜 그리스도께서는 십자가에 높이 달리셨습니까? 하나님께서 그리스도를 우리의 죄를 대속하기 위한 화목 제물로 삼으셨다는 것을 온 세상이 다 볼 수 있도록 하기 위해 그리스도께서 하늘과 땅 사이로 들리신 것입니다. 그래서 그리스도께서는 다가오는 자신의 죽음을 내다보시면서 이렇게 말씀하셨습니다.

"내가 땅에서 들리면."

그다음에는 어떻게 하신다고 말씀하셨습니까?

"모든 사람을 내게로 이끌겠노라."

오늘 본문의 뒷부분을 해석해 보면, 결국 예수님은 이렇게 말씀하신 것과 같습니다. "내가 하나님의 저주를 다 받으면, 내가 구약의 모든 예표를 완성하면, 내가 화목 제물이 되어 하나님의 뜻을 성취하고 나면, 모든 사람을 내게로 이끌겠다."

이와 같이 그리스도께서 죄인들을 자신에게로 이끄시는 것은 십자가에 높이 달려 죽으신 일에 근거를 두고 있는 것입니다.

4. 성찬을 통한 그리스도의 이끄심

그리스도께서는 이미 땅에서 들리시사 십자가에 달려 죽으셨습니다. 그러나 단지 그리스도께서 십자가에 달리셨다고 해서 죄인들이 저절로 그리스도께로 이끌리는 것은 아닙니다. 죄인들을 그리스도께로 이끌기 위해서는 그리스도께서 저주의 나무에 달려 죽으셨다는 사실을 나타내야 합니다. 그렇다면, 이러한 사실은 어떻게 나타납니까?

먼저, 이것은 말씀을 설교함으로써 나타납니다. 그래서 사도 바울은 갈라디아서 3장 1절에서 이렇게 말합니다.

"어리석도다. 갈라디아 사람들아, 예수 그리스도께서 십자가에 못 박히신 것이 너희 눈앞에 밝히 보이거늘."

그렇습니다. 기록된 말씀을 설교하고 선포하는 위대한 목적은, 예수 그리스도께서 십자가에 못 박히신 것을 밝히 드러내는 것입니다. 즉, 설교한다는 것은 그리스도께서 죄인들을 자기에게로 이끄실 수 있도록 그리스도를 높이 들어 올리는 것입니다.

그리스도께서 십자가에 달려 죽으신 것을 나타내는 또 다른 방법은 주의 만찬입니다. 주의 만찬에서 우리는 그리스도의 죽으심을 선포하게 됩니다. 특히 이러한 주의 만찬을 통해서는 그리스도의 죽으심이 특별하고도 현저하게 나타나기 때문에 이 규례 안에서 그리스도께서도 특별하고도 현저하게 높이 들리십니다. 그래서 죄인들을 이끄시게 되는 것입니다.

그리스도께서 사람들을 자기에게로 이끄시는 데는 두 가지 단계가 있습니다. 첫 번째 단계는 믿음과 회개를 통하여 죄인들을 구원으로 이끄는 것입니다. 두 번째 단계는 신자들을 이끌어 자신과 더불어 실제적인 연합을 누리도록 하는 것입니다.

다시 말해서, 그리스도께서는 설교자가 말씀을 선포함으로써 그리스도를 높이 들어 올릴 때 죄인들에게 회개와 믿음을 주셔서 그들을 자기에게로 이끄십니다. 또한 말씀의 선포를 통해서, 그리고 주의 만찬을 통해서, 이미 믿는 성도들을 자기에게로 이끌어 자신과 더불어 실제적인 연합을 누리게 하십니다.

여기에서는 후자에 대해서 몇 가지만 덧붙여 말씀드리겠습니다. 즉, 그리스도의 죽으심을 우리에게 나타내는 주의 만찬에서 그리스도가 어떻게 높이 들리시는지, 또한 그리스도께서 어떤 방법으로 우리를 이끌어 자기 자신과 더불어 실제적인 연합을 누리게 하시는지를 살펴봅시다.

1) 그리스도의 사랑을 통해서 우리를 이끄십니다

그리스도를 높이 들어 올리는 일에서 우리가 항상 최우선으로 생각해야 하는 것은 그리스도의 사랑입니다. 그래서 사도들은 그리스도에 관하여 말할 때마다 이렇게 강조합니다.

"나를 사랑하사 나를 위하여 자기 자신을 버리신 하나님의 아들"(갈 2:20).

"우리를 사랑하사 그의 피로 우리 죄에서 우리를 해방하시고, 그의 아버지 하나님을 위하여 우리를 나라와 제사장으로 삼으신 그"(계 1:5,6).

저는 사랑이 얼마나 강하게 사람을 끌어당기는지, 또 그것이 사람의 마음에 얼마나 큰 용기를 주고 강력한 동기를 심어 주는지를 얼마든지 설명할 수 있습니다. 그러나 이것에 대해서는 여러분이 스스로 생각하도록 맡기겠습니다.

중요한 것은 주의 만찬에서 하나님께서 여러분에게 그리스도의 사랑에 대한 이해를 더해 주신다는 것입니다. 그것이 어떤 것이든, 주의 만찬을 통해서 여러분은, 십자가에 높이 들려진 그리스도께서 여러분을 자기 자신과의 실제적인 교통으로 끌어당기시는 것을 경험하게 될 것입니다. 이것은 굉장히 중요한 일입니다.

그리스도께서 십자가에 높이 달리셨다는 사실을 숙고할 때만큼 죄인의 영혼에 그리스도가 더 사랑스럽게 보이는 때도 없습니다. 하나님의 복이 우리에게 임할 수 있도록 그리스도께서 우리를 대신하여 하나님의 저주를 감당하셨다는 사실을 생각할 때만큼 죄인의 영혼에 그리스도가 더 사랑스럽게 보이는 때도 없습니다.

아, 변함없이 우리를 사랑하시는 그리스도께서, 우리를 향한 사랑 때문에 그 사랑의 줄로 우리를 이끌어 주신다면 얼마나 좋을까요! 하나님께서는 그렇게 해 주신다고 말씀하십니다.

"내가 영원한 사랑으로 너를 사랑하기에 인자함으로 너를 이끌었다 하였노라"(렘 31:3).

2) 그리스도의 고난을 통해서 우리를 이끄십니다

그리스도께서 영혼과 육신에 받으신 모든 고난은 신자들의 마음을 사로잡는 힘이 있을 뿐만 아니라 신자들을 그리스도께로 끌어당깁니다.

"그들이 그 찌른 바 그를 바라보고 그를 위하여 애통하기를 독자를 위하여 애통하듯 하며 그를 위하여 통곡하기를 장자를 위하여 통곡하듯 하리로다"(슥 12:10).

주의 만찬에서도 마찬가지입니다. 주의 만찬에서 신자의 영혼을 사로잡는 것은 우리의 죄 때문에 모든 고난을 당하고 찔리신 그리스도를 바라보는 것입니다. 왜 그리스도의 고난이 그토록 우리의 마음을 사로잡는 것입니까? 그리스도의 모든 고난이 우리를 위한 것이기 때문입니다.

사랑하는 형제들이여, 다음의 성경 구절들을 마음에 되뇌어 보십시오. 하나님께서 이 구절들을 통하여 여러분의 마음에 어떤 음성을 들려주시는지를 확인해 보십시오.

"하나님이 죄를 알지도 못하신 이를 우리를 대신하여 죄로 삼으신 것은 우리로 하여금 그 안에서 하나님의 의가 되게 하려 하심이라"(고후 5:21).

"그리스도께서 우리를 위하여 저주를 받은 바 되사 율법의 저주에서 우리를 속량하셨으니 기록된 바 나무에 달린 자마다 저주 아래에 있는 자라 하였음이라"(갈 3:13).

"친히 나무에 달려 그 몸으로 우리 죄를 담당하셨으니, 이는 우리로 죄에 대하여 죽고 의에 대하여 살게 하려 하심이라. 그가 채찍에 맞음으로 너희는 나음을 얻었나니"(벧전 2:24).

"그리스도께서도 단번에 죄를 위하여 죽으사 의인으로서 불의한 자를 대신하셨으니, 이는 우리를 하나님 앞으로 인도하려 하심이라. 육체로는 죽임을 당하시고 영으로는 살리심을 받으셨으니"(벧전 3:18).

만일 우리가 이와 같은 구절들을 통해서 우리를 위해 감당하신 그리스도의 고난을 느낄 수 있게 된다면, 우리는 십자가에 높이 달리신 그리스도께서 우리를 자신에게로 이끄시는 일을 다시 한 번 경험한 셈입니다.

3) 그리스도의 죽으심을 통해 우리를 이끄십니다

십자가에 높이 늘리신 그리스도께서는 그것의 열매를 통하여 우리를 자신에게로 이끄십니다. 생각해 보십시오. 무엇 때문에 그리스도께서 십자가에 달려 죽으셨습니까? 자신의 피를 통해서 하나님과 우리를 화목하게 하시기 위함입니다.

"곧 하나님께서 그리스도 안에 계시사 세상을 자기와 화목하게 하시며"(고후 5:19).

그렇다면 그리스도께서는 언제 십자가에 달려 죽으셨습니까? 죄를 알지도 못하지만 우리를 대신하여 죄로 삼은 바 되셨을 때입니다.

"하나님이 죄를 알지도 못하신 이를 우리를 대신하여 죄로 삼으신 것은 우리로 하여금 그 안에서 하나님의 의가 되게 하려 하심이라"(고후 5:21).

그렇습니다. 그리스도의 죽으심은 속죄의 희생 제물로서의 죽으심이었습니다. 그리스도의 죽으심은 하나님과 우리 사이에 맺어진 언약에 인치는 희생 제물로서의 죽으심이었습니다. 주의 만찬은 바로 이것을 기리는 것입니다.

오래전부터 언약은 희생을 통해서 확증되었습니다. 이삭은 아비멜렉과 언약을 맺은 후에 희생 제물로 그것을 확증하였습니다. 야곱과 라반도 언약을 맺은 후에 희생 제물로 그것을 확증하였습니다. 그리고 이 두 가지 경우 모두 희생 제물로 언약을 확증한 후에 그것으로 함께 식사를 하였습니다.

이와 마찬가지로 그리스도께서도 하나님과 우리 사이에 맺어진 언약을 자신의 희생으로 확증하신 후에, 주의 만찬이라는 거룩한 식탁에 참여하도록 우리를 부르십니다. 그리고 이 주의 만찬을 통하여 우리를 믿음으로 이끄십니다. 그리스도께서 자신의 희생을 통하여 이미 속죄를 이루셨기 때문입니다.

지금까지 말씀드린 세 가지 방법은, 그리스도께서 십자가에 높이 달린 자신을 나타내는 주의 만찬이라는 규례 안에서 신자들의 영혼을 이끌어 자신과 더불어 교통하도록 만드는 많은 방법 중의 일부분입니다.

그리스도께서는 자신의 사랑을 분명하게 드러내심으로써, 자신이 당한 모든 고난을 우리에게 보여 주심으로써, 그리고 자신의 희생으로 확증된 언약을 인쳐 주심으로써, 우리를 주의 만찬으로 불러 주시고 자신의 희생을 우리 영혼의 자양분으로 삼아 배불리 먹게 하십니다.

그러나 아무리 주의 만찬을 통해 그리스도께서 높이 들리신다고 할지라도 우리가 주의 만찬에 나아오지 않는다면, 주의 만찬에 나아왔더라도 자신과 더불어 실제적인 교통을 누리도록 끌어당기시는 그리스도의 사랑의 줄을 우리가 발견하지 못한다면, 우리는 주의 만찬을 통하여 아무런 유익도 얻지 못할 것입니다.

5. 성찬에서 누리는 주님과의 교통

그렇다면 주의 만찬에서 주님과 더불어 실제적인 교통을 누리기 위해서는 어떻게 해야 합니까? 우리에게 꼭 필요한 것은 무엇입니까? 그리고 왜 그런 것들이 꼭 필요합니까?

하나님과 화목하기를 원한다면, 반드시 믿음으로 나아가야 합니다. 만일 우리가 그리스도의 죽으심을 통하여 이루어진 화목, 곧 하나님의 지혜와 은혜와 사랑으로 충만한 화목을 누리게 된다면, 우리는 주의 만찬에서 그리스도와 더불어 합당한 교통을 누리게 될 것입니다(롬 5:11 참고). 그리고 그리스도의 죽으심을 통하여 하나님의 진실하심과 신실하심이 확증되었기 때문에, 우리가 이 화목을 얻고 그것을 붙잡는다면 하나님과 더불어 화평을 누릴 수 있게 될 것입니다.

이사야 27장 5절에서 하나님은 이렇게 말씀하십니다.

"내 힘을 의지하고 나와 화친하며 나와 화친할 것이니라."

사랑하는 형제들이여, 하나님과 화친하기 위하여 우리가 의지해야 할 힘은 도대체 무엇입니까? 오직 그리스도입니다. 그리스도께서 하나님의 힘이시기 때문입니다. 십자가에 높이 달리신 그분께서 하나님의 힘이기 때문입니다.

우리는 모두 죄를 범하여 하나님의 진노를 산 사람들입니다. 그렇다면 우리는 도대체 어떻게 해야 합니까? 찔레와 가시를 가지고 하나님을 대항하여 싸우겠습니까? 말도 안 되는 소리입니다. 하나님께서는 이렇게 말씀하십니다.

"찔레와 가시가 나를 대적하여 싸운다 하자. 내가 그것을 밟고 모아 불사르리라"(사 27:4).

그렇다면 어떻게 해야 합니까?

"내 힘을 의지하고 나와 화친하며 나와 화친할 것이니라."

이 말씀은 십자가에 달린 그리스도를 높이시는 하나님께서 주의 만찬에 참여한 모든 사람들에게 하시는 말씀입니다. 그러므로 이제 무한한 지혜와 거룩과 진리로 가득한 화목을 받아들이십시오.

이처럼 그리스도가 높이 들려질 때 믿음은 우리의 영혼을 그리스도에게로 인도합니다. 그런데 이런 믿음은 항상 사랑을 동반합니다. 그리고 이 사랑을 통하여 우리의 영혼은 그리스도에게 온전히 매달리게 됩니다.

그리스도께서 우리를 이끄심으로써 믿음이 우리 가운데 역사하여 우리를 그리스도께로 인도하고, 그리스도의 죽으심으로 이루어진 화목을 누리게 합니까? 그렇다면 그리스도에 대한 사랑이 우리의 마음에 살아 역사할 수 있도록 힘씁시다. 그 사랑으로 그리스도에게 온전히 매달리고, 우리의 마음과 영혼에 그리스도를 모시고 그리스도와 함께 항상 거하도록 합시다.

이런 믿음은 경건한 슬픔과 애통을 항상 동반해야 합니다. 왜냐하면 우리에게는 언제나 죄가 있기 때문입니다.

"그들이 그 찌른 바 그를 바라보고 그를 위하여 애통하기를 독자를 위하여 애통하듯 하며"(슥 12:10).

지금까지 말씀드린 것들은 매우 일관성 있게 연결되어 있습니다. 제가 닥치는 대로 이것저것을 나열한다고 생각하지 마십시오. 저는 경험으로 알게 된 것들을 일관성 있게 말씀드렸습니다.

우리는 화목을 이루시는 분으로서 그리스도를 영접해야 합니다. 그런 다음에는 죄 사함의 은총 가운데 하나님과 더불어 화평을 누려야 합니다. 또한 그와 동시에 우리 자신의 죄악으로 인하여 늘 애통할 줄 알아야 합니다.

이제 기도합시다. 신자의 영혼을 자기에게로 이끌기 위하여 주님께서 사용하시는 방법들이 오늘 우리가 참여하는 주의 만찬에서 우리에게도 주어지게 해 달라고 기도합시다.

chapter 15

복된 교환

"아론은 그의 두 손으로 살아 있는 염소의 머리에 안수하여 이스라엘 자손의 모든 불의와 그 범한 모든 죄를 아뢰고 그 죄를 염소의 머리에 두어 미리 정한 사람에게 맡겨 광야로 보낼지니"(레 16:21).

"하나님이 죄를 알지도 못하신 이를 우리를 대신하여 죄로 삼으신 것은 우리로 하여금 그 안에서 하나님의 의가 되게 하려 하심이라"(고후 5:21).

주의 만찬을 앞두고 설교할 기회가 있을 때마다 제가 목표로 삼는 것은, 이 규례를 행하면서 여러분이 합당하게 믿음을 발휘할 수 있도록 방향을 제시하는 것입니다.

주의 만찬은 그리스도의 죽으심을 우리에게 보여 줍니다. 그런데 그중에서도 우리가 특히 집중해서 숙고하고 믿음을 발휘해야 할 대상이 있습니다. 그것은 그리스도와 신자들 사이에 이루어지는 복된 교환, 복된 변환입니다.

다시 말해서, 신자들의 죄가 그리스도에게 전가되고, 그리스도의 의가 신자들에게 전가되는 복된 교환입니다.

그러므로 주의 만찬에서 우리의 믿음이 생기를 얻고 능력을 발휘하기 위해서는 이 복된 교환을 합당하게 숙고하고 적용하는 일이 가장 중요합니다.

1. 복된 교환에 대한 예표

하나님께서는 속죄제 염소를 바치는 제사를 통해 구약의 교회에게 이러한 복된 교환을 가르쳐 주셨습니다.

"아론은 그의 두 손으로 살아 있는 염소의 머리에 안수하여 이스라엘 자손의 모든 불의와 그 범한 모든 죄를 아뢰고 그 죄를 염소의 머리에 두어 미리 정한 사람에게 맡겨 광야로 보낼지니"(레 16:21).

아론은 이스라엘 자손의 모든 불의와 모든 죄를 고백해야 했을 뿐만 아니라 그 모든 죄를 속죄제 염소의 머리에 옮겨 놓아야 했습니다. 그래서 그는 백성들의 모든 죄를 함께 모아서 고백했으며, 그 모든 죄를 속죄제 염소에게로 옮겨 놓기 위하여 그 머리에 안수했습니다. 이것은 우리의 모든 죄가 속죄제 염소에게 옮겨진다는 것을 우리의 믿음에 생생하게 보여 주기 위한 행동입니다.

이렇게 하나님은 아론에게 백성의 모든 죄를 속죄제 염소에게 옮겨 놓는 예표적인 행동을 가르쳐 주셨습니다.

그렇다면 이 예표적인 행동을 통하여 하나님께서 우리에게 정말로 가르쳐 주시고자 하는 진리는 무엇입니까? 그것은 바로 우리의 모든 죄가 예수 그리스도에게로 옮겨진다는 진리입니다.

앞에서 인용한 구절 바로 다음에서 하나님은 "그 염소가 형벌을 짊어질 것이다"라고 말씀하지 않으셨습니다. 그 대신 이렇게 말씀하셨습니다.

"염소가 그들의 모든 불의를 지고 접근하기 어려운 땅에 이르거든"(레 16:22).

분명히 그 염소가 백성들의 모든 불의, 곧 그들의 모든 죄책을 짊어질 것이라고 말씀하셨습니다.

또한 하나님께서는 신명기 21장에 기록된 것처럼, 범인을 알 수 없는 살인을 위하여 속죄하는 제사를 정해 주실 때, 즉 어떤 사람이 피살되었는데 범인을 찾을 수 없어서 그 죄에 대한 형벌을 감당할 사람이 없지만 그 땅에는 여전히 피 흘린 죄가 남아 있을 경우와 관련하여 속죄 제사를 지정해 주실 때도 이와 비슷하게 말씀하셨습니다.

"그 피살된 곳에서 제일 가까운 성읍의 장로들이 그 성읍에서 아직 부리지 아니하고 멍에를 메지 아니한 암송아지를 취하여 그 성읍의 장로들이 물이 항상 흐르고 갈지도 않고 씨를 뿌린 일도 없는 골짜기로 그 송아지를 끌고 가서 그 골짜기에서 그 송아지의 목을 꺾을 것이요"(신 21:3,4).

하나님께서는 이렇게 하면 그 땅에서 피 흘린 죄가 없어질 것이라고 약속해 주셨습니다.

이와 같이 하나님께서는 자신의 지혜와 거룩에서 나온 이 위대하고도 절대주권적인 조치, 곧 교회의 모든 죄책을 그리스도에게 전가시키실 것임을 구약시대의 교회에게 가르치셨습니다. 그래서 선지자 이사야도 이렇게 말합니다.

"그가 찔림은 우리의 허물 때문이요 그가 상함은 우리의 죄악 때문이라. 그가 징계를 받으므로 우리는 평화를 누리고 그가 채찍에 맞으므로 우리는 나음을 받았도다. 우리는 다 양 같아서 그릇 행하여 각기 제 길로 갔거늘, 여호와께서는 우리 모두의 죄악을 그에게 담당시키셨도다"(사 53:5,6).

본래 채찍을 맞아야 할 사람은 우리입니다. 우리는 우리의 죄악 때문에 하나님의 채찍을 맞아 마땅한 사람입니다. 다른 이유가 없습니다. 그러나 하나님께서는 우리의 죄악을 그리스도에게로 옮기셨습니다. 그 결과 어떻게 되었습니까? 그리스도께서 우리가 맞아야 할 모든 채찍을 대신 맞으셨고, 우리는 오히려 나음을 받게 되었습니다.

신약의 사도도 같은 취지로 다음과 같이 말합니다.

"하나님이 죄를 알지도 못하신 이를 우리를 대신하여 죄로 삼으신 것은 우리로 하여금 그 안에서 하나님의 의가 되게 하려 하심이라"(고후 5:21).

우리가 그리스도 안에서 하나님의 의가 된 것처럼, 그리스도께서는 우리를 위하여 죄로 삼은 바 되셨습니다. 우리가 그리스도 안에서 하나님의 의가 된 것은, 그리스도의 의가 우리에게 전가되었기 때문입니다. 그러므로 우리는 사도의 말을 "하나님께서는 의를 전가시켜 주신다"(롬 4:6 참고)라는 의미로 이해해야 합니다.

하나님 앞에서 우리가 가지고 있는 의는 오직 전가에 의한 의입니다. 우리가 하나님 앞에서 의롭다함을 받을 때, 하나님께서 정하시고 승인하시고 용납하시는 하나님의 의는 우리에게 전가된 그리스도의 의입니다.

그렇다면 그리스도께서는 어떻게 죄로 삼으신 바 되는 것입니까? 그것은 우리의 죄가 그리스도에게 전가되었기 때문입니다.

어떤 사람들은 "그리스도가 죄로 삼으신 바 되었다는 말씀은 죄를 속하는 희생 제물이 되셨다는 뜻이다"라고 말할 수도 있습니다. 그러나 먼저 죄가 전가되지 않으면 결코 속죄의 희생 제물이 될 수 없습니다. 아론은 속죄제 염소의 머리 위에 손을 얹고 백성들의 모든 죄를 고백해야 했습니다. 그렇게 하지 않으면 염소를 가지고 속죄 제사를 드리는 일이 아무 소용도 없었습니다.

갈라디아서 3장 13,14절에서도 우리는 똑같은 교환을 찾아볼 수 있습니다. 사도는 이렇게 말합니다.

"그리스도께서 우리를 위하여 저주를 받은 바 되사 율법의 저주에서 우리를 속량하셨으니 기록된 바 나무에 달린 자마다 저주 아래에 있는 자라 하였음이라. 이는 그리스도 예수 안에서 아브라함의 복이 이방인에게 미치게 하고 또 우리로 하여금 믿음으로 말미암아 성령의 약속을 받게 하려 함이라."

저주를 받아야 할 사람은 우리였습니다. 그런데 그리스도께서 우리를 위하여 저주를 받으셨습니다. 하나님께서는 우리의 믿음을 견고하게 세워 주시고 그리스도께서 우리를 위하여 저주를 받으신 것임을 우리에게 알려 주시려고 오래전부터 눈에 보이는 보증을 세우셨습니다. 구약시대부터 어떤 사람이 나무에 달려 죽임을 당하면, 그것은 하나님으로부터 저주를 받았다는 증거임을 미리 정해 주셨습니다. 그리고 말씀으로 그것을 확증해 주셨습니다.

"나무에 달린 자마다 저주 아래에 있는 자라."

2. 그리스도와 신자 사이에 이루어지는 복된 교환

그렇다면 그리스도께서 우리를 위하여 저주를 받으신 결과로 우리에게 돌아오는 것은 무엇입니까? 물론 그것은 '아브라함의 복'입니다. 그렇다면 아브라함의 복은 무엇입니까? 하나님 앞에서 의롭다함을 얻고 용납되는 것이 아브라함의 복입니다.

"아브람이 여호와를 믿으니 여호와께서 이를 그의 의로 여기시고"(창 15:6).

성경은 이런 일들을 통해서 그리스도와 우리 사이에 이루어지는 위대한 교환을 보여 줍니다. 곧 전가를 통해서 우리의 모든 죄는 그리스도의 것이 되고, 그리스도의 모든 의는 우리의 것이 된다는 것을 보여 줍니다. 그런데 이 두 가지 모두 우리의 행위가 아니라 하나님의 행위입니다.

1) 우리의 죄가 그리스도에게 전가됨

우리의 죄를 그리스도에게 전가시키는 분은 하나님이십니다.

"하나님이 죄를 알지도 못하신 이를 우리를 대신하여 죄로 삼으신 것은"(고후 5:21).

그리스도의 의를 우리에게 전가시키는 분도 하나님이십니다.

"의롭다하실 하나님은 한 분이시니라"(롬 3:30).

결국 그리스도를 죄로 삼으신 바로 그 하나님께서 우리를 의롭다고도 해 주시는 것입니다. 우리는 하나님께서 우리를 위하여 행하시는 이 두 가지 일을 믿음으로 우리 마음에 늘 되새겨야 합니다.

오늘 우리가 함께 참여하고자 하는 주의 만찬에서 해야 할 일도 바로 이것입니다. 저는 믿음으로 이 일을 함께 행하자고 여러분에게 말씀드리고 싶습니다. 그리스도와 우리 사이에 이루어진 하나님의 이 위대한 행위를 전심으로 믿고 인정함으로써 우리는 이 복된 교환의 열매와 유익을 누리게 될 것입니다.

복음 안에서, 특히 주의 만찬 안에서 예수 그리스도께서 십자가에 못 박히신 것이 우리 눈앞에 밝히 보이고 있습니다(갈 3:1 참고). 하나님께서는 그리스도를 화목 제물로 세우셨습니다. 주의 만찬에서도 그리스도께서 우리를 위한 화목 제물이심이 분명하게 선포되고 있습니다. 뿐만 아니라 그리스도께서 친히 우리를 자기에게로 부르고 계십니다.

"땅의 모든 끝이여 내게로 돌이켜 구원을 받으라"(사 45:22).

"수고하고 무거운 짐 진 자들아 다 내게로 오라. 내가 너희를 쉬게 하리라"(마 11:28).

죄책을 지고 허덕이는 사람들을 그리스도께서 자신에게로 부르시는 것입니다.

하나님께서는 '전가'라는 방법을 통하여 그리스도의 의를 우리에게 주셨습니다. 우리는 이렇게 하나님께서 우리에게 주시는 그리스도의 의를 주의 만찬에서 믿음이라는 방법을 통하여 자신의 것으로 삼아야 합니다.

그렇게 하기 위해서는 먼저 하나님의 도움을 힘입고 믿음으로 우리의 죄를 예수 그리스도에게로 옮겨 놓아야 합니다. 말씀이 우리에게 보여 주는 대로 하나님께서 우리의 모든 죄를 예수 그리스도에게 전가시키셨다는 사실과 하나님의 이 위대한 행위를 믿음으로 신뢰해야 합니다.

우리 모두 하나님의 이 위대한 행위 앞에서 믿음으로 "아멘"이라고 화답합시다. "오, 하나님! 말씀대로 이루어지기를 원합니다. 우리의 모든 죄를 그리스도에게 옮겨 주시옵소서"라고 화답합시다. 또한 이 일과 관련하여 하나님의 선하심, 은혜로우심, 사랑, 거룩, 그리고 무한한 지혜를 경외함으로 바라봅시다.

우리가 이 위대한 진리에 "아멘"이라고 화답할 수 있다면, 우리의 영혼에 이 위대한 진리가 주는 위로가 임할 것입니다. 이 위대한 진리를 받아들이고, 그것이 얼마나 능력 있으며 또 얼마나 진실한지를 깨닫도록 합시다.

2) 그리스도의 의가 우리에게 전가됨

우리의 죄를 그리스도에게 옮겨 놓으신 다음에 하나님께서 행하시는 두 번째 행위는 그리스도의 의를 우리에게 전가시키시는 것입니다. 우리의 모든 죄가 속죄의 염소에게 옮겨지고 그 염소가 접근하기 어려운 땅으로 사라지는 것만으로는 충분하지 않습니다. 하나님의 용납을 받기 위해서는 우리에게 반드시 의가 있어야 합니다.

하나님께서 친히 우리를 하나님의 의로 만들어 주십니다. 우리가 우리 자신을 하나님의 의로 만드는 것이 아닙니다. 하나님께서 친히 그리스도의 의를 우리에게 전가시켜 주심으로써 우리를 하나님의 의로 만들어 주십니다.

그러므로 주의 만찬이라는 이 규례에 참여할 때 하나님께서는 우리의 마음을 감동하사 믿음으로 하나님께서 친히 만들어 주신 화목을 받아들이게 하십니다. 그래서 사도 바울은 이렇게 말합니다.

"그뿐 아니라 이제 우리로 화목하게 하신 우리 주 예수 그리스도로 말미암아 하나님 안에서 또한 즐거워하느니라"(롬 5:11).

또한 우리는 화목과 함께 화목의 모든 열매를 받습니다. 만일 하나님께서 우리를 불쌍히 여기시사 우리의 마음을 영적인 죽음의 상태에서 건져 내기를 기뻐하신다면, 유리방황하던 상태에서 구해 내기를 기뻐하신다면, 우리로 하여금 우리의 상태를 깨닫게 하기를 기뻐하신다면, 하나님께서 행하신 일, 즉 거룩하신 하나님께서 우리의 모든 죄악을 그리스도에게 전가시키시고 그리스도로 말미암아 우리에게는 영생과 의, 칭의와 긍휼을 베풀어 주신다는 사실을 깨닫게 하신다면, 우리는 하나님께서 행하신 이 일의 열매를 누리게 될 것입니다.

chapter **16**

성찬에서의 믿음의 행사(I)
– 그리스도의 사랑에 대한 믿음의 행사

"내가 그리스도와 함께 십자가에 못 박혔나니 그런즉 이제는 내가 사는 것이 아니요, 오직 내 안에 그리스도께서 사시는 것이라. 이제 내가 육체 가운데 사는 것은 나를 사랑하사 나를 위하여 자기 자신을 버리신 하나님의 아들을 믿는 믿음 안에서 사는 것이라"(갈 2:20).

오늘은 주의 만찬에서 믿음을 발휘하고 하나님과 교통할 수 있도록 우리의 마음을 준비시키기 위해 몇 가지만 말씀드리겠습니다. 주의 만찬에서 우리는 믿음을 최고로 발휘해야 하는데, 제가 생각하기에 오늘의 본문 말씀이 성경의 다른 어떤 구절보다도 가장 수준 높은 믿음의 행위를 표현하고 있는 듯합니다.

"내가 그리스도와 함께 십자가에 못 박혔나니 그런즉 이제는 내가 사는 것이 아니요, 오직 내 안에 그리스도께서 사시는 것이라. 이제 내가 육체 가운데 사는 것은 나를 사랑하사 나를 위하여 자기 자신을 버리신 하나님의 아들을 믿는 믿음 안에서 사는 것이라."

1. 어떻게 믿음을 발휘할 수 있는가

이 말씀을 본문으로 삼아 우리가 답을 찾고자 하는 질문은 이것입니다. "어떻게 믿음을 발휘할 수 있는가?" 이 질문에 대한 답변은 간단합니다. 믿음은 다음의 두 가지 방식으로 발휘됩니다.

1) 그리스도 안에서 하나님을 받아들임

첫 번째 방법은 그리스도 안에서 하나님에게 딱 붙어 있는 것입니다. 하나님의 약속 안에 있는 그분의 사랑과 은혜와 선하신 뜻을 선포하면서 하나님에게 붙어 있고, 하나님을 신뢰하며 받아들이는 것입니다. 이것이 우리가 매일의 삶을 영위할 때 가지고 있어야 하는 믿음이요, 하나님 앞에서 의롭다함을 얻을 수 있는 믿음입니다.

이런 믿음이 없다면, 주의 만찬이라는 규례에 참여해도 우리는 아무런 유익을 얻을 수 없습니다. 아니, 오히려 우리에게 재앙이 될 뿐입니다. 이런 믿음이 없으면, 주의 몸을 분별할 수도 없고 그리스도께서 우리를 위하여 십자가에 못 박혀 죽으신 분이라는 것을 깨달을 수도 없기 때문입니다.

그러므로 주의 만찬에 참여하기 위하여 우리 자신을 준비할 때 우리는 특별히 이런 믿음이 우리에게 있는가를 점검해야 합니다. 이러한 자기 점검은 주의 만찬에 꼭 필요한 복음적인 제도입니다.

이런 믿음은 주의 만찬에 참여하기 위해서뿐만 아니라 우리가 그리스도 안에 있기 위해서도 반드시 필요합니다. 이런 믿음이 없다면, 주의 만찬에 참여하여 그리스도께서 우리에게 베풀어 주시는 외적인 표징과 보증인 떡과 잔을 아무리 열심히 먹고 마시더라도 우리에게 아무런 유익이나 효험이 없습니다. 그러므로 이런 믿음이 우리 안에서 살아 역사할 때, 우리는 참으로 주의 만찬에 합당한 사람이며 잘 준비된 사람이라고 할 수 있습니다.

2) 믿음을 개인적으로 적용함

주의 만찬에서 믿음이 발휘되는 두 번째 방법은 개인적인 적용을 통해서입니다. 오늘 본문에는 이렇게 기록되어 있습니다.

"나를 사랑하사 나를 위하여 자기 자신을 버리신 하나님의 아들을 믿는 믿음."

믿음의 개인적인 적용이라는 것은, 그리스도의 사랑과 죽으심이 다른 사람을 위한 것이 아니라 바로 나 자신을 위한 것이라고 개인적으로 믿고 적용함으로써 발휘되는 믿음입니다.

주님께서 우리 각 사람에게 이런 믿음을 주시어 우리가 주의 만찬을 합당하게 준비할 수 있게 된다면 얼마나 좋을까요? 그러므로 이제 여러분이 주의 만찬에서 이런 믿음을 발휘할 수 있도록 이것에 관하여 간략하게 말씀드리고자 합니다.

먼저, 저는 이렇게 말씀드리고 싶습니다. 주의 만찬에서 하나님께서 우리에게 요구하시는 믿음은, 그리스도의 죽으심을 우리 자신의 영혼에 개인적으로 적용하는 믿음입니다. 왜 그렇습니까? 주의 만찬에서는 우리 한 사람 한 사람에게 예수 그리스도가 제시되고 제공되며 전달되기 때문입니다.

복음의 약속에서는 그리스도가 막연하게 제시됩니다. 다시 말해서, 복음의 약속에서는 그리스도가 믿는 모든 사람들에게 제시되는 것입니다. 그렇기 때문에 그리스도를 받아들이는 것과 관련하여 앞서 말씀드렸던 믿음은, 복음 안에 있는 약속과 관련하여 하나님께서 우리에게 요구하시는 믿음에 부합합니다.

그러나 주의 만찬에서는 그리스도가 저에게, 여러분에게, 각 사람들에게 개인적으로 제공됩니다. 하나님께서 그렇게 정해 놓으셨습니다. 주의 만찬에서 떡과 잔이 각 사람에게 나누어지도록 하신 분은 하나님이십니다. 이로써 하나님께서는 우리에게 주의 만찬에서는 그리스도가 각 사람에게 개인적으로 제공되고 전달된다는 것을 보여 주십니다. 그러기에 우리도 주의 만찬에서 개인적인 믿음, 곧 그리스도의 죽으심을 우리 자신의 영혼에 구체적으로 적용하는 믿음으로 그리스도를 받아들여야 하는 것입니다.

한 걸음 더 나아가 주의 만찬의 또 다른 중요한 목적은, 그리스도를 우리 자신에게 적용하는 구체적인 방법으로 믿음을 발휘할 것을 우리에게 요구하는 것입니다. 이것은 명백한 사실입니다.

주의 만찬은 그리스도를 우리의 영혼에 더 깊이 아로새기게 하기 위하여 제정되었습니다. 주의 만찬은 우리 영혼의 자양분, 즉 하늘에서 내려온 영적인 양식으로 자신의 살과 피를 주시는 그리스도를 제공하기 위하여 제정되었습니다.

여러분도 잘 아시는 것처럼, 이 세상에서 가장 화려한 잔치가 배설되었다고 하더라도 거기에 참여한 손님들이 자기 몫의 음식을 먹고 소화시키지 않는다면, 결국 거기에 차려진 모든 맛있는 음식은 아무도 배부르게 하지 못할 것입니다.

주의 만찬에서 예수 그리스도를 우리의 것으로 적용하는 믿음의 구체적인 행동은, 마치 잔치에 참여한 사람이 거기에 배설된 음식을 먹고 마시고 소화시키는 것과 같습니다. 주의 만찬은 신령한 잔치이기 때문에, 하나님께서는, 잔치에 참여한 손님이 개인적으로 음식을 먹고 마시고 소화시키는 것처럼, 우리 각 사람이 그리스도의 살과 피를 영적으로 먹고 마시기를 원하십니다.

그러므로 사랑하는 형제들이여, 제가 말씀드리고 싶은 것은 바로 이것입니다. 주의 만찬에 참여하는 우리가 반드시 해야 할 일은, 그리스도와 그분의 모든 은혜를 우리 자신에게 적용하여 우리 자신의 것으로 삼는 구체적인 믿음을 발휘하는 것입니다.

2. 그리스도의 사랑에 대한 믿음의 행사

여러분 중에 누군가는 이렇게 질문할 수도 있습니다. "그렇다면 이렇게 구체적인 믿음이 바라보는 특별한 대상은 무엇입니까?" 본문에서 사도는 이 질문에 대답하고 있습니다. 그 대상은 그리스도의 특별한 사랑과 그리스도의 죽으심이 지향하는 특별한 목표입니다. 본문은 이 두 가지를 이렇게 표현합니다.

"나를 사랑하사 나를 위하여 자기 자신을 버리신."

주의 만찬에 참여하여 예수 그리스도와 그분의 모든 은혜를 여러분 자신의 영혼에 적용하는 믿음을 행사함에 있어서 여러분이 집중해서 바라보아야 할 대상은, 먼저 그리스도의 특별한 사랑입니다.

우리는 그리스도께서 전체적인 교회를 향해서 특별한 사랑을 품고 계실 뿐만 아니라 나 한 사람을 향해서도 특별한 사랑을 품고 계시다는 사실을 주목해야 합니다. 그러나 우리가 다음 질문에 제대로 답할 수 없다면, 그리스도께서 특별히 우리를 사랑하신다는 믿음을 발휘하는 것은 여러분에게나 저에게나 어려운 일이 될 것입니다.

"왜 그리스도께서는 나를 특별히 사랑하시는가?"

그리스도께서 세상에 있는 모든 사람을 다 사랑하시는 것은 아니라는 사실을 아는 상황에서 제가 위의 질문에 어떤 대답을 할 수 있겠습니까? 저는 이렇게 대답할 수밖에 없습니다.

"그리스도께서 우리를 사랑하시지만, 저는 저 자신은 물론 여러분 한 사람 한 사람에게서도 그리스도의 사랑을 받을 만한 그 어떤 자격도 발견할 수가 없습니다."

여러분은 그리스도로 하여금 우리 같은 사람들을 사랑하실 수밖에 없도록 만드는 어떤 것이 우리 안에 있다는 이야기를 들어 보신 적이 있습니까? 온몸에 나병을 가지고 있는 사람을 목숨 걸고 찾아가서 그 사람에게 자신의 영원한 사랑을 쏟아 부으려는 사람이 어디 있겠습니까? 아무도 그렇게 하지 않을 것입니다.

그렇습니다. 그리스도께서도 비참하고 비틀어지고 더러운 우리의 영혼에 영원히 자신의 고결한 사랑을 주실 이유가 전혀 없었습니다. 그러나 그리스도께서는 한 가지 사실을 생각하셨습니다. 그것이 무엇입니까? 그분은 자신이 우리를 정결하게 할 수 있고 반드시 정결하게 하리라는 것을 생각하셨습니다. 이 사실 때문에 우리를 사랑하신 것입니다.

그렇다면 그리스도께서는 어떻게 우리같이 타락하고 부패한 죄인들을 정결하게 하셨습니까? 성경은 이 질문에 대해 분명하게 대답합니다.

"그리스도께서 교회를 사랑하시고 그 교회를 위하여 자신을 주심같이 하라. 이는 곧 물로 씻어 말씀으로 깨끗하게 하사 거룩하게 하시고 자기 앞에 영광스러운 교회로 세우사, 티나 주름 잡힌 것이나 이런 것들이 없이 거룩하고 흠이 없게 하려 하심이라"(엡 5:25-27).

이 땅에서나 피조 세계에서 전적으로 부패하고 더러워진 우리에게 변함없는 사랑을 쏟아 부은 사례는 없었습니다. 그러나 그리스도께서는 주권적인 은혜로 우리에게 자신의 사랑을 쏟아 부으셨습니다. 자신의 피로 우리를 정결하게 하고 자기 자신에게 합당한 사람으로 만들겠다는 이 한 가지 결심 때문에 그렇게 하셨습니다.

우리가 하나님의 도움을 힘입어, 그리스도께서 주권적인 사랑으로 우리를 특별히 사랑하셨으며, 이 사랑으로 인하여 우리를 자신의 피로 정결하게 하셨고 사랑스럽게 만드셨으며 자신의 거룩한 신부로 만들어 주셨다는 사실을 확실하게 깨달을 수 있기를 바랍니다. 그래서 우리 모두 흔들리지 않는 믿음 가운데 견고히 설 수 있기를 간절히 바랍니다. 역사 속에서, 그리고 영원 안에서 우리가 항상 감탄하며 기뻐해야 할 사랑은 바로 이런 사랑입니다.

지금과 같이 성찬식에서 우리의 믿음을 특별하게 표현할 때, 우리는 그리스도의 이 특별한 사랑이 자격 없는 죄인들에게 아무런 값도 요구하지 않고 무한히 제공되고 있다는 사실을 숙고해야 합니다. 뿐만 아니라 이 사랑이 결코 무너지지 않을 것임을 숙고해야만 합니다.

그리스도의 이 사랑은 모든 장애물과 걸림돌을 극복하고 뚫고 나아가는 무적의 사랑입니다. 그 어떤 것도 우리의 영혼에 선을 행하고자 하시는 그리스도의 사랑의 마음을 바꿀 수 없습니다.

아가서 8장 7절에서 신부는 한껏 고조되어 신랑에 대한 자신의 사랑을 노래합니다.

"많은 물도 이 사랑을 끄지 못하겠고 홍수라도 삼키지 못하나니, 사람이 그의 온 가산을 다 주고 사랑과 바꾸려 할지라도 오히려 멸시를 받으리라."

이렇게 신부는 그리스도에 대한 자신의 사랑에 대해, 그 어떤 것도 그 사랑을 꺾지 못하며 그 어떤 것도 그 사랑을 삼켜 버리지 못하고, 그 어떤 것도 자신의 사랑을 돈으로 살 수 없을 것이라고 당당하게 말합니다. 그리스도를 향한 신부의 사랑은 무적의 사랑이었고, 그 어떤 난관도 능히 헤쳐 나갈 수 있는 사랑이었던 것입니다.

그리스도를 향한 신부의 사랑도 이러하다면, 우리를 향한 그리스도의 사랑은 얼마나 더하겠습니까? 혹시 우리가 그리스도께 우리의 사랑을 고정시킬 때 어떤 어려움을 만나게 될 수도 있습니다. 그러나 그 어려움은 그리스도께서 우리에게 자신의 사랑을 고정시키셨을 때 만나야 했던 어려움만큼 크지는 않습니다. 생각해 보십시오. 그리스도께서 우리에게 자신의 변함없는 사랑을 쏟아 부어 주기로 결심하셨을 때, 그분은 얼마나 큰 어려움을 만나셨는지요!

예수님께서 가장 먼저 만나셔야 했던 어려움은, 우리가 짊어지고 감당해야 했던 '율법의 저주'였습니다.

"범죄하는 그 영혼은 죽으리라"(겔 18:4).

"무릇 율법 행위에 속한 자들은 저주 아래에 있나니 기록된 바 누구든지 율법책에 기록된 대로 모든 일을 항상 행하지 아니하는 자는 저주 아래에 있는 자라 하였음이라"(갈 3:10).

그리스도께서는 자신의 영혼을 속죄 제물로 드려야 하는 어려움을 만나셔야 했습니다. 우리는 이런 그리스도의 사랑이 주권적이고도 값없이 주시는 사랑이며, 하나님 앞에서 우리의 영혼을 사랑스럽게 만들기 위한 사랑이었음을 바라보아야 합니다. 또한 이 사랑은 무적의 사랑이어서 그리스도께서 계획하셨던 모든 일이 완전하게 성취될 때까지 그 어떤 것도 그 사랑을 가로막을 수 없었다'는 사실을 바라보아야 합니다. 그래서 사도 바울은 그리스도를 '나를 사랑하사 나를 위하여 자기 자신을 버리신 하나님의 아들'(갈 2:20)이라고 표현했던 것입니다.

제가 이것을 말씀드리는 것은 복음의 신비에 대해서 희미하게만 알고 있는 연약한 자들을 격려하고 인도하기 위함입니다. 또한 그런 사람들에게 성찬식에서 어떻게 믿음을 행사해야 하는지를 가르쳐 주기 위함입니다.

그러므로 제가 여러 가지 증거를 들어서 설명드린 것처럼, 성찬식에서 이 특별한 믿음을 행사하는 것이 우리의 의무입니다. 그런데 이 특별한 믿음을 행사하기 위해서는 그리스도의 사랑뿐만 아니라 그리스도의 사랑이 특별하게 행하신 일, 곧 우리를 위하여 자기 자신을 내어 주신 일을 주목해야 합니다.

그리스도께서는 우리를 위하여 자기 자신을 내어 주셨습니다! 무슨 일이 일어난 것입니까? 본래 우리는 우리의 머리털보다 더 많은 원죄와 자범죄를 짊어지고 하나님의 심판대 앞에 서 있었습니다. 우리는 이미 사형선고를 받고 금방이라도 판결이 집행될 수 있는 긴박한 상태에 있었습니다. 그런데 그때 갑자기 그리스도께서 오셔서 우리 대신 그 자리에 섰습니다. 그리고 죄인인 우리를 옆으로 밀쳐 내시고 우리가 감당해야 할 모든 죗값을 친히 감당하기로 하셨습니다. 그분은 이렇게 말씀하시는 듯합니다.

"가련한 죄인이여, 잠시 옆으로 물러나 있거라. 내게로 와서 안식을 누리거라. 여기 바위틈에 숨어 있거라. 내가 너희의 죄를 대신 짊어지고 하나님의 심판대 앞에 설 것이다."

이렇게 그리스도께서 우리의 죄를 대신 짊어지시자 하나님께서는 그를 아끼지 않고 심판하셨습니다. 그분은 이렇게 말씀하시는 것과 같습니다.

"네가 죄인의 죄를 대신 짊어지고 내 심판대 앞에 선다면, 죄인이 받아야 할 모든 형벌을 네가 그대로 받아야 할 것이다. 나는 너를 조금도 아끼지 않고 형벌할 것이다."

하나님의 엄위로운 말씀 앞에서 그리스도는 이렇게 말씀하십니다.

"하나님이여, 보시옵소서. 두루마리 책에 나를 가리켜 기록된 것과 같이 하나님의 뜻을 행하러 왔나이다"(히 10:7).

이 말씀은 이런 의미를 가지고 있습니다. "저는 제가 맡은 이 일을 마치는 데 필요한 모든 일을 행하려고 이 땅에 왔나이다."

그리하여 그리스도께서는 십자가에서 우리가 영원토록 받아야 할 죄의 모든 형벌을 대신 받으셨습니다. 그리스도께서 이렇게 나를 사랑하셨고 나를 위하여 자기 자신을 아낌없이 내어 주셨던 것입니다.

아, 하나님께서 우리 각 사람을 도우셔서 이 놀라운 사랑을 믿을 수 있게 해 주시기를 바랍니다. 지금 우리가 참여하고자 하는 성찬식에는 그리스도의 이 놀라운 사랑이 잘 나타나 있습니다. 우리가 성찬식에 참여하는 동안 하나님께서 우리를 도와주셔서 그리스도의 이 놀라운 사랑에 대한 우리의 믿음을 발휘할 수 있게 되기를 바랍니다. 그렇게 된다면 우리의 영혼에 영원한 안식이 깃들 것입니다.

chapter 17

성찬에서의 믿음의 행사(Ⅱ)
– 그리스도의 죽으심에 대한 믿음의 행사

"내가 그리스도와 함께 십자가에 못 박혔나니 그런즉 이제는 내가 사는 것이 아니요, 오직 내 안에 그리스도께서 사시는 것이라. 이제 내가 육체 가운데 사는 것은 나를 사랑하사 나를 위하여 자기 자신을 버리신 하나님의 아들을 믿는 믿음 안에서 사는 것이라"(갈 2:20).

이 구절에서 사도 바울은 믿음의 삶이 얼마나 원기 왕성하고, 얼마나 의기양양한지를 설명하고 있습니다. 바울은 이렇게 말문을 엽니다. "내가 그리스도와 함께 십자가에 못 박혔다. 그러나 그럼에도 불구하고 나는 살아 있다."

그리고 나서 자신이 살아 있음이 얼마나 탁월한 것인지를 보여 주기 위해서 다음과 같은 말을 덧붙입니다. "그러나 사실은 내가 사는 것이 아니요 그리스도께서 내 안에 사시는 것이다. 내가 이제 육신을 입고 살아가는 것은 나를 사랑하사 나를 위하여 자기 자신을 주신 하나님의 아들을 믿는 믿음으로 사는 것이다."

성찬식을 앞두고 본문에서 살펴보고자 하는 내용은, 바로 나를 사랑하사 나를 위하여 자기 자신을 주신 그리스도의 죽으심에 대해 우리의 믿음을 행사하는 것이야말로 믿음의 가장 중요한 본질이라는 것입니다. 그리스도의 죽으심에 우리의 믿음을 행사하는 것! 바로 이것이 오늘 성찬식에서 하나님이 우리에게 요구하고 기대하시는 바입니다.

이 본문에는 이러한 믿음의 중요성이 충분히 제시되어 있습니다. 그러므로 저는 본문을 살펴보면서 그리스도의 죽으심에 대해 우리의 믿음을 특별하게 행사하는 것에 믿음의 삶이 거의 대부분 달려 있다는 사실을 여러분에게 보여 드리고자 합니다.

1. 그리스도의 죽으심에 대한 믿음의 행사

믿는 죄인들을 구원하기 위하여 하나님의 위임을 받고 십자가에서 죽으신 그리스도는, 죄인으로 하여금 의롭다함과 구원을 얻게 하는 믿음이 바라보는 유일하고도 특별한 대상입니다.

믿음이 다른 것을 바라보지 않고 자신이 바라보아야 할 정확한 대상을 직접 바라볼 때, 그것은 마치 어떤 사람이 자신에게 힘과 활력과 생기를 주는 바른 음식을 섭취하는 것과 똑같습니다. 이렇게 비유할 수 있는 이유는 성경이 믿음과 믿음이 바라보아야 할 대상을 음식으로 표현하고 있기 때문입니다.

특히 우리가 참여하고자 하는 이 성찬식은, 우리의 영혼을 위한 신령한 음식이 몸을 위하여 먹고 마시는 음식으로 상징화되어 나타납니다. 그래서 이 성찬식은 결국 이 음식을 먹고 마심으로써 우리의 영혼을 위한 신령한 음식이 우리의 영혼에 전달되는 시간입니다. 그러하기에 여기에서는 우리의 믿음과 믿음이 바라보아야 할 대상이 더욱더 분명하게 음식으로 표현되고 있습니다.

사랑하는 형제들이여, 죄인들을 위하여 하나님이 정하신 구원의 방법인 그리스도의 죽으심에 우리가 우리의 믿음을 행사할 때, 우리의 믿음은 제자리에 있는 것이며, 제 할 일을 하는 것이고, 우리의 영혼으로 하여금 특별한 음식을 먹고 마시도록 돕는 것입니다.

2. 그리스도의 죽으심에서 나타나는 하나님의 속성

"이 예수를 하나님이 그의 피로써 믿음으로 말미암는 화목 제물로 세우셨으니"(롬 3:25)라는 말씀처럼 믿음으로 말미암아 죄인이 의롭다함을 얻는다고 할 때, 그 믿음이 바라보아야 할 정확한 대상은 화목 제물로 죽으신 예수 그리스도입니다. 그리고 이런 점에서 그리스도의 죽으심은 믿음이 가장 먼저, 그리고 직접적으로 바라보아야 할 대상입니다.

그런데 여기에서 우리가 한 가지 잊지 말아야 할 것이 있습니다. 우리 믿음이 궁극적이고도 최상으로 바라보아야 할 대상은, 그리스도의 죽으심 안에서 명확하게 드러나고 영화롭게 된 하나님의 여러 가지 속성이라는 사실입니다. 우리의 믿음이 궁극적으로 하나님의 이런 속성들을 바라보게 될 때, 비로소 우리는 그리스도를 일컬어 '나를 사랑하사 나를 위하여 자기 자신을 주신 분'이라고 부르는 데에 믿음이 얼마나 순전하고도 온전한 역할을 감당하는지를 알게 됩니다.

사실 하나님의 여러 가지 속성들은 곧 하나님 자신이며, 분명하게 드러나고 영화롭게 된 하나님의 여러 가지 속성들은 곧 하나님의 이름입니다. 따라서 바로 이런 하나님 자신과 하나님의 이름이 우리의 믿음이 최상으로, 그리고 궁극적으로 바라보아야 할 대상인 것입니다.

그러므로 이제 우리가 던져 보아야 할 질문은 이것입니다.

"그리스도의 죽으심을 통해서 하나님께서는 자신의 여러 가지 속성 중에 특히 어떤 속성을 분명하게 드러내고 영화롭게 하고 싶어하셨는가?"

만일 그런 속성이 있다면, 우리는 그 속성들을 우리의 믿음이 바라보아야 할 특별하고도 궁극적인 대상으로 삼아야 할 것입니다. 또한 우리의 믿음이 그것을 특별하고도 궁극적인 대상으로 바라볼 때, 우리는 비로소 쉼과 만족을 누리게 되고 하나님을 영화롭게 할 수 있을 것입니다.

하나님께서는 죄인인 우리가 하나님 앞에서 의롭다함을 얻을 수 있는 유일한 방편으로, 즉 구원을 받을 수 있는 유일한 방편으로 다른 모든 것을 제외시키고 오직 믿음을 정해 주셨습니다. 그 이유가 무엇인지를 생각해 보셨습니까? 물론 믿음이 하나님의 은혜를 우리 안에 받아들이게 하기에 가장 적절하고 적합하기 때문이기도 합니다. 그러나 더 중요한 이유가 있습니다. 그것은 바로 믿음이야말로 우리가 하나님을 영화롭게 하는 방편이며, 또 영화롭게 할 수 있는 유일한 방편이기 때문입니다.

그러므로 성찬식에서 우리의 믿음을 행사하되, 그리스도의 죽으심을 통하여 하나님께서 명백하게 드러내고 싶어하시며 영화롭게 하고 싶어하시는 신성의 속성들이 무엇인지를 분명하게 알도록 합시다. 그리하여 우리의 믿음이 그런 속성들을 집중해서 바라보고 굳게 신뢰할 수 있도록 합시다.

제가 볼 때, 하나님께서는 그리스도의 죽으심을 통하여 우리의 믿음이 집중해서 바라보아야 할 자신의 신적인 탁월함 가운데서도 다음의 몇 가지를 특히 강조하시는 것 같습니다.

1) 공의로우심 righteousness

로마서 3장 25절은 이렇게 말씀합니다.

"이 예수를 하나님이 그의 피로써 믿음으로 말미암는 화목 제물로 세우셨으니, 이는 하나님께서 길이 참으시는 중에 전에 지은 죄를 간과하심으로 자기의 의로우심을 나타내려 하심이니."

하나님께서 어떻게, 또는 어떤 점에서 자신의 의로우심을 나타내셨는지에 대해서는 자세히 말씀드리지 않겠습니다. 다만 하나님께서 우리의 모든 죄악을 그리스도에게 다 짊어지게 하시고 그분에게 죄에 대한 모든 형벌을 아낌없이 집행하셨다는 점에서, 그리스도의 죽으심을 통해서 우리의 죄를 용서해 주시는 이 일 가운데서 하나님께서는 자신의 의로우심을 명백하게 드러내고 계신 것이 분명합니다.

사랑하는 여러분, 오늘 우리가 성찬식에 참여하는 것은 하나님께 영광을 돌리기 위함입니다. 하나님께서 우리를 위하여 그리스도를 이 세상에 보내시고 십자가에 달려 죽게 하실 때 명백하게 드러내고자 하셨던 그 영광! 그 영광을 하나님께 돌려드리기 위함입니다.

성찬식에서 하나님은 그 영광이 무엇이었는지를 쉽고도 분명하게 가르쳐 주십니다. 그리고 당연히 우리가 성찬식에서 하나님을 영화롭게 하기를 기대하십니다. 그러므로 성찬식에서 우리의 믿음을 행사하여 하나님의 의로우심을 선포할 수 있도록 합시다.

2) 사랑 love

그리스도의 죽으심을 통해서 하나님께서 영화롭게 하기를 원하셨던 속성 중에는 하나님의 사랑도 있습니다. 하나님께서는 다른 어떤 속성보다도 특별히 이 속성을 영화롭게 하고 싶어하셨다고 성경은 강조합니다.

"하나님이 세상을 이처럼 사랑하사 독생자를 주셨으니 이는 그를 믿는 자마다 멸망하지 않고 영생을 얻게 하려 하심이라"(요 3:16).

"우리가 아직 죄인 되었을 때에 그리스도께서 우리를 위하여 죽으심으로 하나님께서 우리에 대한 자기의 사랑을 확증하셨느니라"(롬 5:8).

"사랑은 여기 있으니 우리가 하나님을 사랑한 것이 아니요, 하나님이 우리를 사랑하사 우리 죄를 속하기 위하여 화목 제물로 그 아들을 보내셨음이라"(요일 4:10).

그리스도의 죽으심을 통해서 하나님께서 특별히 영화롭게 하기를 원하셨던 속성은 바로 하나님의 사랑입니다. 하나님께서는 하나님이 사랑이며 성부 하나님께서 친히 우리를 사랑하신다는 것을 우리가 알기를 원하셨습니다. 그래서 자신의 영원한 사랑 때문에 죄인들을 구원하기 위하여 예수 그리스도를 이 세상에 보내신 것입니다.

만일 우리가 하나님의 이런 사랑을 합당하게 이해하고 있지 못하다면, 성찬식에 참여한다고 하더라도 결코 우리는 하나님을 영화롭게 할 수 없을 것입니다.

3) 은혜 grace, mercy

하나님께서는 그리스도의 죽으심을 통해서 자신의 은혜, 또는 죄를 사하는 자신의 긍휼을 영화롭게 하기를 원하셨습니다. 에베소서 1장 6절은 이렇게 말씀합니다.

"이는 그가 사랑하시는 자 안에서 우리에게 거저 주시는 바 그의 은혜의 영광을 찬송하게 하려는 것이라."

그리스도를 우리 대신 죽게 내어 주심으로써 하나님은 죄인들을 용서해 주시는 자신의 은혜를 매우 영화롭게 하기를 원하셨습니다.

4) 지혜 wisdom

하나님께서는 그리스도의 죽으심을 통해서 자신의 지혜도 영화롭게 하기를 원하셨습니다. 다음의 말씀들을 읽어 보십시오.

"이는 그가 모든 지혜와 총명을 우리에게 넘치게 하사"(엡 1:8).

"이는 이제 교회로 말미암아 하늘에 있는 통치자들과 권세들에게 하나님의 각종 지혜를 알게 하려 하심이니"(엡 3:10).

"오직 부르심을 받은 자들에게는 유대인이나 헬라인이나 그리스도는 하나님의 능력이요 하나님의 지혜니라"(고전 1:24).

―――

자, 지금까지 말씀드린 것을 종합해 봅시다. 하나님 앞에서 우리가 의롭다 함을 얻게 되는 유일한 방편인 믿음이 특별하고도 궁극적으로 바라보아야 할 대상은, 하나님께서 그리스도의 죽으심을 통하여 특히 명백하게 드러내기를 원하셨던 여러 가지 신적 속성들, 곧 하나님의 의로우심과 사랑과 은혜와 지혜입니다.

이제 왜 믿음의 삶의 비결이 그리스도의 죽으심에 얼마나 우리의 믿음을 집중시키고 그 믿음을 행사하느냐에 달려 있는지 그 이유를 분명하게 아시겠습니까? 그리스도의 죽으심이 죄인을 구원하기 위하여 하나님께서 정하신 유일한 방편으로서 우리의 믿음이 직접적으로 정확하게 바라보아야 할 대상이기 때문입니다.

뿐만 아니라 그리스도의 죽으심 안에서 명백하게 드러난 하나님의 영광스러운 속성들도 우리의 믿음이 궁극적으로 바라보아야 할 대상입니다. 우리의 믿음이 그 속성들을 바라볼 때, 하나님께는 영광이 돌아가고 우리의 영혼에는 안식이 찾아옵니다.

3. 그리스도의 죽으심에 대한 믿음의 행사를 위한 실천

성찬식에 참여하는 이 시간에 우리의 마음을 일깨워서 그리스도의 죽으심에 우리의 믿음을 집중시키고 그 믿음을 행사해야 합니다. 그렇게 하기 위해서는 몇 가지 실천할 것이 있습니다.

1) 믿음이 없는 비참한 상태를 숙고합니다

하나님께서 그리스도의 죽으심을 통하여 우리가 구원받는 데 꼭 필요한 이 복된 은혜, 곧 믿음을 공급해 주지 않으셨더라면, 우리의 영혼이 얼마나 비참한 상태로 남아 있었을지를 숙고하도록 합시다. 하나님께서 우리의 구원을 위하여 믿음이라는 이 복된 방편을 만들어 주지 않으셨더라면, 우리는 지금도 비참한 상태에 빠져 있을 것이고, 하나님의 진노 역시 우리 위에 머물러 있을 것입니다.

2) 그리스도의 죽으심이 죄인을 구원하시는 방법임을 믿고 기뻐합니다

그리스도의 죽으심과 관련하여 여러분의 믿음을 행사하고 싶다면, 앞에서 제가 말씀드린 것들이 진실하다는 것에 대한 확고하고도 강력한 동의가 있어야 합니다. 뿐만 아니라 그리스도의 죽으심과 관련하여 믿음을 행사하는 것이야말로 하나님께서 영원토록 영광을 받으시는 방법이라는 것에 대한 마음의 확고하고도 강력한 동의가 있어야 합니다.

좀 더 정확하게 말씀드리자면, 이렇게 그리스도의 죽음을 통해 믿는 죄인들의 죄를 용서해 주심으로써 그들을 구원하시는 하나님의 방법이야말로 하나님께서 지금도, 앞으로도 영광을 받으시는 방법이라고 확고하게 믿고 전심으로 기뻐해야 합니다. 이렇게 하는 사람이 참된 신자입니다.

그리스도께서 죄인들을 구원하기 위하여 이 세상에 오셨다는 것이 진리라고 동의하는 수준에서만 머물지 마십시오. 그렇게 세상에 오신 예수 그리스도가 십자가에서 죽으셨고, 이 죽으심이야말로 죄인들의 구원이 된다는 사실과 이 방법이 하나님을 영화롭게 하고 또 영화롭게 할 것이라는 사실에 동의하는 정도까지 나아가야 합니다.

그렇습니다. 하나님께서는 우리같이 죄 많은 사람들을 용서해 주시고, 그들에게 그리스도의 의를 전가시켜 주시는 일을 통해서 영광을 받으실 것입니다. 또한 우리의 모든 죄를 그리스도에게 옮겨 놓는 일을 통해서 영광을 받으실 것입니다. 이런 방법을 통해서 하나님의 의로움과 사랑, 하나님의 은혜와 지혜가 모두 명백하게 드러나는데, 바로 이것이 하나님께서 영광을 받으시는 방법입니다.

만일 우리의 영혼이 이러한 것들에 전적으로 동의하게 된다면, 그리고 그리스도의 죽으심을 통해서 하나님의 여러 가지 속성들이 명백하게 드러난다면, 그것은 우리의 믿음이 그리스도의 죽으심과 관련하여 역사하고 있기 때문입니다. 주님께서 우리로 하여금 이렇게 믿음을 행사하도록 만들어 주시기를 바랍니다.

3) 성찬식을 통해 나타나는 그리스도의 죽으심을 봅니다

성찬식을 통하여 그리스도의 죽으심 안에서 명백하게 드러난 하나님의 여러 가지 속성들이 우리의 마음에 다시 한 번 명백하게 드러날 수 있도록 우리의 마음을 모읍시다.

성찬식은 그리스도의 죽으심을 우리에게 보여 줍니다. 우리의 믿음이 직접적으로 바라보아야 할 그리스도의 죽으심을 우리에게 보여 주는 것입니다. 성찬식은 이런 목적을 위하여 하나님께서 제정해 주신 규례입니다. 그런데 그리스도의 죽으심 안에는 하나님의 의로우심과 사랑, 은혜와 지혜가 총 집결되어 있습니다.

그러므로 만일 주님께서 우리를 불쌍히 여기사 하나님의 속성들이 명백하게 드러난 그리스도의 죽으심을 우리의 영혼에 선명하게 보여 주신다면, 우리는 성찬식에서 하나님과 참된 교제를 나누게 될 것입니다.

chapter 18

인간을 향한 그리스도의 사랑

"소망이 우리를 부끄럽게 하지 아니함은 우리에게 주신 성령으로 말미암아 하나님의 사랑이 우리 마음에 부은 바 됨이니"(롬 5:5).

지금까지 여러분은 하나님을 향한 우리의 사랑이 어떤 것이며, 또 그것이 얼마나 선한지에 관하여 많이 생각하고 배우셨을 것입니다. 그러나 저는 오늘 성찬식을 앞두고 여러분에게 우리를 향한 그리스도의 사랑에 관하여 또 한 번 말씀드리고자 합니다.

그리스도께서는 우리를 위하여 십자가에서 죽으시는 그 일을 통하여 우리를 향한 자신의 사랑을 매우 특별한 방식으로 보여 주셨습니다. 오늘 우리가 한자리에 모여 성찬식을 거행하는 목적 역시 우리를 향한 그리스도의 사랑을 기념하고 감사하기 위함입니다.

그러므로 성찬식은 단순히 그리스도의 죽으심을 기억하는 자리일 뿐 아니라, 그 죽으심의 핵심이라고 할 수 있는 그리스도의 사랑을 기억하는 자리입니다. 그리스도의 죽으심에 담긴 그분의 사랑을 기억하는 자리인 것입니다.

오늘 저는 로마서 5장 5절에서 사도 바울이 말한 것을 근거로 삼아 여러분에게 우리를 향한 그리스도의 사랑에 관하여 말씀드리고자 합니다. 바울은 이렇게 말합니다.

"소망이 우리를 부끄럽게 하지 아니함은 우리에게 주신 성령으로 말미암아 하나님의 사랑이 우리 마음에 부은 바 됨이니"(롬 5:5).

1. 원수 된 자에게 베푸신 그리스도의 사랑

여러분은 하나님의 사랑이 여러분의 마음 가운데 부어지기를 간절히 바랄 뿐만 아니라, 다윗이 그랬던 것처럼, 하나님의 사랑을 생명보다 더 소중하게 여기고 있을 것입니다. 다윗은 어떻게 고백했습니까?

"주의 인자하심이 생명보다 나으므로 내 입술이 주를 찬양할 것이라"(시 63:3).

그렇다면 왜 하나님의 인자하심이 생명보다 나은 것입니까? 바울은 본문의 바로 다음 구절에서 그것에 대해 대답합니다.

"우리가 아직 연약할 때에 기약대로 그리스도께서 경건하지 않은 자를 위하여 죽으셨도다"(롬 5:6).

즉, 성령으로 말미암아 우리 마음 가운데 부어진 하나님의 사랑은, 경건하지 않은 죄인들인 우리를 위하여 십자가에 달려 죽으신 그리스도의 사랑인 것입니다. 이것에 대하여 여러분의 마음이 반신반의하지 않도록 하십시오. 경건하지 않은 죄인들을 위하여 십자가에 달려 죽으신 그리스도의 죽으심에 담긴 사랑을 성령께서 우리 마음에 합당하게 이해시켜 주실 때, 바로 그것이 하나님의 사랑이 우리 마음에 부은 바 되는 것입니다.

사도 바울은 이것을 확인시켜 준 후에 그리스도의 사랑이 얼마나 놀랍고 위대한지를 그리스도의 죽으심을 통하여 다시 한 번 설명해 줍니다.

> "의인을 위하여 죽는 자가 쉽지 않고 선인을 위하여 용감히 죽는 자가 혹 있거니와, 우리가 아직 죄인 되었을 때에 그리스도께서 우리를 위하여 죽으심으로 하나님께서 우리에 대한 자기의 사랑을 확증하셨느니라"(롬 5:7,8).

그리스도께서는 선한 사람들이나 의로운 사람들, 친구들을 위하여 죽으신 것이 아니었습니다. 그분은 경건하지 않은 사람들, 죄인들, 그리고 원수들을 위하여 죽으셨습니다. 실로 이것은 놀랍고도 위대한 사랑입니다.

우리는 그리스도의 원수였습니다. 만일 그리스도께서 우리를 사랑하지 않으셨더라면, 또 그리스도께서 우리를 위하여 목숨을 내어 주지 않으셨더라면, 우리는 지금도, 아니 영원토록 그리스도의 원수로 남아 있을 것입니다. 그런데 우리가 그리스도의 원수였을 때에 그리스도께서 우리를 위하여 자신의 목숨을 내어 주셨습니다. 우리를 사랑하신 그 사랑 때문에 말입니다.

우리는 그리스도의 그 사랑을 기념하기 위하여 성찬식을 거행하고자 합니다. 사랑하는 형제들이여, 만일 우리가 성찬식에서 그리스도의 사랑을 거의 기억하지 못하고, 우리의 마음이 그리스도의 사랑에 깊이 감동되지도 못한다면, 성찬식에 참여하는 일이 우리에게 아무런 유익도 주지 못할 것입니다.

다시 한 번 여러분에게 간곡히 말씀드립니다. 그리스도의 사랑을 기억하십시오. 성찬식이 있을 때마다 제가 이것을 얼마나 쉽고도 명확하게 여러분에게 말씀드렸는지를 여러분도 잘 아실 것입니다.

그리스도의 사랑을 우리 눈에 밝히 보여 주는 이 예식을 통하여, 우리는 우리를 위하여 죽으신 그리스도의 사랑을 기억할 수 있는 기회를 자주 누리고 있습니다. 그럼에도 불구하고 우리의 마음이 그리스도의 사랑에 깊이 감동되지 못한다면, 성찬식에 자주 참여한다고 해도 우리는 아무런 유익을 얻지 못할 것입니다.

2. 우리의 마음을 감동시키는 사랑

한 가지만 더 말씀드리겠습니다. 우리의 마음이 그리스도의 사랑에 깊이 감동을 받을수록 그리스도를 향한 우리의 사랑도 더욱 깊어지고 강렬해질 것입니다. 그리스도를 향한 우리의 사랑이 깊어지고 강렬해지는 데는 다른 비결이 없습니다. 그리스도의 사랑으로 우리의 마음이 깊이 감동되는 것이 그 비결입니다.

어떤 사람들의 믿음은 자기 자신에게 계속 집중하는 모습으로 나타나는데, 이런 믿음은 매우 위험합니다. 설령 우리가 믿음을 행사하기 위하여 성찬식에 참여한다고 할지라도, 만일 단순히 우리 자신이 죄 사함을 받았다는 어떤 증거나 느낌을 얻고, 우리의 양심을 깨끗하고도 평안하게 하는 데만 관심을 기울인다면, 이것은 우리 자신에게서 멈추어 버리고 마는 매우 위험한 믿음입니다.

오히려 이것은 믿음이라기보다는 신념에서 파생된 어떤 것이나 신념에 거의 가까운 것이라고 할 수 있을 것입니다. 참된 믿음은 성찬식에서 그리스도를 향하여 믿음을 발휘하고, 결국 그리스도를 향한 사랑으로 나아가게 되어 있습니다.

타락하고 부패한 우리는 범사에 자신을 먼저 챙기고 자신의 안위를 중요하게 여기는 경향이 있습니다. 저는 여기에서 '가장 중요하게' 또는 '가장 먼저'라는 단어를 굳이 쓰고 싶지 않습니다. 분명히 현실에서는 자신과 자신의 안위를 먼저 챙기는 사람이 어떤 유익을 얻습니다. 그러나 사랑하는 형제들이여, 믿음의 삶에서는 그런 법칙이 통하지 않습니다.

우리가 그리스도를 향한 사랑으로 역사하는 믿음을 소유하기 위해서는 반드시 먼저 그리스도의 사랑이 우리 마음에 어느 정도 느껴져야 합니다. 그렇다면 우리를 위해 십자가에 달려 죽으신 그리스도의 죽으심에 담긴 그리스도의 사랑이 우리 마음에 강력한 영향을 미치고 있다는 사실을 어떻게 확인할 수 있습니까?

그 사랑은 세 가지 특성을 동반합니다. 그러므로 만일 우리의 마음이 그리스도의 사랑에 감동을 받고 있다면 그 특성들 역시 우리의 영혼에 영향을 미치게 되어 있습니다.

1) 그리스도를 닮아 가게 합니다

그리스도의 죽으심에 담긴 그리스도의 사랑은 변화시키는 능력, 속성, 효력을 동반합니다. 제가 오늘 여러분에게 말씀드리는 것들은 모두 평범한 진리들입니다. 그러나 우리가 그리스도의 사랑에 깊이 감동되고 있느냐 그렇지 않느냐를 아는 것은 우리의 영혼에 매우 중요한 일입니다. 만일 우리가 그리스도의 사랑에 올바르게 감동되고 있다면, 틀림없이 그것은 우리의 온 영혼을 변화시켜서 그리스도의 형상을 닮아 가도록 만들 것입니다.

그렇다면 어떻게 이런 변화가 일어납니까? 만일 여러분이 그리스도의 사랑에 깊이 감동된다면, 그리스도의 사랑이 여러분의 정서를 사로잡을 것입니다. 그리고 여러분의 정서가 그리스도의 사랑에 사로잡히면, 그리스도에 대한 여러 가지 생각들이 여러분에게 넘쳐날 것입니다.

그런데 생각이라는 것은 영혼의 이미지와 같습니다. 그러하기에 누군가의 생각을 보면 그 영혼이 어떤 상태에 있는지를 한눈에 알 수 있습니다. 여러분이 가장 많이 생각하는 것들이 결국 여러분의 영혼의 체질을 형성하게 되는 것입니다.

어떤 사람이 늘 이 땅에 속한 세속적인 일들만 생각하면서 산다고 가정해 보십시오. 그 사람이 입으로 어떤 고상한 말을 늘어놓든, 그 사람은 이 땅에 속한 세속적인 마음을 가지고 있을 뿐입니다. 만일 어떤 사람의 생각이 관능적인 일들에 늘 매여 있다면, 입으로 아무리 고상한 말을 늘어놓아도 결국 그는 관능적이고 육적인 마음을 가지고 있는 사람일 뿐입니다. 생각이 결국 그 사람의 됨됨이를 결정하기 때문입니다. 생각에 영혼의 형상과 이미지가 있는 것입니다.

그러므로 만일 우리가 그리스도의 사랑에 깊이 감동되어 있다면, 그리스도의 사랑이 자연스럽게 우리의 영혼에 그리스도에 대한 많은 생각을 심어 줄 것입니다. 그리하여 우리는 눕든지 일어나든지, 앉든지 일어서든지, 평범한 일을 하든지 아니면 경건한 의무를 감당하든지 끊임없이 그리스도를 생각하게 될 것입니다. 또한 그리스도에 대한 생각이 우리 안에 풍성해질 것이며, 이런 생각들은 다시 정서에 영향을 미쳐서 우리의 영혼이 점점 더 그리스도의 형상을 닮아 갈 수 있도록 작용할 것입니다.

다시 한 번 말하지만, 이 세상을 사랑하는 사람은 이 세상에 대한 생각을 많이 하게 되고, 따라서 이 세상을 닮게 됩니다. 그러나 그리스도의 사랑에 깊이 감동되어 언제나 그리스도를 생각하는 사람은 그리스도의 형상을 닮게 되어 있습니다.

사랑하는 형제들이여, 우리가 성찬식을 준비하는 가운데서든 혹은 그 어떤 때이든 그리스도에 대한 생각이 우리의 마음에 풍성하게 일어나지 않는다면, 분명히 어딘가가 잘못된 것입니다. 그러므로 그리스도의 사랑이 우리 안에 그리스도에 대한 생각을 많이 심어 주고 우리의 정서에도 영향을 미쳐서, 결국 변화시키는 능력으로 우리의 영혼의 기질을 변화시키도록, 그리하여 그리스도의 형상을 닮아 가도록 합시다.

2) 사람들을 그리스도에게로 이끕니다

우리가 그리스도의 사랑에 깊이 감동된다면, 그리스도의 사랑은 자석처럼 끌어당기는 힘을 발휘할 것입니다.

요한복음 12장 32절에서 예수님은 이렇게 말씀하셨습니다.

"내가 땅에서 들리면 모든 사람을 내게로 이끌겠노라 하시니."

그리스도께서 십자가에 달려 죽으실 때 그 사랑이 어떤 힘과 능력으로 사람들을 끌어당겼는지에 대해서는 자세히 말씀드리지 않겠습니다. 오늘 제가 말씀드리고자 하는 것은, 다만 그리스도의 그 사랑이 지금까지 믿음을 가지고 이 땅에 살았던 모든 사람들을 변화시켰다는 것입니다.

"내가 땅에서 들리면 모든 사람을 내게로 이끌겠노라 하시니."

이 말씀을 쉽게 풀어 쓰면 이렇게 됩니다.

"죄 많은 인간들을 향하여 품고 있는, 말로 형용할 수 없는 나의 사랑을 그들을 위해 십자가에 달려 죽는 죽음을 통해서 성취하고 명백하게 드러내며 증거하면, 그때 내가 모든 사람을 내게로 이끌 것이다."

사랑하는 형제들이여, 만일 여러분이 여러분을 위해 대신 죽으신 그리스도의 사랑을 참으로 느끼고 있다면, 여러분의 영혼은 그 사랑에 이끌려서 그리스도께로 나아가지 않을 수 없을 것입니다. 그래서 아가서 1장 4절에서 신부가 이렇게 노래한 것입니다.

"너는 나를 인도하라. 우리가 너를 따라 달려가리라."

오해하지 마십시오. 지금 저는 그리스도께서 처음으로 우리를 자신에게로 이끄시는 일에 관하여 말씀드리는 것이 아닙니다. 그것은 처음으로 그리스도를 믿게 만드는 이끄심이었습니다. 저는 그리스도께서 우리 모두의 영혼을 그렇게 이끌어 주셨기를 바랍니다.

제가 지금 말씀드리는 이끄심은, 그리스도를 믿은 후에 그 사랑이 이미 믿는 우리의 마음을 지속적으로 자극시켜서 그리스도께로 더 가까이 나아가도록 만드는 종류의 이끄심입니다.

이처럼 그리스도의 죽으심은 우리의 영혼을 끌어당기는 힘을 가지고 있는데, 이런 힘을 느끼는 사람은 실제로 그리스도께로 더 가까이 나아가기 마련입니다. 그리고 다음 두 가지 열매를 맺을 것입니다. 한 가지는 그리스도와 결단코 떨어지지 않고 기쁨으로 그리스도와 함께 머물러 있으려고 하는 마음입니다. 그리고 다른 한 가지는 그리스도께 더 가까이 머물러 있으려고 하는 마음입니다.

그리스도의 죽으심에 담겨 있는 사랑의 끌어당기는 힘을 느끼는 사람은 기쁨으로 그리스도와 함께 머물러 있을 것입니다. "굳건한 마음으로 주와 함께 머물러 있으라"(행 11:23)라는 바울의 권면은 굉장히 많은 내용을 담고 있습니다. 이러한 바울의 말인즉, 기쁨과 사랑으로, 그리고 그리스도를 가장 소중하게 사랑하고 가장 귀하게 여기면서 그리스도와 함께 머물러 있으라는 말입니다. 믿는 마음으로, 오직 그리스도와 함께 머물러 있으라는 말입니다.

지금 저는 새로운 것을 말씀드리는 것이 아니라 여러분이 이미 알고 있는 것을 다시 상기시켜 드리는 것뿐입니다. 다만 여러분이 이것을 실천할 수 있도록 같은 말을 반복하는 것입니다. 다시 한 번 간곡하게 말씀드립니다. 성찬식을 통해 그리스도의 죽으심에 담긴 사랑의 능력, 즉 우리의 영혼을 그리스도께로 이끄는 그 능력을 크게 경험할 수 있도록 힘쓰십시오. 그리하여 여러분도 전심을 다하여 십자가에 죽기까지 우리를 사랑하신 그리스도와 함께 머물러 있기로 결심하는 시간이 되도록 하십시오.

3) 그리스도의 사랑이 강권하는 힘으로 작용합니다

그리스도의 사랑이 우리 마음을 깊이 감동시키게 되면, 그 사랑은 강권하는 힘으로 우리에게 작용하게 됩니다. 고린도후서 5장 14절에서 바울은 이렇게 말합니다.

"그리스도의 사랑이 우리를 강권하시는도다."

그렇습니다. 그리스도의 사랑은 우리를 강권하여 순종의 열매를 맺게 합니다. 또한 우리로 하여금 더 이상 우리 자신을 위하여 살아서는 안 되며, 오직 우리를 위하여 죽으신 그리스도를 위하여 사는 것이 옳다는 결론에 이르게 만듭니다.

사랑하는 형제들이여, 그리스도의 사랑이 우리를 강권하는 그 능력을 경험하면서 순종의 삶을 살아간다는 것은 얼마나 복된 일인지요!

요한일서 5장 3절은 이렇게 말씀합니다.

"그의 계명들은 무거운 것이 아니로다."

다른 구절을 더 인용할 필요가 없습니다. 이 말씀으로 자신을 점검해 보십시오. 그리스도의 사랑의 강권하는 그 능력을 경험하면서 순종의 삶을 살고 있는지를 점검해 보십시오. 사랑 때문에 그리스도의 계명에 순종하는 사람에게는 계명이 절대 무겁지 않습니다. 그러나 그 사랑의 강권하는 능력이나 효력을 경험하지 못하는 사람들에게는 그리스도의 내적인 계명이나 외적인 계명이 모두 무거울 수밖에 없습니다.

더 이상 무슨 말씀을 드릴 수 있겠습니까? 성찬식에서 그리스도의 사랑으로 여러분의 마음이 깊이 감동되도록 힘쓰십시오. 그리스도의 사랑에 깊이 감동받지 못한 채로 성찬식에 참여하는 것이 얼마나 위험한지를 여러분에게 이미 말씀드렸습니다. 또한 여러분이 정말 그리스도의 사랑에 깊이 감동받고 있는 사람인지 아닌지를 분별할 수 있도록 몇 가지 점검 항목도 말씀드렸습니다.

주님께서 우리에게 긍휼을 베풀어 주셔서 그리스도의 사랑에 이미 깊은 감동을 받고 있는 사람에게는 그 깊이가 더 깊어지게 하시고, 아직도 그리스도의 사랑에 깊이 감동되지 못한 사람에게는 성령으로 그 마음을 새롭게 해 주시기를 바랍니다.

chapter 19

지식에 넘치는
그리스도의 사랑

지금까지 우리는 하나님의 섭리 가운데 성찬식과 관련하여 너무나 은혜롭고도 시의 적절한 말씀을 들어 왔습니다. 그렇기 때문에 사실은 성찬식에 관하여 여러분에게 더 이상 말씀드릴 필요도 없고 말씀드릴 시간도 없습니다. 그래서 오늘은 여러분이 지금까지 들으셨던 것과 같은 맥락에서 몇 가지만 짧게 말씀드리고자 합니다. 이미 들은 말씀이 반복될 수도 있겠지만, 그것이 아주 시의 적절하지 못하거나 필요 없지는 않을 것입니다.

1. 인간의 지식을 초월하는 그리스도의 사랑

성찬식에 참여하는 우리가 감당해야 하는 의무는, 우리 주님 예수 그리스도의 고난과 죽으심을 밝히 드러내고, 특히 그리스도의 사랑을 우리 마음에 상기하는 것입니다. 지금까지 성찬식에 대한 메시지를 들으면서 여러분은 사도 바울이 에베소교회의 교인들을 위하여 간절히 기도했던 내용을 생각하지 않을 수 없었을 것입니다.

> "능히 모든 성도와 함께 지식에 넘치는 그리스도의 사랑을 알고 그 너비와 길이와 높이와 깊이가 어떠함을 깨달아"(엡 3:18,19).

이것은 매우 독특한 표현입니다. 사도 바울이 이렇게 말하는 의미는, 우리가 그리스도의 사랑을 완전하게 안다는 것은 불가능하지만, 그 사랑을 체험적으로 알기를 바란다는 것입니다. 그리고 그 사랑의 본질과 깊이를 완전하게 파악하는 것도 불가능하지만, 그 사랑의 능력과 효력을 알기를 바란다는 것입니다.

목마른 사람이 시원한 샘물을 마시면 힘을 얻을 수는 있겠지만, 그렇다고 해서 그 샘물의 근원이 되는 바다의 깊이까지 다 알 수 있는 것은 아닙니다. 이와 마찬가지로 우리의 마음이 성찬식, 또는 일상 속에서 그리스도의 사랑에 깊이 감동을 받는다고 해도, 또 그리스도의 사랑을 알고 그 사랑의 능력을 경험하는 것이 우리가 추구해야 할 목표라고 하더라도, 우리는 그 사랑을 완전하게 이해할 수 없습니다.

이렇게 그 사랑이 우리의 지식을 초월하는 놀라운 것이라는 사실을 깊이 숙고하는 것은 우리에게 큰 유익을 줍니다. 또한 그리스도의 사랑과 관련하여 우리의 믿음이 결국 이르게 되는 곳은 온전한 이해가 아니라 깊은 감탄이라는 사실을 깊이 숙고하는 것도 우리에게 큰 유익을 줍니다. 그래서 오늘 저는 그리스도의 사랑이 인간의 지식을 초월한다는 것을 여러분에게 조금이나마 느끼게 해 주는 몇 가지 특징을 말씀드리려고 합니다.

1) 천국과 모든 영광의 근원이 되는 사랑

그리스도의 사랑은 천국의 영광, 또 앞으로 영원히 있게 될 모든 영광의 근원이요 샘입니다. 하나님의 영원한 영광은 영원토록 변함이 없습니다.

"영원부터 영원까지 주는 하나님이시니이다"(시 90:2).

반면에 천국의 영광, 또 앞으로 영원히 있게 될 피조된 모든 영광은 그리스도의 사랑에서 흘러나옵니다. 물론 하늘의 천사들이 그리스도에 의해서 구속을 받지 않은 것은 분명한 사실입니다. 그러나 천사들도 그리스도에 의해서 견고해졌습니다. 천사들은 타락하지 않았기 때문에 그리스도에 의해서 회복되지는 않았지만, 그리스도 덕분에 그들은 창조된 처음 상태로 견고하게 머물 수 있게 되었습니다. 그러하기에 하늘에 있는 것이나 땅에 있는 것이나 모든 것을 하나님께서 머리이신 그리스도께 다 주셨다고 말씀할 수 있는 것입니다.

"하늘에 있는 것이나 땅에 있는 것이 다 그리스도 안에서 통일되게 하려 하심이라"(엡 1:10).

골로새서 1장 16,17절에서, 사도 바울이 '왕권들이나 주권들이나 통치자들이나 권세들'을 언급하면서 "만물이 그 안에 함께 섰느니라"라고 표현한 것도 이와 같은 맥락입니다. 여기에서 '만물이 그 안에 함께 섰다'는 것은, 만물이 그리스도 안에서 더욱 확고해졌다는 것을 의미합니다. 만일 예수 그리스도 안에 함께 서지 못한다면, 만물은 모두 해체되고 사라질 수밖에 없을 것입니다.

이와 같이 천국에 있는 모든 영광의 근원과 샘은 우리의 지식을 초월하는 그리스도의 사랑입니다. 만일 하나님께서 거룩하신 하나님을 둘러싸고 있는 저 천국의 모든 영광을 우리에게 조금이라도 보여 주신다면, 우리는 그리스도의 사랑이 그 모든 영광의 근원이요 샘이라는 사실을 확실히 알게 될 것입니다.

그리스도께서 십자가에 죽으심으로써 피조 세계는 구원을 받았으며, 천국의 모든 영광이 영원히 거하게 되었습니다. 하나님께서는 이 사랑과 이 사랑의 방법을 온전히 아십니다. 그러나 우리에게 있어서 그 사랑은 우리의 지식을 초월하는 사랑입니다.

2) 천사들의 이해와 지식을 초월하는 사랑

그리스도의 이 사랑은 천사들의 이해와 지식을 초월합니다. 그래서 사도 베드로는 베드로전서 1장 12절에서 그리스도의 고난과 이후의 영광을 언급하면서, "이것은……천사들도 살펴보기를 원하는 것이니라"라고 말한 것입니다.

하늘에 있는 천사들도 죄인들을 향한 그리스도의 사랑을 다 이해할 수 없어서 그저 감탄을 연발할 뿐입니다. 그리스도께서 죄인들을 위하여 고난을 받으실 때 보여 주신 사랑, 승천하신 후에 하늘의 모든 영광을 누리면서 끊임없이 베풀어 주시는 그리스도의 사랑을 바라보면서 감복하고 감탄하기를 쉬지 않습니다.

천사들도 이렇게 반응한다면, 하물며 그 사랑을 직접적으로 받아 누리는 우리는 그리스도의 사랑에 대해서 어떤 생각을 품어야 하겠습니까? 천사들은 그리스도의 고난을 통해서 유익을 얻는 수혜자가 아닙니다. 천사들은 단지 그리스도께서 피조물을 확고하게 하시기 위하여 인성을 취하심으로써, 그리고 하나님과 모든 피조물 사이에 개입하심으로써 유익과 혜택을 받았을 뿐입니다. 그럼에도 불구하고 천사들은 그리스도의 고난을 바라보면서 끊임없이 감탄하고 감복합니다. 하물며 그리스도의 고난을 통해서 죄에서 구원을 받은 우리는 어떻게 해야 하겠습니까?

지금까지 살펴본 것에서 알 수 있듯이, 그리스도의 사랑이 우리의 지식을 초월한다는 것은 옳은 말입니다. 왜냐하면 하늘에 있는 천사들도 그것을 다 이해할 수 없기 때문입니다.

3) 그리스도의 성육신과 고난의 신비

그리스도의 사랑이 그리스도 자신에게 일으킨 여러 가지 역사도 우리의 지식과 이해를 초월합니다. 이런 점에서 볼 때 그리스도의 사랑은 우리의 지식을 초월합니다. 이것과 관련하여 두 가지 예만 들어 보겠습니다.

먼저 그리스도께서 자신을 무한히 낮추시어 우리와 똑같은 사람이 되신 것은 우리의 이해력을 뛰어넘는 일입니다. 세상의 그 누가 하나님의 아들이 우리와 똑같은 인성을 취하신 일을 온전히 이해할 수 있겠습니까! 어떤 사람들은 우리가 천국에 들어가면 그리스도의 성육신의 신비를 온전히 이해할 수 있을 것이라고 말합니다. 그러나 분명히 지금은 그것을 온전히 이해할 수 없으며, 그저 믿을 뿐입니다.

하나님의 영원한 아들이신 그리스도께서 우리의 인성을 자신의 신성과 연합시키신 일도 우리의 이해를 초월한 것이거늘, 성육신의 근원이 되는 그리스도의 사랑을 누가 온전히 이해할 수 있겠습니까? 우리는 그저 그 사랑 앞에서 감복하며 감탄할 뿐입니다. 우리는 마땅히 그렇게 해야 합니다.

이와 같이 이해하지 못하는 것에 대해서는 감복하며 감탄하는 것이 우리의 본성이지만, 우리는 너무나 부패하고 세속적인 존재이기에 그리스도의 사랑에 대해서 마땅히 감탄해야 할 만큼 감탄하지 못하는 경향이 있습니다. 그러나 하나님께서는 그러한 우리를 도와주십니다.

또한 우리는 그리스도께서 당하신 수난이나 고난을 온전히 이해할 수 없습니다. 그리스도께서는 우리를 사랑하사 우리를 대신하여 율법의 저주를 감당하셨습니다. 그러나 우리는 율법의 저주가 어떤 것인지를 실제로 알지 못합니다. 그것을 아시는 분은 오직 하나님뿐입니다. 그리고 죄의 삯은 사망인데, 그 사망이 어떤 것인지를 정확하게 아는 사람도 아무도 없습니다. 그것도 오직 하나님 한 분만이 아십니다.

죄의 삯인 사망에 떨어지는 사람은 영원토록 사망의 형벌을 받아야 합니다. 거기에는 끝이 없습니다. 그럼에도 불구하고 정작 거기에 떨어져 영원히 형벌을 받아야 할 당사자들은 그것이 어떤 것인지를 보지도 못하고 알지도 못합니다.

그런데 그런 우리가 어떻게 그리스도의 고난을 제대로 알 수 있겠습니까? 그리스도께서 당하신 고난이 비록 우리가 받아야 할 죗값과 율법의 저주를 대신 받은 것이라고 하더라도 우리는 그것을 온전히 알 수 없습니다. 이러한 것들이 무엇인지를 온전히 아시는 분은 오직 하나님밖에 없습니다.

이와 같이 그리스도의 사랑이 그리스도 자신 안에 맺은 열매와 결과들, 곧 그리스도의 성육신과 고난 속에서 그리스도께서 당하신 일들은 우리의 이해를 초월합니다. 그러므로 그 모든 것의 근원이 되는 그리스도의 사랑이 우리의 이해를 초월하는 것은 지극히 당연한 일입니다.

4) 그리스도의 사랑이 우리 안에 맺는 열매

한 가지만 더 말씀드리겠습니다. 그리스도의 사랑이 우리 안에 맺는 열매 역시 우리의 이해를 초월합니다. 그리스도의 사랑이 우리 안에 맺는 세 가지 큰 열매는 칭의와 죄 용서, 거듭남과 성화, 성령의 내주와 위로하심입니다. 그런데 그 안에 어떤 내용들이 담겨 있는지를 제대로 이해하는 사람은 이 세상에 아무도 없습니다. 이 세상에 살아 있는 사람 중에서 이런 열매들을 완전하게 깨닫는 자도 아무도 없습니다.

하나님 앞에서 의롭다함을 얻고 죄 사함을 받는 것, 부패한 우리의 본성이 갱신되어 그리스도의 형상으로 변화하는 것, 하나님의 성령께서 우리 안에 내주하시는 것이 정확하게 어떤 것인지를 온전히 이해하고 깨닫는 사람은 세상에 단 한 사람도 없습니다.

그런데 하물며 이 모든 것의 근원이 되는 그리스도의 사랑을 이 세상의 어느 누가 완전하게 이해할 수 있겠습니까? 이런 점에서도 그리스도의 사랑은 우리의 이해를 초월할 수밖에 없습니다. 그리스도의 사랑이 우리 안에 맺는 열매도 우리의 이해를 초월하며 우리가 도저히 생각할 수도 없는 놀라운 것들로 가득한데, 어떻게 우리가 그리스도의 사랑 그 자체를 온전히 이해할 수 있겠습니까?

2. 그리스도의 사랑에 대한 감격

사랑하는 형제들이여, 우리의 마음이 이처럼 놀라운 그리스도의 사랑으로 깊이 감동을 받도록 힘씁시다. 만일 하나님께서 그리스도의 사랑이 얼마나 놀라운 것인지를 우리 각 사람에게 조금이라도 알게 해 주시고 느끼게 해 주신다면, 우리의 마음에 그리스도의 사랑을 조금이라도 비춰 주신다면, 성찬식을 통하여 그 사랑을 우리에게 환히 비춰 주신다면, 그것은 얼마나 귀한 은혜요 선물인지요! 우리는 그 한 가지 사실만으로도 일평생 쉬지 않고 하나님을 찬송하고 송축해야 할 것입니다.

그리스도의 사랑을 믿고 그 사랑의 빛에 노출되면 우리는 그 사랑에 감복하고 감탄할 수밖에 없습니다. 물론 그 사랑을 온전히 이해하는 일은 영원한 천국에 들어갈 때 이루어질 것입니다. 그러므로 비록 지금은 다 이해할 수 없다고 하더라도 그리스도의 사랑을 마음에 느낌으로써, 그 사랑에 감복하도록 합시다.

그리스도의 사랑에 감복하는 것과 관련하여 믿음이 구체적으로 어떤 활동을 하는지에 대해 말씀드릴 것도 있지만, 오늘은 말씀드리지 않겠습니다. 다만 무한한 것에 대하여 감복하는 것은 믿음의 본질적인 특징입니다. 우리의 영혼이 그리스도의 사랑을 온전히 이해하지 못할지라도 그 사랑에 대한 거룩한 감탄과 감복이 있다면, 그것은 우리 마음이 그리스도의 사랑을 어느 정도 은혜롭게 느끼고 있다는 좋은 증거가 됩니다.

1) 은혜의 근원이신 그리스도를 기억합시다

우리가 어떤 은혜를 누리게 되든지, 우리는 그 모든 은혜의 근원이 되시는 예수 그리스도를 잊지 말아야 합니다. '나를 사랑하사 나를 위하여 자기 자신을 버리신 하나님의 아들'(갈 2:20)을 바라보아야 합니다.

우리의 영혼에 어떤 위로나 공급이나 회복이 주어질 때마다, 죄 사함의 은혜를 느낄 때마다, 성령의 빛과 위로를 느낄 때마다, 그 모든 은혜의 근원이 되시는 예수 그리스도께로 우리의 마음을 모아야 합니다. 우리에게 주어지는 모든 선한 은혜는 우리의 지식을 초월하는, 형용할 수 없는 그 사랑에서 비롯되기 때문입니다.

2) 우리의 사랑 없음을 부끄러워합시다

우리를 향한 그리스도의 사랑이 이처럼 우리의 지식을 뛰어넘는 놀라운 사랑임을 알면서도, 그리스도를 향한 우리의 사랑이 너무 인색하지 않습니까? 때때로 우리에게 정말 그리스도를 향한 사랑이 조금이라도 있는 것인가를 스스로 의심하게 되지는 않습니까? 그렇다면 그러한 자신의 모습을 부끄러워해야 합니다. 그리고 우리의 이런 약점을 바라보면서 진실로 겸비해져야 합니다.

스스로가 그리스도를 정말로 사랑하는지 헷갈릴 정도가 된다는 것은, 우리의 지식을 뛰어넘는 그리스도의 사랑에 대한 올바른 보답이 아닙니다. 그러므로 우리의 사랑 없음을 인하여 깊이 부끄러워해야 합니다.

3) 하나님께 감사와 찬송을 더 많이 드립시다

마지막으로, 그리스도의 사랑과 그 사랑이 맺는 풍성한 열매로 인하여 더 많은 감사와 찬송을 하나님께 올려 드립시다. 요한계시록 5장 9절은 이렇게 말씀하고 있습니다.

"새 노래를 불러 이르되, 두루마리를 가지시고 그 인봉을 떼기에 합당하시도다. 일찍이 죽임을 당하사 각 족속과 방언과 백성과 나라 가운데에서 사람들을 피로 사서 하나님께 드리시고."

이 모습이 천상의 교회가 누리는 기쁨에 관한 것인지, 아니면 이 땅의 교회가 감당해야 할 의무에 관한 것인지에 대해서는 쉽게 판단이 서지를 않습니다. 그러나 한 가지 제가 확신하는 것은, 천상의 교회나 이 땅의 교회나 다를 것이 별로 없기 때문에 이 구절을 어떻게 해석하든 둘 다 틀리지 않다는 것입니다.

이 말씀에 따르면, 천상의 교회는 지금 무엇을 하고 있습니까? 그리스도의 사랑에서 비롯된 구원의 역사로 인하여 하나님을 찬송하고 있습니다. 12절을 보면 천상의 교회는 또 이렇게 찬송합니다.

"큰 음성으로 이르되, 죽임을 당하신 어린양은 능력과 부와 지혜와 힘과 존귀와 영광과 찬송을 받으시기에 합당하도다 하더라."

13절에서도 천상의 교회는 다음과 같이 찬송합니다.

"보좌에 앉으신 이와 어린양에게 찬송과 존귀와 영광과 권능을 세세토록 돌릴지어다."

다시 말씀드리지만, 저는 이 말씀이 천상의 교회가 누리는 기쁨에 대한 묘사인지, 아니면 이 땅의 교회가 감당해야 할 의무에 대한 설명인지는 잘 모릅니다. 그러나 이 말씀에서 한 가지만은 분명하게 알 수 있습니다. 우리를 구원해 주시는 그리스도의 형용할 수 없는 사랑에 대하여 끊임없이 감사하고 찬송하는 것이 천상의 교회가 누리는 기쁨이며, 또한 이 땅의 교회가 감당해야 할 의무라는 사실입니다.

chapter 20
그리스도를 향한 하나님의 사랑

"하늘로부터 소리가 있어 말씀하시되, 이는 내 사랑하는 아들이요 내 기뻐하는 자라 하시니라"(마 3:17).

오늘 우리는 그리스도께서 친히 제정해 주신 성찬식을 통하여 그리스도의 죽으심을 기념하기 위하여 이 자리에 모였습니다. 이 자리에서 우리가 가장 중요하게 기억해야 할 것은, 바로 그리스도의 사랑입니다. 다시 말해 '우리를 사랑하사 그의 피로 우리 죄에서 우리를 해방'(계 1:5)하신 그리스도의 사랑입니다.

이렇게 그리스도의 사랑을 기억하는 일에 있어서 우리에게 꼭 필요한 것은 우리를 위해 죽어 주신 그리스도에 대한 믿음, 그리고 우리를 지극히 사랑하사 우리 대신 자기 몸을 하나님 앞에 희생 제물로 내어 주신 그리스도에 대한 사랑입니다.

특별히 성찬식에 참여하기 전에 그리스도에 대한 우리의 사랑을 북돋아 주기 위하여 말씀드리고자 하는 것이 있습니다. 그것은 그리스도의 인격이야말로 하나님 아버지의 사랑을 받기에 가장 적합하고도 완전한 대상이요, 하나님의 형상을 지니고 있는 모든 피조물의 사랑을 받기에도 가장 적합하고 완전한 대상이라는 사실입니다.

여기에서 '모든 피조물'은 천상에 있는 하나님의 교회, 곧 하늘의 천사들과 성도들, 그리고 이 땅에 있는 하나님의 교회, 곧 참 믿음을 소유한 성도들을 가리킵니다. 왜냐하면 하나님의 형상을 지니고 있는 피조물은 이들뿐이기 때문입니다.

지금부터 이것을 좀 더 자세히 살펴보겠습니다.

1. 성육신 이전의 그리스도에 대한 하나님의 사랑

그리스도는 성부 하나님의 사랑을 받기에 가장 완벽한 대상입니다. 거룩한 삼위일체의 본질적인 복됨은, 이렇게 표현해도 좋을지 모르겠지만, 거의 대부분 성령을 통한 성부 하나님과 성자 하나님 사이의 상호적인 사랑에 달려 있습니다.

특히 이 시간에 이 모든 것의 근원으로 함께 살펴보고자 하는 것은, 성자 하나님의 인격 속에 있는 신성이야말로 성부 하나님의 사랑이 완전하게 부어질 수 있는 유일하고도 완전하며 변함없고 완벽한 대상이라는 사실입니다. 이것을 입증하는 성경 구절을 한두 군데 인용한 다음에 또 다른 사례를 말씀드리겠습니다.

먼저 잠언 8장 30절을 보십시오.

"내가 그 곁에 있어서 창조자가 되어 날마다 그의 기뻐하신 바가 되었으며, 항상 그 앞에서 즐거워하였으며."

다시 말해서, 그리스도는 영원 전부터 성부 하나님의 사랑을 한 몸에 받는 특별한 대상이었다는 것입니다. 사람에게 있어서도 자신의 몸에서 난 자녀가 부모의 사랑을 한 몸에 받는 특별한 존재이듯이, 성자 예수 그리스도도 하나님 앞에서 그런 특별한 존재였습니다. 영원 전부터 성자 하나님에게 성부 하나님의 기쁨이 고정되어 있었던 것입니다.

성령을 통해서 서로 한없이 사랑하고 즐거워하시는 성부 하나님과 성자 하나님의 이러한 관계는, 사실 영원한 하나님의 영광과 관련하여 우리가 가장 조금밖에 알지 못하는 사항입니다.

이번에는 요한복음 1장 18절을 보겠습니다.

"본래 하나님을 본 사람이 없으되 아버지 품속에 있는 독생하신 하나님이 나타내셨느니라."

제가 지금 성육신 이전의 그리스도의 신성에 관해서, 그리고 성삼위일체 하나님 간의 말로 형용할 수 없는 상호적인 사랑에 관해서만 말씀드리고 있다는 사실을 잊지 마시기를 바랍니다.

예수 그리스도께서는 요한복음 17장에서 이것에 관하여 말씀해 주셨습니다. 이 말씀들은 성자 하나님이 성부 하나님과 어떤 관계에 있는지를 잘 보여 주고 있습니다. 즉, 그리스도가 '하나님의 독생자'(요 1:14 참고)라는 사실을 잘 보여 줍니다. 그렇습니다. 성자 하나님은 영원한 출생에 의하여 하나님의 독생자가 되십니다.

그다음에는 성경에 어떻게 표현되어 있습니까? 요한복음 1장 18절에는, '아버지 품속에 있는 독생하신 하나님'이라고 표현되어 있습니다. 이 말씀이 무슨 뜻입니까? 성부 하나님의 영원하고도 무한한 사랑이 성자 하나님을 감싸고 있다는 뜻입니다.

하나님의 사랑은 그리스도 안에 있습니다. 하나님의 사랑이 행하는 다른 모든 일들은 하나님의 기쁘신 뜻을 위하여 주권적으로 행하시는 일입니다. 다시 말해, 성부 하나님과 성자 하나님 사이에 영원 전부터 있어 왔던 사랑에서 흘러나온 것입니다.

하나님께서는 자신과 맞지 않는 일을 절대로 행하지 않으십니다. 하나님께서 행하시는 모든 일의 목적은, 자신 안에 있는 것을 명백하게 드러내는 것입니다.

하나님께서 행하신 옛 창조와 새 창조의 목적도 하나님 자신 안에 있는 것을 명백하게 드러내는 것이었습니다. 하나님께서 이 세상을 창조하신 것도 자신의 능력과 지혜를 드러내기 위함이었습니다. 또한 예수 그리스도를 통하여 새 하늘과 새 땅을 창조하신 것도, 하나님의 은혜와 사랑과 선하심을 명백하게 드러내기 위함이었습니다.

하나님께서는 이 세상에 존재하는 이성적인 피조물의 본성 속에 '사랑'이라는 감정을 심어 주셨습니다. 천사들이나 사람들 가운데 '사랑'이라는 감정이 존재하는 유일한 이유는, 성령을 통하여 성부 하나님과 성자 하나님이 서로 사랑하시는 그 영원하고도 형용할 수 없는 사랑을 투영하고 나타내기 위함입니다.

옛날에 관상contemplation을 하는 사람들은 항상 사랑을 동경하였습니다. 그늘은 만물의 생명과 영광과 광채가 모두 사랑에 달려 있다고 믿었습니다. 그러나 그럼에도 불구하고 그들은 정작 그 사랑이 어디에서 비롯되는지에 대해서는 알 수 없었습니다. 그래서 그들은 사랑의 기원을 추적하여, 하나님은 필연적으로 자기 자신을 사랑하실 수밖에 없었다는 나름대로의 결론을 내리곤 하였습니다.

물론 하나님은 필연적으로 자기 자신을 사랑하실 수밖에 없었습니다. 하나님이 자신을 사랑하지 않는다는 것은 있을 수 없는 일입니다. 그러나 하나님께서 하나님으로서의 자기 자신을 사랑하는 것은, 스스로 자족하며 아무 것도 부족함이 없는 자신의 거룩한 신성에 대한 영원하고도 복된 순응에 불과합니다.

관상을 하는 사람들은 이것을 어느 정도 깨달았지만, 성령을 통해서 성부 하나님과 성자 하나님이 주고받는 상호적인 사랑에 관해서는 전혀 알지 못했던 것입니다.

그러나 이 상호적인 사랑이야말로 모든 사랑의 근원이요 샘입니다. 조금 전에도 말씀드린 것처럼, 옛 창조와 새 창조에 있는 사랑을 비롯한 모든 것은 성부 하나님과 성자 하나님의 신적인 사랑이라는 이 위대한 원형을 본따고 투영한 것에 불과합니다.

물론 지금은 우리의 이해력이 한없이 약하기 때문에 이 상호적인 신적 사랑에 대해서 거의 알지 못합니다. 이것은 저도 인정합니다. 그러나 성경은, 성부 하나님과 성자 하나님의 상호적인 사랑이 우리가 끊임없이 감탄하고 감사해야 할 대상이라는 것을 너무나 분명하게 선포합니다. 이 사랑이 너무나 유익하기 때문에 저는 삼위일체 교리를 생각하면서 한 분 한 분의 사랑을 살펴보고 싶은 심정입니다.

아무튼 모든 사랑은 성부 하나님과 성자 하나님의 상호적인 이 사랑에 뿌리를 두고 있습니다. 그러하기에 그리스도를 향한 우리의 사랑이 이 사랑을 닮아 가기를 소망합니다. 성부 하나님께서 성자 하나님을 변함없이 사랑하셨던 것처럼, 우리 또한 그리스도를 그렇게 변함없이 사랑할 수 있기를 바랍니다.

2. 성육신하신 그리스도의 인격에 대한 하나님의 사랑

우리와 같은 인간의 인성을 입으셨으며 중보자로서의 사역을 감당하시는 그리스도의 인격은, 성부 하나님의 사랑, 곧 오직 하나님 자신에게서만 흘러나오고 다른 것이 전혀 섞이지 않은 하나님의 사랑을 받는 첫 번째 대상입니다.

하나님의 독생자이신 그리스도를 향한 성부 하나님의 첫 번째 사랑은 소위 '안으로부터의' 사랑이었습니다. 다시 말해서, 삼위 하나님께서 서로의 존재 안에서 주고받는 그런 사랑이었습니다. 성부 하나님은 성자 하나님을 아시고, 성자 하나님은 성부 하나님을 아시며, 성부 하나님은 성자 하나님을 사랑하시고, 성자 하나님은 성부 하나님을 사랑하시며, 결과적으로 이 모든 행위의 매개자가 되시는 성령님을 통해서 서로 사랑하시는 그런 사랑인 것입니다.

그런데 밖에서부터 흘러온 어떤 것이 첨가된, 또는 삼위 하나님의 신적인 본질 외에 어떤 것이 더 고려된 성부 하나님의 사랑이 나타났습니다. 그것이 바로 우리를 구원하기 위하여 인성을 입으신 그리스도를 향한 사랑이었습니다.

성부 하나님께서는 삼위일체 가운데 존재하시는 성자 하나님 자체를 무한히 사랑하셨습니다. 특히 그 성자 하나님께서 죄인을 구원하기 위하여 인성을 입으셨을 때, 하나님께서는 그러한 그리스도를 향하여 특별한 사랑을 보여 주셨습니다. 만일 하나님의 사랑이 다른 모든 것보다도 그리스도의 인격에 가장 먼저, 그리고 가장 중요하게 고정되지 않았다고 한다면, 우리에게 흘러올 사랑도 없었을 것이며 하나님의 사랑이 우리에게 전달되지도 않았을 것입니다.

이와 같이 첫 번째 창조에 있는 모든 사랑은 첫 번째로 말씀드렸던 하나님의 영원한 사랑으로부터 흘러나오고, 두 번째 창조에 있는 모든 사랑은 방금 전에 말씀드린 하나님의 두 번째 사랑, 곧 성육신하신 그리스도의 인격에 대한 하나님의 사랑에서 비롯됩니다.

하나님께서 이것을 성경에서 어떻게 표현하셨는지 함께 살펴보겠습니다. 이사야 42장 1절 말씀을 보십시오.

"내가 붙드는 나의 종, 내 마음에 기뻐하는 자, 곧 내가 택한 사람을 보라. 내가 나의 영을 그에게 주었은즉 그가 이방에 정의를 베풀리라."

그리고 본문 말씀을 보십시오. 특히 이 말씀은 성경 전체를 통틀어서 매우 특별한 말씀입니다. 왜냐하면 하나님께서 하늘로부터 똑같은 말씀을 두 번씩이나 직접 들려주셨기 때문입니다.

먼저, 그리스도께서 세례를 받으실 때 들린 말씀입니다.

"하늘로부터 소리가 있어 말씀하시되, 이는 내 사랑하는 아들이요 내 기뻐하는 자라"(마 3:17).

그리고 그리스도께서 고난에 들어가실 때 하나님께서 들려주신 말씀입니다.

"말할 때에 홀연히 빛난 구름이 그들을 덮으며 구름 속에서 소리가 나서 이르시되, 이는 내 사랑하는 아들이요 내 기뻐하는 자니 너희는 그의 말을 들으라"(마 17:5).

이 말씀은 '지극히 큰 영광 중에서'(벧후 1:17) 들려주신 음성이었습니다. 이 시간에 저는 특히 이 말씀을 여러분에게 강조하고 싶습니다. 왜냐하면 저는 하나님께서 우리가 이것을 주목해 보는 것을 원하신다고 생각하기 때문입니다.

이사야 42장 1절 말씀이 어떻게 강조되고 있는지를 잘 읽어 보십시오.

"내가 붙드는 나의 종, 내 마음에 기뻐하는 자, 곧 내가 택한 사람을 보라!"

여기에서는 한 단어 한 단어가 강조되고 있습니다. 이 말씀을 통하여 하나님께서 우리에게 주시는 메시지는 이것입니다.

"내가 하늘에서 거듭하여 선포한다. 인생들아! 이것을 알도록 하라. 나의 모든 사랑, 내 무한한 사랑은 성육신한 예수 그리스도의 인격에 전부 집중되어 있다."

성경을 잘 읽어 보면, 우리 주님 예수 그리스도께서도 성부 하나님의 이런 사랑 때문에 자신에게 만물이 다 위임되었고, 또한 자신이 모든 것들을 받게 되었다고 말씀하신 것을 알 수 있습니다.

"아버지께서 아들을 사랑하사 만물을 다 그의 손에 주셨으니"(요 3:35).

"아버지께서 아들을 사랑하사 자기가 행하시는 것을 다 아들에게 보이시고, 또 그보다 더 큰 일을 보이사 너희로 놀랍게 여기게 하시리라"(요 5:20).

이 말씀들을 잘 읽어 보십시오. 그리스도께서는 성부 하나님께서 자신에게 이 모든 것들을 맡기신 이유가 무엇이라고 말씀하십니까? 그것은 바로 성육신한 그리스도를 사랑하시는 하나님의 그 특별한 사랑 때문이라고 설명하고 있습니다.

그리스도의 인격이야말로 성부 하나님의 사랑을 받기에 가장 완벽하고도 적절한 대상이라는 사실을 입증하는 데 있어서 하나님의 이 특별한 사랑 외에 다른 증거는 필요 없습니다. 저 또한 다른 증거를 여러분에게 제시하고 싶은 마음이 없습니다. 하나님의 위대한 만족, 곧 하나님께서 기뻐하고 즐거워하시는 그 만족은, 성육신하신 그리스도를 무한히 사랑하시는 하나님의 그 사랑 때문입니다.

3. 그리스도를 통하여 하나님을 사랑하는 우리들

이제 지금까지 말씀드린 것에 대하여 한 가지 적용만 더 말씀드리고 오늘의 설교를 마치겠습니다. 그리스도를 향한 우리의 사랑은 우리의 영혼에 하나님의 형상이 어느 정도 회복되었느냐 하는 것에 비례하게 되어 있습니다. 다시 말해서 하나님의 만족과 기쁨이 예수 그리스도에게 있기 때문에, 예수 그리스도를 가장 깊이 아는 사람이 하나님을 가장 많이 닮게 되어 있다는 것입니다.

그러므로 우리가 하나님을 닮고 싶다면, 그리고 하나님의 형상을 우리 안에 더욱 선명하게 가지겠노라고 맹세했다면, 우리는 반드시 예수 그리스도의 인격에 대한 우리의 사랑을 은혜롭게 행사해야만 합니다.

한 가지만 덧붙이자면, 비록 세상이 하나님을 대적한다고 하더라도 직접적으로 하나님을 향하여 대적하는 마음을 표출하지는 않습니다. 세상은 하나님의 사랑이신 그리스도에게 대적함으로써 하나님을 대적하는 그 마음을 표출합니다.

그러므로 우리가 하나님의 형상을 회복함으로써 하나님께로 돌아간다면, 우리는 하나님을 직접적으로 사랑하는 것이 아니라 그리스도를 통하여, 그리고 그리스도 안에서 하나님을 사랑하게 됩니다.

"그가 증언하러 왔으니 곧 빛에 대하여 증언하고 모든 사람이 자기로 말미암아 믿게 하려 함이라"(요 1:7).

사랑하는 형제들이여, 이것을 시금석으로 삼아 예수 그리스도를 향한 우리의 사랑을 점검해 보십시오. 그리고 그렇게 함으로써 과연 우리가 정말로 하나님께로 돌이켰는지, 또 우리 안에 하나님의 형상이 정말로 회복되었는지를 확인해 보십시오.

그리스도를 향한 사랑! 이것이 바로 하나님과 구원받은 성도가 가진 공통점입니다. 그리스도를 향한 사랑! 여기에서 천상의 교회와 지상의 교회는 일치하게 됩니다. 그러므로 저는 주께서 우리가 참여하는 이 성찬식에 복을 주시어 우리의 마음이 크게 감동을 받기를, 그리고 그리하여 그리스도를 향한 우리의 사랑이 더욱 풍성해지기를 바랍니다.

chapter 21

성찬식에서 하나님이 요구하시는 의무

　오늘의 말씀은 성찬식에서 자신의 의무를 잘 감당하고 싶어하는 분들을 위한 것입니다. 성찬식에서 자신의 의무를 잘 감당하고 싶지만, 하나님께서 요구하시는 의무가 무엇인지를 알지 못할 수도 있습니다. 이런 일이 실제로 있습니다. 이런 사람들은 대부분 제가 가장 중요하게 생각하는 신비를 잘 모릅니다.

　하나님께서는 성찬식을 통해 자신의 교회를 위한 여러 가지 은혜와 복을 공급해 주시는데, 이런 은혜와 복은 하나님의 자녀들이 성찬에 참여하는 방법을 제대로 알지 못한다고 해도 결코 없어지지 않습니다. 왜냐하면 하나님께서는 성찬식을 통하여 자신의 교회 가운데 필요한 은혜를 공급해 주시기 때문입니다.

　사랑하는 형제들이여, 간곡히 부탁합니다. 성찬식이 어떻게 제정되었는지를 생각하고, 주님이 성찬식과 관련하여 명하신 바를 순종하십시오. 그리고 성찬식과 관련하여 그리스도께서 말씀하신 것을 생각하고, 그 말씀들에 여러분의 믿음이 특별히 반응하도록 하십시오. 또한 성찬식을 통해서 그리스도께서 나타내시려고 하는 것이 무엇인지를 숙고하십시오. 그러면 무엇에 대하여 감사해야 할지를 알게 될 것입니다.

사람들은 이렇게 질문합니다. "성찬식에서 하나님과 예수 그리스도를 기쁘시게 하고, 내 영혼에 유익을 얻기 위해서는 무엇을 해야 합니까?" 이 질문에 대한 답변은 의외로 간단합니다.

1. 성찬식을 제정하신 그리스도의 권위에 대한 순종

성찬식이 어떻게 제정되었는지를 숙고하십시오. 성찬식이 제정된 과정을 숙고하노라면, 우리의 영혼은 이 성찬식을 통해 예수 그리스도의 권위를 분명하게 느낄 수 있습니다. 예수님은 성찬식을 제정해 주시면서 이렇게 말씀하셨습니다.

"이것을 행하여 나를 기념하라"(고전 11:24).

그러므로 성찬식에서 예수 그리스도의 권위에 실제로 전심을 다해 복종하십시오. 성찬식을 거행할 때 주 예수님이 우리에게 요구하시는 것은 이런 복종입니다.

우리가 성찬식에 참여하는 것은 그것이 관습이기 때문도 아니고 우리의 신념을 만족시키기 위한 것도 아닙니다. 우리가 성찬식에 참여하는 이유는 예수 그리스도께서 그렇게 하라고 명령하셨기 때문입니다. 우리는 성찬식을 통해 우리가 누릴 수 있는 특권을 놓치지 않으려고 성찬식에 참여하는 것이 아닙니다. 우리의 마음이 예수 그리스도의 권위에 순복해야 하기 때문에 참여하는 것입니다.

그러므로 다시 한 번 말씀드립니다. 성찬식이 어떻게 제정되었는지를 숙고하십시오. 그리고 전심으로 예수 그리스도의 권위에 복종하도록 힘쓰십시오. 우리가 성찬식을 거행하는 이유는, 예수 그리스도께서 우리에게 그것을 명하셨기 때문입니다.

만일 우리의 마음이 이런 상태에 있다면, 즉 그리스도의 명령 때문에 성찬식에 나와 그리스도께서 명하신 바를 준행하고자 하는 마음을 가지고 있다면, 그리고 양심적으로 그리스도 앞에 서서 우리가 여기에 모인 이유가 그리스도의 명령을 순종하기 위함이라고 말할 수 있다면, 우리는 성찬식에서 순종의 의무를 잘 감당하고 있는 것입니다.

2. 하나님의 사랑에 대한 신뢰와 믿음

성찬식에서 그리스도께서 목적으로 삼으시는 것이 무엇인지를 숙고하십시오. 그리스도의 목적은 우리의 믿음이 성찬식 안에서 올바르게 행사되는 것입니다.

주님은 우리가 눈에 보이는 떡과 잔에만 집중하는 것을 원하지 않으십니다. 주님은 우리가 눈에 보이지 않는 것들에 집중하기를 원하십니다. 성찬식을 통하여 제시되는 그리스도, 우리를 사랑하신 그리스도, 우리를 위해 피를 흘리고 고통받으며 기도하시는 그리스도, 우리를 위해 십자가에서 죽으신 그리스도, 바로 이런 것들에 집중하기를 원하시는 것입니다.

"너희가 이 떡을 먹으며 이 잔을 마실 때마다 주의 죽으심을 그가 오실 때까지 전하는 것이니라"(고전 11:26).

그렇다면 성찬식에서 주의 죽으심을 우리에게 전해 주시는 분은 누구입니까? 성찬식을 제정해 주신 바로 그분입니다.

성찬식에서 이렇게 예수 그리스도를 우리에게 제시하고 제공해 주시는 이 일에는 하나님과 그리스도의 신실하심이 맞물려 있습니다. 하나님께서는 고난받으며 죽어 가시는 그리스도, 십자가에 못 박히신 그리스도를 성찬식을 통해서 우리의 영혼에 제공해 주시는 방법을 창안하셨습니다. 이것은 매우 특별한 방법이며, 제가 전에 입증한 것처럼, 하나님의 사랑이 물씬 배어 있는 방법입니다.

그러므로 마음에 열심을 품고 성찬식의 자리로 나아오십시오. 하나님의 은혜와 신실하심으로 인하여 성찬식에는 우리 한 사람 한 사람을 위한 은혜가 예비되어 있습니다. 십자가에 달려 죽으신 예수 그리스도와 그 죽으심의 모든 열매들이 우리 각 사람의 영혼에 제공되고 있습니다. 사랑이 많고 신실하신 하나님께서는 떡과 잔을 통하여 십자가에 달려 죽으신 예수 그리스도를 여러분에게 제시하고 제공해 주실 것입니다.

그렇다면 이제 중요한 것은 여러분이 이러한 성찬식을 통해서 예수 그리스도를 새롭게 받아들이기로 결심하고 전심으로 성찬식에 나오느냐 하는 것입니다.

만일 우리가 예수 그리스도를 새롭게 받아들이는 자리인 성찬식에 참여하면서도 전심을 다하지 않을 뿐만 아니라 우리가 할 수 있는 일조차 하지 않는다면, 우리는 하나님을 거짓말쟁이로 만드는 것과 같습니다. 그것은 우리가 마치 하나님께서 그리스도를 우리에게 제공하시지 않는 것처럼 생각하고 행동하는 것이기 때문입니다.

성찬식에서 여러분의 믿음이 특별히 바라보아야 할 대상은, 성찬식을 통하여 그리스도의 죽으심과 그 모든 은혜를 우리에게 보여 주시고 제공해 주시기로 작정하신 하나님의 사랑과 은혜, 신실하심입니다. 그러므로 이러한 하나님의 사랑과 은혜와 신실하심에 여러분 자신을 완전히 내어 맡기십시오.

그리고 하나님께서 보여 주시고 제공해 주시는 그리스도를 기꺼이 받아들이십시오.

3. 자신을 나타내시는 그리스도에 대한 믿음의 행사

하나님과 천사들과 사람들 앞에서 말하거니와, 우리는 우리 주 예수 그리스도의 명령에 따라 오늘 여기에 모여 있습니다. 그러므로 우리는 그리스도께서 성찬을 제정해 주셨다는 사실도 반드시 믿어야 하고, 십자가에 달려 죽으신 그리스도를 성찬식을 통해 우리에게 분명하게 제시하고 제공해 주시고자 하는 하나님의 계획도 반드시 믿어야 합니다. 또한 그리스도께서 성찬식을 통하여 믿는 성도들에게 자기 자신을 친히 나타내고 보여 주신다는 사실도 믿어야 합니다.

그리스도께서는 성찬식에서 믿음을 행사하는 사람들의 영혼에 참으로 자신을 나타내며 전달해 주십니다. 자신의 죽음의 열매인 모든 은혜와 복과 함께 자기 자신을 참으로 나타내며 전달해 주십니다.

그러므로 우리가 성찬식에 참여하면서도 아무런 유익을 얻지 못하고 영적으로 성장하지도 못하는 중요한 원인은, 성찬식을 통하여 자신을 나타내고 전달해 주시는 그리스도를 믿음으로 받아들이지 못하기 때문입니다. 또한 그러하기에 우리가 성찬식을 통해서 영적인 힘과 기쁨과 생명을 얻지도 못하는 것입니다.

다시 한 번 말하지만, 하나님께서는 성찬식을 통하여 믿는 사람들에게 그리스도를 실제로 제공하시며 전달해 주십니다. 뿐만 아니라 그리스도께서도 성찬식에서 친히 자기 자신을 우리에게 나타내 주십니다. 그런데도 우리가 아무런 유익도 누리지 못하는 것은 우리가 그리스도를 받아들이는 데에 믿음을 행사하지 않기 때문입니다.

그렇다면 이렇게 성찬식에서 그리스도께서 자기 자신을 나타내신다는 것을 어떻게 알 수 있을까요?

먼저, 우리는 그 사실을 눈에 보이는 떡과 잔, 그리고 그것이 각각 상징하는 것 사이에 존재하는 '성례전적인 관계sacramental relation'를 통해 알 수 있습니다.

성찬식을 제정하시면서 예수님은 떡을 가지고 축복하신 후에 "이것은 내 몸이니라"(마 26:26;막 14:22)라고 말씀하셨습니다. 또한 잔을 들고 감사 기도를 하신 후에는 "이것은 내 피니라"(막 14:24 참고)라고 말씀하셨습니다. 그러므로 성찬식에 참여하는 우리는 그리스도의 몸과 피를 먹고 마시는 자리에 초청을 받은 것입니다.

만일 성찬식에 단순히 눈에 보이는 떡과 잔만 있을 뿐 그 이상의 것이 존재하지 않는다면 어떻게 되겠습니까? 즉, 하나님께서 제정해 주신 성례전적인 관계에 의해서 그리스도의 몸과 피, 그리스도의 삶과 죽으심과 공로가 우리에게 제시되고 제공되지 않는다면 어떠하겠습니까?

만일 그러하다면 우리가 성찬식에 아무리 자주 참석하여 떡과 잔을 배불리 먹고 마신다고 할지라도 성찬식이 끝나면 우리는 여전히 허전함을 느낄 수밖에 없을 것입니다. 입으로 먹고 마시는 떡과 잔으로는 우리의 영혼이 배부를 수 없고 만족할 수도 없기 때문입니다.

다음으로, 성찬식에서 믿는 사람들의 영혼에 그리스도가 실제로 제시되고 제공된다는 것은 떡과 잔, 그리고 그것들이 상징하는 것의 관계를 통해서 명확하게 드러날 뿐만 아니라 믿음의 본질적인 역할을 통해서도 명확하게 드러납니다.

성찬식에서 우리는 믿음으로 떡을 먹고, 잔을 마십니다. 그런데 만일 실제로 주어지고 제공되는 것이 전혀 없다면, 어떻게 우리가 먹고 마실 수 있겠습니까? 여러분은 인자의 살을 먹고 인자의 피를 마시도록 성찬식에 초대를 받았습니다. 그런데 만일 성찬식에서 그리스도가 실제로 제공되지 않는다면 어떻게 되겠습니까? 당연히 우리는 인자의 살을 먹을 수도 없고 인자의 피를 마실 수도 없을 것입니다.

물론 이것에 관하여 우리는 다른 견해를 취할 수도 있습니다. 그러나 확실한 것은 먹고 마시는 행위 자체에 대해서는 우리가 믿음을 행사할 수 없다는 것입니다. 왜냐하면 믿음은 실제로 제시되고 제공되는 것을 받아들이는 것이기 때문입니다.

사랑하는 형제들이여, 우리가 이 떡을 입에 넣어 먹고 이 잔을 기울여 마시면 실제로 떡과 포도주가 우리의 몸속으로 들어옵니다. 이와 마찬가지로 모든 참된 성도는 성찬식을 통하여 그리스도를 실제로 받게 됩니다. 하나님께서 우리의 영혼에 실제로 제시하고 제공해 주시는 그리스도의 몸과 피를, 그리스도께서 우리에게 주시는 모든 은혜와 복과 함께 실제로 받게 되는 것입니다.

이런 점에서 성찬식은 우리의 믿음에 그리스도를 전달해 주는 통로가 됩니다. 성찬식에서 우리는 십자가에 달려 죽으신 그리스도를 받아들이게 될 뿐만 아니라 우리 주님의 살과 피에 참여하게 됩니다. 그리하여 주 예수님이 우리의 마음에 점점 더 강하게, 그리고 실제로 연합됩니다.

또한 주님께서는 우리의 마음을 넓게 열어 주시사 하나님께서 우리에게 제공해 주시는 것을 받아들이게 하십니다. 예수 그리스도를 우리의 영원한 양식으로 받아들이게 하십니다.

그리하여 예수 그리스도가 믿음으로 말미암아 우리의 마음에 더욱 견고하게 연합하시도록, 예수 그리스도가 우리 안에 점점 더 풍성하게 거하시도록, 주님께서 자기 백성을 위하여 자신의 산에 차려 놓으신, 이 영광스럽고도 기름진 음식이 차고 넘치는 잔치에서 하늘의 음식을 먹고 우리의 영혼이 소생되어 성찬식 자리를 떠날 수 있도록 하십시오.

우리가 이 땅에서 누리는 모든 위로는 믿음으로 말미암아 그리스도를 특별하게 받아들이는 것과 믿음을 통하여 그리스도와 동행하는 데 달려 있습니다.

chapter 22
그리스도의 죽으심의 능력

하나님께서 우리를 향하여 오래 참으시고 인자를 베풀어 주신 까닭에 우리는 존귀한 성찬식을 거행하기 위해서 한자리에 모였습니다. 성찬식에 참여함으로써 그리스도의 죽으심을 나타내기 위하여 이 자리에 모였습니다.

저는 성찬식의 본질, 성찬식에 담긴 하나님과 그리스도의 사랑의 표현, 그리고 성찬식에서 하나님이 우리에게 요구하시는 믿음과 사랑의 특별한 행위에 관하여 여러분에게 자주 말씀드려 왔습니다.

오늘 저는 한 가지만 더 말씀드리고자 합니다. 그것은 지금까지 말씀드린 것과는 성격이 약간 다르지만, 성찬식을 앞두고 함께 나눌 만한 말씀이라고 판단됩니다. 그것은, 성찬식을 통해서 그리스도의 죽으심이 우리에게 제시되고 제공되는 것을 매우 자주 경험해 온 우리도 그 능력을 우리 안에서 체험하기 위하여 부지런히 노력해야 한다는 것입니다. 이것이 없으면 성찬식에 참여하는 특권을 가지고 있다고 하더라도 아무 유익을 얻을 수 없을 것입니다.

그런데 우리가 성찬식에서 특별하게 기념해야 하는 그리스도의 죽으심의 능력은 두 가지 측면을 가지고 있습니다.

먼저, 그리스도의 죽으심은 하나님을 향하여 속죄제의 완성으로서의 효력과 능력이 있습니다. 이것에 관해서는 이미 자주 말씀드렸습니다. 둘째로, 그리스도의 죽으심은 우리의 영혼과 교회를 향하여 우리 안에 반드시 일어나야 하는 역사의 모범과 선례와 귀감이 됩니다. 저는 오늘 두 번째 측면에 관하여 말씀드리고자 합니다.

1. 그리스도를 닮게 하는 능력

그리스도의 죽으심이 가지고 있는 이 두 번째 능력은, 우리로 하여금 그리스도의 죽으심과 관련하여 그리스도를 닮도록 만드는 효력을 발휘합니다. 갈라디아서 2장 20절에서 사도 바울이 고백한 것처럼, 그리스도와 함께 십자가에 못 박히게 하는 것입니다.

"내가 그리스도와 함께 십자가에 못 박혔나니 그런즉 이제는 내가 사는 것이 아니요, 오직 내 안에 그리스도께서 사시는 것이라. 이제 내가 육체 가운데 사는 것은 나를 사랑하사 나를 위하여 자기 자신을 버리신 하나님의 아들을 믿는 믿음 안에서 사는 것이라."

만일 우리가 믿음으로 그리스도를 합당하게 받아들인다면, 그리스도의 죽으심으로부터 능력이 나와서 우리 안에 있는 죄들을 죽이고, 우리를 그리스도의 형상으로 변화시킬 것입니다.

사도 바울은 고린도후서 4장 10절에서 자신에 관하여 위대하고도 영광스러운 고백을 합니다.

"우리가 항상 예수의 죽음을 몸에 짊어짐은."

대개 이 말씀은 복음을 전하는 사역자들이 받는 고난을 상징하는 표현으로 해석되는데, 저도 이런 해석을 받아들입니다. 왜냐하면 사도 바울이 고린도후서 4장에서 복음 사역자들의 고난에 관하여 설교하고 있기 때문입니다.

그러나 바로 다음 절에 이어지는 대조적인 말씀, 곧 "예수의 생명이 또한 우리 죽을 육체에 나타나게 하려 함이라"라는 말씀을 생각해 볼 때, 이 구절은 복음 사역자들의 고난보다 더 중요한 의미를 담고 있는 것이 분명합니다.

사랑하는 형제들이여, 이 말씀에서 우리는, 우리가 주 예수님의 죽으심을 날마다 우리 죽을 육체에 짊어질 때 그리스도의 능력을 우리 안에서 체험할 수 있다는 사실을 확실하게 알 수 있습니다. 묵상을 할 때도 주 예수님의 죽으심을 묵상하고, 모든 행실에서 그리스도의 죽으심을 드러내고, 그리스도의 죽으심을 닮기 위하여 끊임없이 삶의 모든 영역에서 노력하는 것입니다. 이런 것이 없다면, 우리는 그리스도의 죽으심의 능력을 체험해 보지 못한 사람이며, 성찬식에 참여하여 떡과 잔을 먹고 마실지라도 아무 유익을 얻지 못할 것입니다.

2. 그리스도의 죽으심의 능력을 체험하기 위한 노력

1) 그리스도의 죽으심에 대한 묵상

우리는 우리의 생각과 묵상 속에서 그리스도의 죽으심을 항상 짊어져야 합니다. 우리의 생각이 그리스도의 죽으심에 더 많이 집중된다면 얼마나 좋을까요? 믿음의 삶의 질은 우리가 그리스도의 죽으심을 얼마나 자주, 또 얼마나 깊이 생각하느냐에 정비례합니다.

그런데 그리스도의 죽으심이라는 것은 그리스도께서 우리를 대신하여 죽어 주신 동기인 사랑, 그리스도의 죽음 그 자체, 그리고 그리스도께서 죽으신 목적을 포함하는 표현입니다. 그러므로 바늘 가는 곳에 실이 가듯이, 우리의 마음에 항상 이와 같은 것들에 대한 생각이 따라다니도록 하십시오. 우리를 사랑하사 십자가에 죽어 주신 예수 그리스도를 닮기 위하여 그리스도의 죽으심에 관하여 좀 더 많이 묵상하십시오.

2) 행실에서 그리스도의 죽으심을 드러내기 위한 노력

우리는 우리의 모든 행실에서 그리스도의 죽으심을 항상 짊어져야 합니다. 물론 자신에게 없는 것을 있는 것처럼 다른 사람들에게 보이려고 해서는 안 됩니다. 그러나 제가 그리스도인들의 삶을 보면서 염려하는 것은, 많은 그리스도인들이 그들의 행실 속에서 주 예수님의 죽으심을 짊어지지도 않으며 다른 사람에게 그것을 명확하게 나타내지도 않는다는 사실입니다.

오늘날 많은 그리스도인들은 어떤 행동을 하더라도 그들의 마음이 그리스도의 대속의 사랑에 집중되어 있다는 것이 눈에 보이고 명백하게 느껴지도록 행동하지 않습니다. 그들은 이전과 달리, 또 다른 사람들이 그러는 것처럼, 자신들이 세상이나 세상에 속한 것들에 대해서 민첩하거나 적극적이며 왕성한 애정을 가지고 있지 않을 뿐만 아니라 그것들을 얻고 그 속에서 안주하고자 눈에 불을 켜고 애쓰지 않는다는 것이 명백하게 드러나거나 느껴지도록 행동하시 않는다는 것입니다.

정상적인 그리스도인은 자신의 모든 행실에서 그리스도의 죽으심을 항상 짊어집니다. 우리는 더 이상 이 세상이나 세상에 있는 것들을 사랑하고 추구할 수 없습니다. 우리를 대신하여 십자가에 죽어 주신 주 예수님의 사랑이 우리의 모든 욕심을 십자가에 못 박게 했기 때문입니다.

물론 이것은 말하기는 쉬워도 실천하기는 참 어려운 일입니다. 이 부분에 있어서 우리의 실천은 참으로 턱없이 모자랍니다! 그러나 만일 우리가 범사에 우리의 마음이 그리스도의 대속의 사랑으로 가득 차 있다는 것을 분명하게 보여 주기 위해서 모든 행실에서 그리스도의 죽으심을 짊어지기로 결심하고 그것을 열심히 추구하지 않는다면, 우리는 그리스도의 죽으심의 능력을 우리 영혼 안에서 체험한 적이 없는 사람입니다.

지금까지 말씀드린 두 가지 노력은 서로를 풍성하게 해 줍니다. 만일 우리가 그리스도의 죽으심을 더 자주, 더 깊이 묵상한다면, 우리는 모든 삶 속에서 그리스도의 죽으심을 더욱 명백하고 분명하게 드러내고, 짊어질 수 있을 것입니다.

3) 세상에 대해 못 박히려는 노력

범사에 그리스도의 죽으심을 닮기 위하여 끊임없이 노력함으로써 그리스도의 죽으심을 항상 짊어져야 합니다. 그리스도께서 우리의 죄 때문에 십자가에 달려 죽으셨는데도 우리는 우리의 죄를 뻔히 보면서 그냥 살려 둘 수 있습니까? 그리스도께서 세상에서 못 박혀 죽으셨는데도 우리는 여전히 주님을 죽인 세상을 사랑하면서 흔들리는 삶을 살아갈 수 있습니까?

갈라디아서 6장 14절에서 사도 바울은 "그리스도로 말미암아 세상이 나를 대하여 십자가에 못 박히고 내가 또한 세상을 대하여 그러하니라"라고 외쳤습니다. 이런 사도의 심정과 기대가 우리 가운데 정말 있습니까?

만일 우리 가운데 어느 한 가지 정욕이나 부패한 죄에 탐닉하고 있는 사람이 있다면, 그 사람은 그리스도의 죽으심을 자신의 영혼 속에서 결코 경험할 수 없으며, 그리스도의 죽으심을 짊어질 수도 없습니다. 그리스도를 닮고자 한다면 우리 안에 있는 죄를 죽이기 위해 애써야 합니다.

지금까지 말씀드린 것을 우리의 모든 삶에 구체적으로 적용하지는 않겠습

니다. 저는 그것을 여러분에게 맡기겠습니다. 다만 여러분과 제 자신, 그리고 우리 모두를 위해서 하나님께 간절히 소원합니다. 우리는 그리스도의 죽으심을 시각적으로 보여 주는 복된 성찬식을 앞두고 있습니다. 우리 안에서 그리스도의 죽으심의 능력을 맛보지 못한다면 결코 만족하거나 안주하지 말고, 그 능력을 맛볼 때까지 쉬지 마십시오. 하나님께서 우리 모두에게 그런 은혜를 주시기를 바랍니다.

chapter 23

그리스도와의 특별한 교제를 위한
믿음의 행사

    성찬식에는 다른 의식에서는 전혀 경험할 수 없는 그리스도와의 특별한 교제가 있으며, 다른 의식에서는 전혀 경험할 수 없는 믿음의 특별한 활동이 있습니다. 이것은 그리스도인들 사이에서 잘 알려져 있고 공감대가 형성된 생각이며, 또 분명한 사실입니다. 그리고 그리스도의 교회가 동일하게 고백하는 믿음이요, 모든 시대의 교회가 고백해 온 믿음입니다. 또한 이것은 기독교 신앙의 실천적인 측면 중에서도 가장 위대한 신비입니다.

    떡을 먹고 잔을 마심으로써 그리스도의 살과 피를 먹고 마시게 된다니, 이 얼마나 놀라운 신비인지요! 이것은 기도 시간에서도, 말씀을 듣는 시간에서도, 예배 시간의 다른 어떤 순서에서도 경험할 수 없는 특별한 신비입니다. 그러하기에 성찬식은 그리스도를 특별하게 만나는 시간이요, 그리스도를 향하여 믿음을 특별하게 행하는 시간입니다.

    성찬식에서 그리스도를 만난다는 것은, 눈으로 뵙는 것이 아니라 영적으로 뵙는다는 의미입니다. 우리 주 예수 그리스도께서는 공생애 초기부터 신자들에게 그리스도와 친밀하게 교제하는 것과 그리스도의 중보의 유익을 가르쳐 주셨습니다. 그리고 전혀 새로운 그것을 '그리스도의 살을 먹고 그리스도의 피를 마시는 것'이라고 표현하셨습니다. 요한복음 6장 53절을 보십시오.

"예수께서 이르시되, 내가 진실로 진실로 너희에게 이르노니 인자의 살을 먹지 아니하고 인자의 피를 마시지 아니하면 너희 속에 생명이 없느니라."

어떤 사람들은 예수님의 이 말씀을 이해할 수 없었으며, 오히려 예수님이 괴상망측한 이야기를 한다고 화를 내기도 했습니다. 그들은 예수님이 사람의 살과 피를 실제로 먹고 마시는 식인 풍습을 가르치신다고 생각했던 것입니다. 그래서 그들은 이렇게 수군거렸습니다.

"이 사람이 어찌 능히 자기 살을 우리에게 주어 먹게 하겠느냐?"(요 6:52)

사람들이 이처럼 오해하는 것을 보신 예수님은 교회가 영원히 따라야 할 영원한 지침을 덧붙여 설명해 주셨습니다.

"살리는 것은 영이니 육은 무익하니라. 내가 너희에게 이른 말은 영이요 생명이라"(요 6:63).

그러나 어떤 교회는 이 지침을 저버림으로써 파멸을 자초하였습니다.

예수님이 가르쳐 주신 지침은 이런 뜻입니다.

"내가 너희에게 말하는 것은 실제로 내 몸과 살을 먹는다는 뜻이 아니라, 영적으로 나와 교통한다는 의미이다. 이 교통은 영적이지만, 마치 너희가 내 살을 먹고 내 피를 마시는 것처럼 친밀하고도 실제적인 연합이다."

이러한 영적 지침을 저버린 교회는 파멸을 자초하였고, 복되고도 신비한 이 규례를 괴상망측한 것으로 취급해 버렸습니다.

그러므로 우리는 성찬식에서 우리의 믿음을 그리스도를 향하여 구체적으로 어떻게 행사해야 하는지를 질문해 볼 수 있습니다. 왜냐하면 그러한 믿음의 활동을 통해서 우리는 다른 어떤 곳에서도 경험할 수 없는 그리스도와의 교제를 누리게 되기 때문입니다. 그러므로 오늘 저는 이 질문에 대해서 여러분이 활용할 수 있는 네 가지 사항을 말씀드리고자 합니다.

1. 왕이신 그리스도 - 그리스도의 권위에 대한 순종

성찬식에서 믿음은 성찬식을 제정해 주신 그리스도의 유일한 권위에 특별히 집중하게 됩니다. 기도, 설교, 시편 찬송 등과 같은 다른 모든 규례들은 본성의 빛이나 도덕법에 근거하여 시행됩니다. 그러나 떡을 먹고 잔을 마심으로써 그리스도의 살과 피를 먹고 마시는 이 성찬식은, 본성의 빛이나 도덕법에 전혀 근거를 두고 있지 않습니다. 성찬식은 오직 예수 그리스도의 권위에 근거를 두고 있습니다.

그러므로 만일 예수 그리스도의 권위로 성찬식이 제정되지 않았다면, 성찬식을 거행할 필요가 전혀 없을 것입니다. 차라리 구약의 성도들처럼 희생 제물을 드리고 그 고기를 먹는 것이 나을지도 모릅니다. 그러나 그리스도께서는 자신의 권위로 성찬식을 제정해 주셨고, 그 권위에 근거하여 우리는 성찬식에 참여합니다. 그리하여 성찬식에서 우리의 믿음은 그리스도의 왕으로서의 직분을 기억하며 그리스도께 영광을 돌리게 됩니다. 이런 점에서 성찬식은 우리의 영혼과 양심이 그리스도의 권위에 전적으로 순복한다는 것을 가장 직접적으로 고백하는 시간입니다.

우리가 성찬식에 참여하여 믿음을 행사하는 이유가 무엇입니까? 그리스도께서 우리에게 그렇게 하라고 명하셨기 때문입니다. 이것 외에 다른 이유나 다른 근거가 있을 수 없습니다.

2. 제사장이신 그리스도 - 그리스도의 사랑에 대한 묵상

성찬식에서 우리의 믿음은, 우리를 위하여 십자가에 달려 죽으시고 피를 흘리심으로써 우리의 죄를 속량해 주신, 그리고 그렇게 함으로써 성부 하나님의 지혜와 사랑과 은혜를 영화롭게 하신 그리스도의 사랑에 특별히 집중합니다.

그리하여 성찬식에서 우리의 믿음은 우리의 죄를 속량하기 위하여 십자가에 달려 죽으신 예수 그리스도와 특별한 교제를 나누게 됩니다. 그리고 이 과정에서 우리는 매우 특별한 방법으로 제사장이 되시는 그리스도께 영광을 돌리게 됩니다. 우리를 죄에서 속량하기 위해 희생 제물이 되어 주신 그리스도를 기억하면서 영광을 돌리게 됩니다.

3. 선지자이신 그리스도 - 성례전적 관계에 대한 숙고

성찬식에서 우리의 믿음은, 눈에 보이는 상징인 떡과 잔을 통해서 실제로 그리스도가 성도들의 영혼에 매우 특별한 방식으로 제시되고 전달된다는 사실에 집중하게 됩니다.

그리스도께서는 눈에 보이는 상징인 떡과 잔이 각각 그리스도의 살과 피를 나타내도록 성례전적인 관계로 그것들을 묶어 놓으셨습니다. 그리하여 떡과 잔의 본질은 그대로 유지되지만, 믿음으로 그것을 받는 우리에게는 그것이 실제로 그리스도의 살과 피가 되도록 하십니다.

즉, 그리스도께서 자신의 살과 피와 그것이 주는 모든 유익을 성례전적인 관계로 묶어 놓으셨기 때문에, 우리가 먹고 마시는 떡과 잔의 본질은 변함없지만 믿음으로 그것을 받아서 먹고 마시는 우리에게는 평범한 떡과 잔이 아니라 그리스도의 살과 피가 되는 것입니다.

여기에서 우리는 그리스도의 선지자 직분을 기억하고 그리스도께 영광을 돌리게 됩니다. 왜냐하면 교회에 이 진리를 계시하고 가르쳐 주고 교훈해 주신 분이 바로 예수 그리스도이시기 때문입니다.

다시 한 번 말하지만, 평범한 떡과 잔이 성찬식에서 믿음으로 그것을 받는 성도들에게 그리스도의 살과 피가 되는 것은, 성찬식을 제정해 주신 그리스도께서 성례전적인 관계로 그 두 가지를 묶어 주셨기 때문입니다. 성찬식에서 우리의 믿음은 바로 이것에 특별히 집중하는 것입니다.

4. 성찬식의 신비로움의 경험

성찬식에서 우리의 믿음이 집중하는 네 번째 대상은 성찬식의 신비로움입니다. 그리스도께서는 떡과 잔을 통해서 매우 특별한 방법으로 자신을 우리에게 나타내고 전달해 주십니다. 그리고 성도들은 믿음으로 그리스도의 살과 피를 먹고 마시는 신비를 경험하게 됩니다. 그런데 이 신비로움은 말로 형용할 수 없는 것이므로 저는 이것에 대해 설명하는 대신에, 여러분이 이 신비를 직접 체험하고 맛보도록 기회를 드리려고 합니다.

물론 복음의 약속 안에서도 그리스도께서는 자신을 우리에게 전달해 주시며 우리는 복음의 약속을 믿음으로 그리스도의 살과 피를 먹고 마십니다. 그러나 성찬식에서는 눈에 보이는 떡과 잔을 통해서 매우 특별한 방식으로 그리스도께서 자신을 나타내시며, 우리는 그 떡과 잔을 먹고 마심으로써 그리스도의 살과 피를 먹고 마시는 신비를 경험하게 됩니다. 그리스도의 살과 피가 우리의 영혼에 참된 양식으로 스며들게 되는 것입니다.

이것이야말로 모든 성도들이 자기 자신 안에서 경험하기를 소원하고 추구해야 할 바입니다. 앞에서 말씀드린 네 가지를 숙고하면서 말입니다.

───※───

지금까지 말씀드린 것을 정리해 보겠습니다. 성도들은 성찬식에서 특별히 예수 그리스도의 권위에 복종함으로써 그리스도의 왕으로서의 직분을 영화롭게 합니다. 동시에 십자가에 달려 피 흘려 죽으심으로 우리의 죄를 속량하신 그리스도를 믿음으로써 그리스도의 제사장으로서의 직분을 영화롭게 합니다.

또한 성도들은 그리스도께서 성찬식을 제정해 주시면서 눈에 보이는 떡과 잔, 그리고 그것이 각각 상징하는 것을 성례전적으로 묶어 놓으셨다는 것을 깊이 숙고함으로써 그리스도의 선지자로서의 직분을 영화롭게 합니다. 그리고 그리스도의 살과 피를 먹고 마시는 신비에 참여하기 위하여 자신의 영혼을 독려합니다. 그리스도께서 자기 안에 들어오셔서 내주하시고, 자신의 마음에 힘과 위로를 주며, 사랑해 주고 강하게 해 주시기를 고대하면서 자신의 영혼을 독려하는 것입니다.

저는 성찬식에 참여하는 여러분에게 반드시 있어야 할 것으로서 이 네 가지를 말씀드렸습니다. 또한 여러분이 만나게 될지도 모르는 어려움을 피하기 위해서도 이것들은 반드시 필요합니다. 그러므로 이 네 가지를 반드시 기억하십시오.

우리를 핍박하려는 대적들은 성찬식과 관련하여 그럴듯한 거짓말을 만들어 내었습니다. 그들은 이렇게 말합니다. "만일 성찬식 가운데 주님이 몸으로 함께 임재하시고 떡과 잔의 본질이 그리스도의 살과 피로 실제로 변화하지 않는다면, 선포되는 말씀을 통해서 누리는 그리스도와의 교제와 성찬식에서 누리는 교제는 다를 바가 전혀 없다."

이런 거짓말을 해 대면서 그들은 성찬식에 그리스도께서 몸으로 임재해 계시며, 특히 떡과 잔의 본질이 실제로 그리스도의 살과 피로 변화한다고 가르칩니다. 그러나 그들의 거짓말에 대하여 우리는 분명하게 대답해야 합니다. 앞서 말한 네 가지를 고려하여 성찬식에서 믿음을 행사한다면, 우리는 다른 규례에서는 결코 찾아볼 수 없는 매우 특별하고도 합당한 방식으로 그리스도와의 교제를 누릴 수 있을 것이라고 말입니다.

옮긴이의 글

성찬식에 담긴 복음의 진수

이태복 목사

이 책의 번역을 마치면서 저는 하나님의 신실하심을 찬송하지 않을 수 없습니다. 왜냐하면 하나님은 우리의 선한 소원을 잊지 않고 이루어 주시는 분이기 때문입니다.

지금으로부터 5년 전 일입니다. 교회 주일예배 시간에 성찬식 설교를 하고 성찬식을 집례하는 순서를 처음으로 맡게 되었습니다. 성찬식 설교를 수없이 들었고 성찬식에도 수없이 참여했지만, 막상 설교자가 되어 성찬식 설교를 하고 성찬식을 집례하려고 하니 두렵고 떨리는 마음뿐이었습니다.

그때 일주일 동안 성찬식 설교를 준비하면서 감명 깊게 읽었던 책이 바로 이번에 번역한 존 오웬의 성찬 설교 『나를 기념하라』입니다. 저는 얼마나 감탄하며 이 책을 읽었던지요! 길지 않은 한 편 한 편의 성찬 설교 속에서 성찬식에 담긴 복음의 진수와 성찬식에 참여하는 성도의 의무가 선명하게 드러나는 것을 보면서, 성찬석의 의미와 성도의 의무를 분명하게 배웠던 일이 지금도 생생하게 기억납니다.

당시에 이 책의 마지막 장을 덮으면서 '나중에 하나님께서 기회를 주시면 이 책을 번역해서 한국교회에 소개하고 싶다'라고 혼자 소원했었는데, 하나님의 은혜로 마침내 이 책을 번역하여 한국교회에 소개하게 되었으니, 하나님의 신실하심에 감사할 뿐입니다.

그런데 이 책을 번역하는 중에 한 가지 슬픈 일이 있었습니다. 그동안 청교도 신학과 신앙의 회복을 꿈꾸며 헌신적으로 청교도 서적을 출판해 오시던 박은 장로님께서 소천하신 일입니다.

고故 박은 장로님은 오랫동안 지병으로 고생하시면서도 건강이 허락하는 대로, 때로는 무리를 하면서까지 더 좋은 청교도 서적을 출판하기 위하여 번역 원고를 붙잡고 씨름하던 분이셨습니다. 지난겨울에도, 미국으로 떠나는 저를 안타깝게 바라보시며 "힘들겠지만 앞으로 2년 동안 책을 10권만 더 번역해서 출판하자"라고 말씀하시면서 번역을 재촉하실 정도로 청교도 책을 출판하는 것에 대한 의욕이 대단하셨습니다.

그런데 그 모든 열심과 의욕을 당신이 사랑하셨던 아드님에게 물려주시고, 지금은 그토록 사모하셨던 저 천국에서 편히 쉬고 계십니다. 가끔 제가 지평서원을 방문하면 그동안 마음에 쌓아 놓으신 한국교회에 대한 깊은 심정을 시간 가는 줄 모르고 털어놓으면서 안타까워하셨는데, 이제는 그 모습을 뵐 수 없다고 생각하니 안타까운 마음뿐입니다.

아마 이 책의 번역이 완료된 것을 보셨다면, "역시 존 오웬만큼 탁월한 청교도는 없어!"라고 호탕하게 웃으며 기뻐하셨을 텐데, 이제는 그 모습을 이 땅에서는 다시 뵐 수 없다니 참으로 안타깝습니다.

번역을 마치면서 저는 한 사람의 그리스도인으로서 독자들의 넓은 마음을 기대해 봅니다.

사실, 존 오웬의 책은 한 번 읽어 보면 꼭 번역을 해서 소개하고 싶다는 의욕을 심어 주지만, 실제로 번역을 시작하면 "이렇게 어려운 존 오웬의 설교집을 내가 왜 번역하겠다고 발 벗고 나섰을까?"라는 후회가 절로 들 정도로 어려움이 많습니다. 문장 자체도 그렇거니와 그 안에 담긴 사상은 물론 영어와 국어의 언어적 차이 때문에 역자가 겪는 어려움이 만만치 않습니다.

설상가상으로, 독자들의 이해를 돕기 위해서 의역을 하면 본문을 충실하게 번역하지 않았다고 비판을 받기 쉽고, 본문을 충실하게 번역하기 위해서 직역을 하면 번역이 딱딱해서 못 읽겠다는 비판을 받기 쉬운 엄연한 현실 때문에 역자가 겪는 마음고생 역시 이만저만이 아닙니다.

마찬가지로 이번 책도 역자로서는 최선을 다해서 번역했지만 독자들의 눈에는 부족한 점이 보일 수도 있을 것입니다. 그때마다 넓은 마음으로 이해해 주시고 부족한 역자를 위해서 기도해 주시기를 부탁드립니다.

마지막으로 부족한 역본을 정성스럽게 읽어 주시는 모든 독자 여러분께 감사드리고 싶습니다. 지난 9월 캐나다의 토론토를 방문했을 때도 청교도 서적을 통해서 영적 유익을 얻고 계시는 여러 독자들을 만날 수 있었고, 앞으로도 귀한 책들을 계속 번역해 달라는 격려의 말씀도 들을 수 있었습니다.

아무쪼록 이 책을 읽으시는 모든 분들께 하나님께서 성찬의 은혜와 영광을 풍성하게 보여 주시고, 그리스도의 죽으심의 은혜에 더 깊이 젖어 들게 해 주시기를 기도합니다.

옮긴이 **이태복** 목사는 고려대에서 영문학을 전공하고 총신대 신학대학원에서 신학을 수료한 후 청교도 신앙에 깊은 관심을 가지고 연구하며 사역하며 번역하는 목회자입니다. 주요 역서로는 「마음 참된 성도의 마음」, 「상한 심령으로 서라」, 「당신의 거듭남, 확실합니까」, 「돌아오는 배역자」, 「복음의 진수로 나아가라」, 「거룩한 길로 나아가라」, 「십자가 아래서」, 「영광스러운 부르심」 등이 있으며, 저서로는 「영성 이렇게 형성하라」가 있습니다.

잉글랜드 P&R 시리즈 22

나를 기념하라

지은이 / 존 오웬
옮긴이 / 이태복

펴낸곳 / 지평서원
펴낸이 / 박명규

편집 / 정은, 박혜민
디자인 / 백현아
마케팅 / 정지욱

펴낸날 / 2008년 12월 10일 초판
　　　　 2014년 6월 17일 초판 3쇄

서울 강남구 역삼동 684-26 지평빌딩 135-916
☎ 538-9640,1 / Fax. 538-9642
등　록 / 1978. 3. 22. 제 1-129

값 13,000원
ISBN　978-89-86681-80-2
ISBN　978-89-86681-78-9 (세트)

메일주소　jipyung@jpbook.kr
홈페이지　www.jpbook.kr